孤独のアンサンブル

コロナ禍に「音楽の力」を信じる

村松 秀 NHKエンタープライズ エグゼクティブ・プロデューサー

中央公論新社

まえがき

二〇二〇年。

新型コロナウイルスは、私たちの「正常」を「異常」に変え、そして「異常」を「正常」にしてしまった。

人々がつながり合っているのが社会なのだ、と疑うことなく信じ切っていた私たちに、コロナ禍がもたらしたものは「分断」、そして「孤独」だった。

緊急事態宣言による外出自粛、在宅勤務、学校の休校、県外への行き来の自粛、海外渡航の禁止、ソーシャルディスタンスといった、孤独にならざるを得ない状況が重なり合っていった。

しかし、そうした物理的な孤独だけではない。本当の意味で私たちに生じた大きな異常は、「他者との精神的な分断」、すなわち「精神的な孤独」だった。

私たちは本当に他者とつながっているのか。実は、一人なのではないか。孤独なのではないか。そうした疑心や強い不安を抱え込むことになった。

五月に緊急事態宣言が終わり、それなりに外に出られる状態になっても、いったん人々の気持ちに生じた「分断」と「孤独」はそう簡単には元に戻らない。コロナに対するスタンスも一人一人違っている。同僚が大きな声で話すのがとても気になったり、隣に座った人は感染者ではないかというそこはかとない不安におびえたり。他者への不信を抱きながら暮らさざるを得ないのだ。

私たちNHKスタッフは、緊急事態宣言中の五月五日、BS1で「外出自粛の夜に　～オーケストラ・孤独のアンサンブル」という番組を急遽《きゅうきょ》放送した。わずか三週間強での制作であった。

「孤独のアンサンブル」というタイトルは、矛盾している。

音楽家たちにとって「アンサンブル」とは、仲間たちとともに心を通わせ、音を奏でる営みである。その前提は「仲間と音楽を奏でる」ということであり、決して「孤独」ではない。

だが。

コロナ禍は、音楽家にも「孤独」をもたらした。

オーケストラの楽団員にとって演奏することは、すなわち仲間たちとアンサンブルをすることである。それが「正常」だった。

しかし、コロナで、音楽家たちはまず、コンサートの中止を余儀なくされた。それどころか、仲間と練習で集うことすら許されない。

そうした「正常」を奪われ、外にも出られず、自宅の防音室にこもって、たった一人、練習をすることしかできなくなったのだ。

そんなオーケストラのトッププレイヤーたち七名に、私たちは、たった一人で音楽を奏でてもらった。彼らが孤独と向き合い演奏した音楽を、そのまま数珠《じゅず》つなぎにした番組、それが「孤独のアンサンブル」だった。

放送は、孤独の只中《ただなか》にいたたくさんの視聴者に、大きな感動と共感を生み出した。音楽家たちと同じように、全国の視聴者も、社会から分断され、たった一人で家にこもり、孤独をかみしめていた。他者とのつながりを希求する音楽の力は、人々の気持ちの中に、あたたかな癒やしと、ほのかな未来への灯りをもたらしたのだと思う。

そのおよそ一ヵ月後の五月三十一日、続編も放送。

緊急事態宣言も明け、ほんのりとした期待が頭をもたげ始めていたときだった。「オーケストラ・孤独のアンサンブル　〜希望編」と題したこの番組は、やはり孤独の音楽を数珠つなぎにしながら、「孤独が、希望を育てていく」というメッセージを視聴者に届けた。

そして七月。

二つの「孤独のアンサンブル」に参加したオーケストラの楽団員一三名が集結した。孤独ではなく、ともに集まって音楽を奏でたのだ。全員が日本を代表する音楽家たちである。孤独の音楽を経て集まった彼らの演奏は、掛け値なしにすごかった。私たちはそれを「オーケストラ・明日へのアンサンブル」と題した番組にし、八月二十二日に放送した。

だが、「明日へのアンサンブル」でも実は、分断と孤独は続いていた。音楽家たちは演奏するにあたり、二メートルのソーシャルディスタンスをとる必要があったのである。互いの音を聴き合い、精緻にアンサンブルしていく彼らにとって、「距離があること」は致命的な問題だった。そのきわめて大きな困難を、彼らは乗り越えていこうとしたのだ。

それは実のところ、「どんなに離れていても、心はつながる」ということの実践だった。

演奏が多くの視聴者に感動を呼び起こしたのも、世の中に生じてしまった分断と孤独の中で、ソーシャルな距離がいくらあろうとも、心をつなげることが明日を生み出していくのだ、という決然とした思いが伝わったからではないか、と思う。

本書は、「孤独のアンサンブル」「孤独のアンサンブル　～希望編」「明日へのアンサンブル」という三本の番組の制作過程を記したものである。そこにあるのは、コロナ禍の広がりと並行して生じていったオーケストラをめぐる苦悶《くもん》と、それを孤独と希求の音楽を通じて乗り越えていこうとするプロセスそのものである。

同時にそれは、音楽家たちのドキュメンタリーであると同時に、コロナ禍の中で孤独を味わい、いまだ分断と向き合っている私たち自身の半年のドキュメンタリーでもあるのだ。

そこから浮かび上がってくるのは、社会的な距離が生じていたとしても、心をつなげることはできる、そうすれば必ず明日は生まれるのだ、という希望を信じることである。

私たちにとって、異常だったはずの分断と孤独が正常であるかのようになってしまっているとしても、社会的、物理的な距離を許容し、それを乗り越えたところに新しいつながりをもった次の正常が生まれてくるに違いないのだ。

孤独のアンサンブル

目次

装丁　桂川潤

孤独のアンサンブル

コロナ禍に「音楽の力」を信じる

第1章　二月、しのびよる危機

都響の名演

二〇二〇年二月三日夜。筆者は、上野にいた。

駅の公園口を出てすぐに目に入るのは、夜のとばりに浮かび上がる、やわらかくも力強いコンクリートの建物。東京文化会館だ。前川國男が設計したこの会館は、日本モダニズム建築の最高峰の一つである。

心地よい高揚感を抱きながら入り口をくぐると、天井の高いエントランスホールの先に、チケットのもぎりのスタッフが目に入ってくる。たしか高校生のときに初めてここを訪れて以来、数十年間変わらない、気持ちのワクワクが増していくストロークである。

今宵《こよい》は、東京都交響楽団のコンサートを楽しみに来たのだ。前の東京オリンピックの翌年に設立された東京都交響楽団、通称「都響」は、二〇二〇年に創立五五周年を迎えた、日本を代表するオーケストラの一つである。世界的指揮者、大野和士が五年前に音楽監督に就任し、チャレンジングなプログラムを積極的に取り入れるなど、クラシックシーンを牽引し続けている。東京文化会館は長らく都響のホームグラウンドの一つとなってきた。

大ホールに入ると、カラフルに色分けされたシートと、五階席まであるバルコニー状の階層、そして高い壁を覆う、可愛らしい雲の形をしたブナの彫刻が迎えてくれる。

客席のどこかに、ディレクターの松村亮一がいるはずだが、気にしないことにしていた。松村とは、総合テレビの「もふもふモフモフ」や、BS1での「人生相談ラボ」などの番組を一緒に作ってきた間柄だ。そんな松村と、クラシックの番組を制作しようとしていた。彼はその取材を兼ねて今宵のコンサートを聴きに来ているのである。だが筆者は、純粋にこの日のコンサートを楽しみたいと、以前から独自にチケットを購入していた。なにしろ、フランス出身で世界を股《また》にかけて活躍している指揮者フランソワ＝グザヴィエ・ロトが、四年ぶりに都響のステージに登場し、フランスの作曲家ラヴェルのバレエ音楽「ダフニスとクロエ」全曲を指揮するというのである。聴き逃すわけにはいかない。

果たして、その演奏は期待をはるかに上回るものだった。

四管編成の、優に一〇〇人を超す大オーケストラに、四部合唱も加わった音楽家たちが生み出す、ラヴェルの豊潤な色彩あふれる世界に、心も体もゆだねる。オーケストラの一人一人が目の前で奏でる音が複雑に絡まり合った圧倒的なハーモニーがホールの空間に満ち満ちていき、こちらの身体までも共鳴させるように、空間全体から自分を包み込む。ライブのコンサートだからこその、幸せな体感である。クラシックの聴衆はこうして、オーケストラの楽団員一人一人と音楽を通じて空間すべてを共有する、そんなかけがえのない感触を身体的にも精神的にも味わっているのである。一〇〇年以上前、初めてこの曲の演奏を聴いたパリの聴衆も同じような気持ちだったのだろうか。あー、終わってほしくない、と心から思えた。

後日、ディレクターの松村が、都響のソロ・コンサートマスターである矢部達哉から聞いたのは、この日のコンサートは都響の演奏会の中でも出色の出来だったということである。プロの音楽家たちでもなかなか経験できないような素晴らしい演奏だったらしい。ちなみに松村はロック大好きだがクラシックはほとんど聴いたことがないという男である。だからこそあえてクラシックの番組に参加してもらったのだが、今宵、クラシックビギナーとしてこれ以上ない貴重な場を体感できたことになる。本人ももちろん、上野の演奏会での感激は大きかったようだ。

筆者も松村も、この日を境にクラシックのコンサートを聴きにいくことができなくなるとは、このときはまだ想像だにしなかった。

だが、コロナ危機は、すぐそこまで来ていたのである。

「対岸の火事」から一気に

クラシック音楽の一年は一月一日、音楽の都・オーストリアの首都ウィーンで行われる「ニューイヤーコンサート」に始まる。ベルリン・フィルとともに世界のトップに君臨するウィーン・フィルハーモニー管弦楽団が、ウィーン楽友協会の「黄金のホール」と呼ばれる文字通り黄金色に輝くコンサートホールでウィンナワルツやポルカなどを演奏し、新年を無事に迎えられたことを華やかに祝う。この模様はNHKも含め、全世界に中継されているから、クラシックファンならずともウィーン・フィルのコンサートで新たな年のスタートを堪能している人も多いだろう。二〇二〇年も、アンドリス・ネルソンスの指揮で、定番の「美しく青きドナウ」や「ラデツキー行進曲」などが披露された。

その五日後の一月六日。厚生労働省から注意喚起がなされた、というNHKニュースが流された。中国内陸部の湖北省武漢で二〇一九年十二月以降、病原体が特定されていない肺炎の患者が五九人確認され、うち七人が重症となった、というのである。これを受け厚生労働省は、武漢からの帰国者で咳《せき》や熱などの症状がある場合には速やかに医療機関を受診するよう呼びかけた。十一日には武漢で六〇代の男性が死亡、初めての死者と考えられた。

その三日後の十四日には、ＷＨＯ（世界保健機関）が新型のコロナウイルスを確認した、と報じられた。さらに十六日には、神奈川県から武漢へ渡航していた三〇代の中国国籍の男性が新型コロナウイルスに感染していることが確認された。国内での感染者が見つかったのはこれが初めてである。

二十三日には武漢が「封鎖」された。二十九日には武漢からのチャーター機第一便が羽田に到着。帰国した人たちは国が用意したホテルや宿泊施設に滞在することとなった。

一月末には、武漢からの中国人ツアー客を乗せていた大型バスの運転手が新型コロナウイルスに感染したことが判明。バスに同乗していたバスガイド二名にも感染が生じた。

一月三十一日には新型コロナウイルスによる感染症が「指定感染症」となることが決まった。翌二月一日から施行されている。

そして筆者が都響のコンサートを聴きに行った二月三日には、横浜港にクルーズ船が入港。のちに七〇〇人以上の感染者を出し、一三名が死亡した、あのダイヤモンドプリンセス号である。

二月十三日には、国内で初めて、新型コロナウイルスの感染者が死亡した。神奈川県在住の八〇代の女性が肺炎で入院後、症状が悪化、ウイルス検査をした翌日に死亡、その後の検査結果で感染が判明したという。

二月十五日・十六日、大阪のライブハウスで行われたコンサートで、クラスターが発生していたことがのちに判明する。観客として参加していた高知や札幌、愛媛、神戸、京都などの人たちに感染者が発生、さらにその家族の一部にも感染が広がっていった。

二十五日には政府が感染拡大に備え「基本方針」を決定、厚生労働省にはクラスター対策班が設置された。

にわかに暗雲が垂れ込めていた。

気づけば、街中ではマスクをつけた人たちが増殖していた。

対岸の火事だったはずの新型コロナウイルス感染。それは二月、一気に日本国内へと広がった。

二十七日、安倍首相は唐突に、三月二日から全国すべての小学校・中学校・高校に、春休みに入るまで臨時休校とすることを要請した。

二月二十九日の時点で、国内の感染者数は累計で二四二人、死者は累計で五人だった。

未知なるウイルス

筆者は長年、科学番組の作り手として働いてきた。この十年ほどは新たな番組を開発することが主たる仕事になっているが、科学マインドは常に持ち合わせているつもりである。そんな筆者にとって、新型コロナウイルスは、どうにも捉えどころがない、得体の知れないもののように感じられた。

重症者の症状は重篤で、一気に病状が悪化するらしい。残念ながら亡くなる方もいる。その一方で大半は軽症で、高熱が出るわけでもなく、風邪のような症状で見わけもつきにくいとも聞いた。

命の危険が発生するのは、例年冬になると猛威をふるう季節性インフルエンザもそうである。インフルエンザウイルスに感染すると、高熱が出るなどして、一部の人は死に至ることもある。だがワクチンの接種も実施され、仮に感染したとしてもタミフルなど薬での対処も確立し、多くの人たちは回復する。平熱に下がっても何日かは自宅待機するなど、感染を広げないための社会的な方策も浸透してきた。一方で未知のインフルエンザウイルス、すなわち新型インフルエンザが発生してしまうと大きく感染が広がり、社会的困難をきたしてしまうのではないか、という危惧は強い。

今回の新型コロナウイルス感染症（COVID－19）はいったいどうなのか。まず念頭に置かねばならないのは、同じようにまったく未知のコロナウイルスによる感染症の事例が近年何度か起こっていることである。

例えば二〇〇二～〇三年にかけて中国を中心に発生したSARS（重症急性呼吸器症候群）はやはり新型のコロナウイルスによって生じた感染症だが、このときのアウトブレイクでの感染者は八〇九六人、うち死亡者は七七四人。致死率は九・六％と一〇％近い。

また二〇一二年以降中東や韓国などで感染が広がってきたMERS（中東呼吸器症候群）は二〇一九年末までに二四九四人が感染し、少なくとも八五八人が死亡、致死率は三分の一以上だ（ただし潜在的な感染者はもっと多いと言われている）。

どちらも、未知なるウイルスがどれほど私たちを苦しめるか、それを示した典型的な事例である。そもそもコロナウイルスは、SARSが登場するまでは、私たちが日常的に感染し風邪を引き起こす四種類だけが知られていた。そうしたある意味で穏便なはずのコロナウイルスに、SARSやMERSのようなまったく異なる強力なタイプが存在することが明らかになった。

では今回の新型コロナウイルスはどうか。二月十七日時点でWHOが発表したデータでは、新型コロナウイルス（SARS－CoV2）による致死率は二パーセントほどとSARSやMERSよりは高くはなかった（致死率については、国ごと、あるいは調べた時期によっても違いがある。医療崩壊が起こったイタリアでは一時期一〇％を超える致死率となっていたとされる）。

ただ、感染力はずいぶん強そうだ、ということもわかってきた。特に春の時点では、ヨーロッパでの感染拡大はきわめて強烈だった。イタリアやスペインでは、入院が必要な患者数に医療体制が追いつかない深刻な医療崩壊が起こった。その後はアメリカやインド、ブラジルなどでもどんどん感染者数が増加、感染者の最も多いアメリカでは、日々数万~数十万人もの感染者を出し、二〇二一年一月末現在、二六〇〇万人以上が感染している。全世界では感染者数は八〇〇〇万人を超えている。

大半は軽症で収まるものの、症状が重篤に転じたときの進行の速さと重さは、新型コロナの感染症の大きな特徴でもあるようだった。両方の肺で一気に炎症が進み、サイトカインストームと呼ばれる免疫の暴走が生じて、血管の内側の壁に血の塊、つまり血栓ができ、それが脳や心臓や肺に飛んでいくことで脳梗塞や心筋梗塞、肺梗塞まで引き起こすような事例も聞こえてくる(なお、のちに、軽症者もさまざまな後遺症に悩まされることが多いことがわかってきた)。

そもそもウイルスが細菌などと違うのは、自分だけで生き長らえたり増えたりできる存在ではないことにある。あくまでも、人間や動物に感染し、それらの生きものの中で増殖を果たすしかない。これは、宿主である人間や動物の存在が必須だ、ということだ。あまりにウイルスが強力だと、そもそも宿主がそれによって死んでしまうことになりかねない。宿主が死んでしまったら、ウイルスも一緒に倒れるしかない。そうするとウイルスは、自らのテリトリーを広げられないことにもなる。

今回の新型コロナウイルスは、軽症で済んでいる人も多い一方で、そうした人を介して感染が広がっていきやすく、それでいて重症になるとその進行は速く、命を落とす危険もある。ウイルス側の立場で考えると、きわめて巧妙な戦略を持っているようにも感じられる。

文化イベント中止の「要請」

新型コロナウイルスに対する恐れや不安が社会に広がっていく中、音楽家たちの演奏活動に大きな影響が及ぼうとしていた。

例えば東京都交響楽団の場合、二月二十九日に新宿文化センターで開催予定だった「第三六回障害者のためのふれあいコンサート」の中止が、開催八日前の二十一日に発表された。

その四日後の二月二十五日には、三月十四日に開催予定だった「ホワイトデー・オペラティック・コンサート」が中止になった。さらにその二日後の二十七日には、三月四日と九日に開かれるはずだった定期演奏会が中止と発表された。四日のメインプログラムはブリテンの「春の交響曲」、九日はショスタコーヴィチの交響曲第一〇番と、意欲的な曲を並べていた。オーケストラにとって、自分たちの活動の中心である定期演奏会を中止にせざるを得なかったことは、断腸の思いだったに違いない。

都響のHPには、音楽監督の大野和士の次のようなメッセージが掲載された。


この度、三月四日と九日の都響定期演奏会をキャンセルせざるを得ない状況となりましたことを、大変残念に思っております。

しかし、世界的な規模で拡大している人類に対する挑戦的な状況を前に、今は注意深くその経緯を見極め、皆さまと共に困難な時期を乗り越えていくことができればと思っております。

その後、しかるべき時が戻ってきた際には、都響の紡ぎ上げる極上のサウンドを皆さまに再びお届けするべく、楽団全員が全力を挙げて臨む所存でございますので、しばしの間お待ちいただきますよう心よりお願い申し上げます。

東京都交響楽団音楽監督
大野和士

都響がこうした決断をせざるを得なかった背景には、二月二十六日、安倍首相が全国的なスポーツや文化イベントなどについて、今後二週間の中止や延期、規模縮小などの対応を要請する方針を明らかにしたことがある。

他のオーケストラも逡巡の末に演奏会の中止を余儀なくされていた。

新日本フィルハーモニー交響楽団は、二月二十八日、二十九日に二日連続での定期演奏会が本拠地のすみだトリフォニーホールで予定されていた。初日二日前の二十六日、演奏会前にロビーで開かれる少人数の楽団員による「ロビーコンサート」の中止が決まった。定期演奏会自体はホール内の感染症予防対策を十分に行った上で開催することとし、二十八日の公演は何とか行ったものの、首相の発言なども受けて、二十九日の公演については開催中止を決定した。

読売日本交響楽団も、二月二十三日のオペラ公演を終え、二十八日に定期演奏会を控えていたが、前日の二十七日になって中止を決定。併せて三月初めの二公演も中止とした。以降の公演は今後の状況次第で開催の是非を判断するという発表だった。

日本フィルハーモニー交響楽団も、都響と同じ二月二十九日の「フレッシュ名曲コンサート」公演の中止を、三日前の二十六日に発表している。この日は他に三月一日や十一日、二十八日の三公演も中止を発表した。そして翌二十七日には三月の定期演奏会など四公演も中止を発表。その後も次々に公演中止が決まっていく事態になった。

東京フィルハーモニー交響楽団は二月二十三日にコンサートを開催しているが、三月七日には十三日開催のコンサートの延期を発表している（結局、延期したコンサートも中止となった）。

東京交響楽団は二月後半、新宿・初台の新国立劇場でのバレエ公演でオーケストラピットに入って演奏を行っていた。二十六日までは公演を行ったものの、二十九日は中止に。また前日二十八日の都民芸術フェスティバルの演奏会も中止となっている。

二月二十六日に首相から発表された「文化イベントの今後二週間の中止」はあくまでも「要請」である。それが命令でない以上、それぞれのオーケストラは自分たちでどうするかを判断しなければならない。彼らにとっては、演奏会は自分たちの活動そのものであり、それを行わないことは自分たちの存在意義を自ら否定することにもなる。そしてもう一つ、演奏会での入場料は彼らにとってきわめて重要な収入源でもある。コンサートの中止は、オーケストラの活動の原資を自ら手放す行為でもある。コンサートの中止を、「要請」の名のもとに自ら判断せざるを得ない状況に追い込まれたオーケストラは、どれだけ苦しかっただろうか。

人が集まるイベントの感染リスク

二月末の時点で、国内の累計感染者数は二四二人と、今にして思えばまだまだ圧倒的に少なかった。だが、得体の知れない新型のウイルスに対し、日本中が大きな不安に駆られていた。どうすると感染してしまうのか、どのようなところで感染リスクが高くなるのか、見当もつかない状態であった。

そうした状況において、特に人が大勢集まるところでの感染リスクがどの程度のものなのかが大きな関心事となっていた。厚生労働省の発表でも、感染者のうち八割は他の人にうつしていない一方で、スポーツジム、スキーのゲストハウスやビュッフェスタイルの会食などで、一人が複数の人に感染させてしまったケースが判明していた。ことに、大阪のライブハウスで起きたクラスターのケースは、多数の観客を集め興行することで成り立っている音楽業界に、仕事を根底から揺るがす強いインパクトをもたらした。観客がみんなで体を寄せ合い、大きな声でシャウトするようなライブハウスと、着席した状態で静かに聴くクラシックとではだいぶ様相が違うが、それでも大勢の人がかなりの近さで密になる状況は、観客側にとっても主催者側にとってもかなりナイーブなことだったろう。

またクラシックコンサートの観客は比較的年配の方も多い。感染してしまったあとに症状が悪化するリスクは、若者よりも年配の人のほうが高いと言われていた。ホール内での感染だけでなく、会場との往復のどこかで感染してしまうということもありうるだろう。

どのオーケストラもギリギリまで事態を注視していた。そこに国から中止の「要請」。結局二月末には、オケの自主的判断として、コンサートを中止・延期にせざるを得なくなってしまったのである。ちなみに、NHK交響楽団は二月下旬、ヨーロッパ公演に出ていた。二月二十二日、首席指揮者のパーヴォ・ヤルヴィの故郷である、エストニアの首都タリンでのコンサートを皮切りに、ロンドン、パリ、ウィーン、ケルン、ドルトムント、アムステルダム、ベルリン、ブリュッセルと七ヵ国九都市を回るツアーを、三月四日まで続けていたのだ。ヨーロッパで感染者数が大きく増えていったのはおおむね三月に入ってからのことで、まさにギリギリのタイミングだった。

実はこのヨーロッパ公演の際に、N響の顔の一人、オーボエ&イングリッシュホルン奏者の池田昭子が、ワーグナーの楽劇「トリスタンとイゾルデ」の分厚いフルスコア（総譜）を持参して、熱心に楽譜を読んで勉強している姿を、フルート奏者の梶川真歩が目撃している。ヨーロッパ公演のプログラムに組まれていたのはラフマニノフやブルックナーの交響曲などで、「トリスタンとイゾルデ」は入ってはいない。池田がなぜこの曲を勉強していたのか、それはのちに紹介することとしよう。

第2章　三月、コロナが音楽を消し去った

全国で学校が休校に

三月二日。週明けの月曜日から、全国の小学校・中学校・高校と特別支援学校での休校が実施された。前週の木曜日に唐突に要請された休校は、大きな波紋を投げかけることになった。例えば共働きの家庭にとっては、子どものケアが大問題になる。給食がなくなったら昼食はどうするのか。勉強は誰が見るのか――。子どもたちの感染リスクは低いと言われている中、効果がどこまであるのかはまったくわからない。学校での感染拡大を防げたとしても、その一方で保育園や学童保育がそのままだとすると、そこでの感染リスクをどう考えるのか。感染者が出ていない県もある中で、全国一律の措置は果たして本当に意味があるのか。

学校生活最後の思い出となるはずの卒業式も、例年とはまったく違ったものにならざるを得なかった。在校生がまったくいない状態で行われた卒業式、父兄の参加が許されなかった卒業式なども多かった。しかも式のあとは、できるだけ接触がないよう、すぐに帰宅しなければならない。

大学の場合は、卒業式そのものを中止にしたところもかなりの数に上る。また、大学受験にも大きな影響が出た。特に、独自に緊急事態宣言を出した北海道では、北海道大学、旭川医科大学、北見工業大学などで、後期日程入試での学力検査を中止する措置をとり、大学入試センター試験の成績と調査書の内容だけで合否が判定されることになった。他にも同様の特例措置をとった大学が全国にいくつもある。そもそも高校が休校になっている中で、大学入試は会場まで行って試験を受けなくてはならないという状況は、受験生の心情を考えるとなかなかきついものがある。

トイレットペーパー、マスク、消毒液が消えた

トイレットペーパーがスーパーマーケットやドラッグストアから消えたのもこの頃のことである。実際にはほとんどが国産品だったにもかかわらず、製造元が中国で今後品薄になるという誤情報が出回ったのが端緒となった。一九七三年のオイルショックのときのニュースで見たような、商品棚からトイレットペーパーがまったくなくなっている光景が、リアルに目の前にあるのは衝撃的だった。

マスクの品薄状態も発生していた。一月後半から多くの店で在庫が足りなくなる事態となっていた。マスクは国内で販売されているもののうち七割程度が中国で生産されていて、新型コロナウイルスの影響で現地の生産体制が整わず、急増する需要に供給が間に合わなくなっていた。ドラッグストアの前で朝から列をなしてマスクを求める人たちを見かけるようになったのも三月頃だった。

石鹼《せっけん》での手洗いが強く励行されるとともに、消毒液や除菌シートも入手が困難になっていった。

三月一日。日本相撲協会は、大阪で八日から開かれる大相撲春場所を、無観客で行うことを決定した。

人を集めるイベントにも暗い影が射していた。

三月九日。プロ野球はシーズン開幕（三月二十日）の延期を決めた。開幕のメドは立たない。延期となるのは二〇一一年の東日本大震災のとき以来である。また、プロ野球と連携して対応を協議してきたJリーグも同日、すでにストップしていた公式戦の再開延期を決定した。

プロ野球もサッカーも数万人規模の人数が集まるビッグイベントである。他の観客との距離も近く、

みなで声を嗄《か》らして応援歌を歌って声援を送るというスタイルが、感染の危険を高めるのではないかという懸念が大きかった。万が一感染が生じた場合にクラスター化する危険性があること、その場合には周囲の人たちの行方を追跡することができるのか、といったことも課題として残された。

二月二十六日にはラグビー・トップリーグ二〇二〇の二十九日以降二節分の試合延期が発表されていた。そして三月二十三日には、それ以降のすべての試合の中止が決定された。

プロ野球開幕とJリーグの再開の延期が決まった三月九日。この日、新型コロナウイルス対策の専門家会議は、「感染者の増加傾向は続き、警戒を緩めることはできない」として、これまでの感染事例をもとに、「三つの条件の重なり」を避けるよう呼びかけた。その三つとは、

①換気の悪い密閉空間
②多くの人が密集
③近距離での会話や発声（密接）

のちに「三つの密」「三密」と言われるようになる感染拡大の要因である。そうして、三つの密を避ける、ということが、感染しないための具体的な策として広く認知されるようになっていく。人々はますます、多くの人が集まる場所を避けるようになっていった。その影響は、観客を集めることで興行を行う、音楽業界を直撃した。

翌十日には、政府が今回の感染拡大を「歴史的緊急事態」に初めて指定する。緊迫感が増していった。

十一日には春のセンバツ高校野球が史上初めて中止となることが決まった。

世界に目を転じると、WHOはこの日、「新型コロナウイルスは『パンデミック』と言える」と事

務局長が発言した。すでにイタリアでは全土で移動制限が始まり、フランスでは直後に外出制限がスタートしている。

相次ぐコンサートの中止・延期

人が集うイベントの相次ぐ中止。クラシック音楽界もまさにその真っ只中にいた。

二月末に続々とコンサートが中止・延期になった各オーケストラ。三月になれば元通りに再開できるのではないか、という一縷《いちる》の望みも潰《つい》えていった。

ヨーロッパ公演に出向いていたNHK交響楽団は、帰国直後の三月九日に、十四日に開かれる予定だったN響の「オーチャード定期」演奏会（井上道義指揮）の中止を発表した。その発表の翌日の十日には、都民芸術フェスティバルでの十七日のコンサート（熊倉優指揮）も中止が発表された。同じ都民芸術フェスティバルでは十八日に都響が、二十四日に新日本フィルがコンサートを予定していたが、こちらも中止となった。

三月上旬の二公演中止の発表をしていた都響は十三日、今度は二十二日（大野和士指揮）と二十七日（小泉和裕指揮）の公演を中止にすると発表した。

この頃、都響のソロ・コンサートマスターである矢部達哉から聞いたのは、中止か開催かで揺れ動く中での演奏家のつらさだった。

「あるかどうかわからないコンサートのために練習をしては、結局中止になる、ということの繰り返し。練習は真剣にやらなければいけないものだが、モチベーションの保ち方が本当に難しい」。

オーケストラの悲鳴

東京フィルハーモニー交響楽団は、三月十三日、十五日、十六日に予定されていた特別客演指揮者プレトニョフ指揮によるスメタナ「わが祖国」全曲演奏が延期、中止となった。また三月末の二公演も中止となり、三月公演は五つが中止・延期となった。

日本フィルハーモニー交響楽団は東フィルなどとともにコンサートがとりわけ多いオーケストラの一つとして知られるが、三月だけで一三公演が中止・延期となってしまった。その中には、毎年子どもたちにクラシックに親しんでもらおうと行ってきた「春休みオーケストラ探検」の中止も含まれる。

東京シティ・フィルハーモニック管弦楽団は、三月十三日の定期演奏会でプッチーニのオペラ「トスカ」を演奏会形式で行う予定だった。しかし三月三日、コンサートの延期を決定。タクトを振るはずだった常任指揮者・高関健はHPにメッセージを寄せ、断念することに対し観客へのお詫びを記し、さらに何とか「トスカ」を演奏できないか協議した結果、主要キャストの変更をすることなく、八月に公演を延期・上演できることとなった、と発表している。「当日は音楽できる喜びを深くかみしめつつ、演奏に情熱をかける所存です」とつづっている。三月初めの時点では、八月であればオペラの上演も可能であろうと考えられていたのだ。実際には、八月の演奏会はオペラをあきらめ、声楽を伴わないブルックナーの交響曲に変更されて行われた。

コンサートが中止になった際に大変になるのが、払い戻しの手続きである。オーケストラ側から直接購入している場合と、チケットぴあやイープラスなど販売サイトを介して購入している場合、またクレジットカードで支払っているか、現金で支払っているか、チケットを発券しているかまだなのか、といったことによっても一つ一つ手続きが異なる。オーケストラ側の払い戻しの対応も郵便振替や、口座を指定してもらってそこに振り込むなど、いろいろである。見込まれていた収入がなくなるだけでなく、尋常ならざる手間暇がかかることになる。

そして、それはクラシック界だけでなく、当時の日本、いや世界のあらゆるコミュニティで起こっていたことなのだ。それまで当たり前だったことが突然否定され、集ったり人と話したり一緒に楽しんだりすることができなくなってしまう。そんな事態がさまざまなフェーズで発生していた。

存続の危機

コンサートの中止が重なるにつれ、オーケストラの存続の危機が叫ばれるようになる。演奏会での入場者収入は、どのオーケストラにとっても運営の屋台骨である。一回のコンサートで数百万円規模の売り上げを見込み、数多くのコンサートを開くことによって、ホールの経費や運営費、そして楽団員やスタッフの人件費などを捻出している。二月末から三月にかけてのコンサート中止の連続で、どのオーケストラもおそらく数千万円の損失を被ったはずである。

そもそもオーケストラは、基本は一〇〇人規模であり、団員たちの給料を支払うためにはそれなりのお金がかかる。多くのオーケストラで、経営基盤は安定していないと言われてきた。ことに、クラシックのファンがそこまで多くない地方では、オーケストラは公演の数を増やしにくいし、入場料もそれほど高くできない。そうなると、おのずから運営は大変になる。一方で東京や大阪ではファンの数は多いものの、東京・神奈川だけでプロのオーケストラは一〇、大阪・京都・神戸で六つもあり、かなりの競合状態になっている。感染拡大がこのまま進むと「数ヵ月後には破綻するかもしれない」。そうした声がまことしやかにささやかれるようになっていった。

三月十九日には、多くのオーケストラ団体や日本オーケストラ連盟、またオペラやバレエ、作曲、合唱、演劇、落語など四二団体で構成される芸術家会議が、文化芸術振興議員連盟の河村建夫会長に要望書を送っている。二月二十六日の「文化イベントの中止の要請」を受けて、中止・延期をした舞台芸術団体が被った損害に対しての経済的支援、またフリーランスの舞台芸術関係者が被る損害への経済的支援を要望したものである。要望書の最後には、こうした不安な状況だからこその芸術文化の果たすべき役割を訴え、支援を求めている。

「新型コロナウィルスという目に見えないものによって、人々の不安感等が日を追って増長していくかのような感があります。このような世情にあって、まさに芸術文化の果たす役割は非常に大きく、その灯を消さないために、何卒ご支援賜りますよう心よりお願い申し上げます」

テレワーク合奏で音楽を届ける

こうした中で、オーケストラの中には、独自の取り組みを始めるところも出てきた。

新日本フィルハーモニー交響楽団は、東日本大震災の起こった三月十一日に予定していた「復興記念コンサート」(茅ヶ崎)を中止に。さらに三月十日には、十九日の定期演奏会と二十一日の特別演奏会も中止の決定がなされた。

先の見えない中、あるYouTubeチャンネルが注目を集めた。「シンニチテレワーク部」である。新日本フィルのトロンボーン奏者・山口尚人が呼びかけ、オーケストラのメンバー一人一人にテレワークで「パプリカ」を演奏してもらい、それを一つに合わせて合奏にしようという企画である。三月十四日からスタートしたテレワーク部は、初日はたった四名の参加だったが、日に日に参加者が増し、最終的には二十四日公開バージョンで六〇名の新日フィルメンバーが参加。YouTubeでの動画再生回数は一月末現在で二三〇万回を超えている。

このテレワーク部に最初に参加した四人のうちの一人が、首席チェロ奏者の長谷川彰子だった。長谷川は、のちに「孤独のアンサンブル」でたった一人の音楽を奏でてくれることになる。

集い、演奏すること

一方、東京交響楽団は何とかみんなで集まって演奏をしようと試みていた。

二月二十七日、他のオーケストラ同様、東響は政府からの「要請」を受けて、三月八日に開催予定だった「名曲全集」コンサートを、ホームグラウンドであるミューザ川崎シンフォニーホールとも協議の上、中止にすることを発表した。

ところがその五日後の三月三日。いったん中止にすると決めた八日のコンサートを、当初の開演予定時刻に合わせて「無観客ライブ無料配信」する、と発表したのだ。

東響は以下のような文言をHPに載せている。

「ミューザ川崎シンフォニーホールと東京交響楽団は公演中止に係る協議の中で、演奏者である東京交響楽団の楽員、ならびに指揮者・ソリスト、そしてミューザ川崎シンフォニーホールスタッフの演奏会にかける熱い思いから、やむなく中止せざるを得なかった二公演を無観客で無料ライブ配信することとしました。チケットを購入し楽しみにお待ちいただいていたお客様（注1）のご期待に応えることはもちろん、多くのコンサートが中止となる状況で少しでも多くの方に音楽をお届けしたいと考えています。さらに、広くお客様にお聴きいただけるようCDの制作も行います。（注1：これら二公演は開催中止に伴い、チケットご購入者へ払い戻しもいたします。）」

この演奏会は、東響とミューザにとっては初めての「無観客コンサート生中継」となり、ニコニコ生放送でライブ配信することとなった。ホールのいちばん良い席からの定点カメラの放送と、もう一つはスイッチングを施した放送と、二回線での生放送という行き届きようである。

プログラムは当初のものとほぼ変わらず、ドビュッシーの「牧神の午後への前奏曲」、ラヴェルのピアノ協奏曲ト長調、そしてサン＝サーンスの交響曲第三番ハ短調「オルガン付き」というフランス音楽の粋を集めた曲が並んだ（大友直人指揮）。

果たして、三月八日一四時に開演した無観客ライブ無料配信は、なんと約一〇万人もの視聴を集めた。ミューザ川崎シンフォニーホールの座席数が二〇〇〇弱なので、コンサート五〇回分の観客がいっぺんに見たことになる。それだけ、音楽が渇望されていた、ということなのだろう。

ニコニコ生放送での配信の好評を受け、東響は三月十四日のコンサート「モーツァルト・マチネ」でも再び無観客ライブ無料配信を実施した。このときはさらに、ニコニコ生放送による「投げ銭システム」を採用、新たなコンサートのあり方を追求していった。このときも視聴者数は約一〇万人を集め、盛況だった。どちらのプログラムも、四月に再放送されている。

そうした配信が成功を収める中で、東京交響楽団はさらなるチャレンジを進めようとしていた。

それは、観客を入れてのコンサートの開催である。

三月二十一日。初台にある東京オペラシティコンサートホール。

文化イベントの中止要請がなされた二週間の期間はもう過ぎてはいる。だが感染者が徐々に増えつつある状態での開催はかなりの勇気が必要だったろう。そのために、東響ではきわめて精緻な配慮を重ねていた。

まず、そもそも体調に懸念がある、あるいは行くことで感染したくないなど、来場しない観客には、チケット代金の払い戻しをする。次に、来場予定の観客には、自ら「こまめな手洗い・手指消毒」「咳エチケット」などの感染予防対策の励行を促す。

ホールでは、チケット半券のもぎりは、スタッフではなく観客が自ら行い、スタッフはそれを目視する。ホワイエなどにはアルコール消毒液を配置。入場時、休憩時、終演後のこまめな手洗い・消毒への協力を促す。

プログラムの手渡しは行わず、所定の場所から自らピックアップしてもらう。ホワイエでの歓談はできるだけ遠慮してもらう。ビュッフェの営業は中止、クロークのサービスも行わない。チラシの配布も物販も行わない。サイン会もなし、また楽屋口の出演者の入待ち、出待ちは禁止。

ホール館内はあらかじめアルコール消毒液を使って消毒。またホール内は空調機の運転時間を延長し、換気を強化。また出演者やスタッフも検温など体調管理を徹底。体温が高いなど何らかの症状がある場合は職務を中止することとする。

今でこそ当たり前ともいえるような感染対策だが、当時はその徹底ぶりに舌を巻いた。

会場は空席も目立ったが、それでも観客を入れてのコンサートを何とか実現したのである。ほぼ一ヵ月ぶりのことだった。

コンサートの模様は後日、NHKでも紹介された。最後の曲、ラヴェルの「ボレロ」が終わると、会場には万雷の拍手が鳴り響いた。無観客ライブとは違い、実際に観客が目の前にいて、その人たちに向けて演奏をその場で届けることに、オーケストラのメンバーたちも手ごたえと充実を感じていた。

テレビの映像には、ボレロの演奏後に拍手を受け立ち上がるオーケストラの楽団員たちの様子が映し出されていた。そのとき、指揮者の後ろでニッコリと笑顔で嬉しそうにしている女性が目に入った。のちに「孤独のアンサンブル」に登場する、首席クラリネット奏者の吉野亜希菜である。

月末の二十八日には、サントリーホールでJ・S・バッハの「マタイ受難曲」の演奏会も実施しようと試みた。ただ、ソロ歌手四名のうち外国人三名の招聘を取りやめて日本人へと変更し、また少年少女合唱団の出演も取りやめてそのパートはソプラノ歌手陣で代行することとなった。しかしそれでも結局、二十四日に延期の発表を余儀なくされている。東響が観客を入れて実施した三月のコンサートは二十一日ただ一回だけとなり、その後はしばらくコンサートの開催が見送られることとなった。

相次ぐ音楽祭の中止

例年三月から四月にかけて、上野は東京文化会館を中心に音楽で包まれる。それが「東京・春・音楽祭」だ。

オーケストラの演奏やオペラの上演、室内楽に至るまでさまざまな演奏会が何十も披露される。また会場も文化会館だけでなく、旧東京音楽学校の奏楽堂や、上野学園・石橋メモリアルホール、さらには国立西洋美術館や東京都美術館、東京国立博物館、国立科学博物館といった周辺の名だたるミュージアムなどでもコンサートが開かれ、春の訪れを素晴らしい音楽で迎えるのが恒例だ。

だが、三月からの演奏会は次々と中止が決まっていった。

二〇二〇年の〈春祭〉の目玉の一つが、NHK交響楽団による東京文化会館大ホールでの公演。ワーグナーの楽劇「トリスタンとイゾルデ」を演奏会形式で上演するというものだ。四月二日と五日の二公演が予定されていた。しかし三月十八日、中止が決定してしまう。

N響のヨーロッパ公演の際に、オーボエ&イングリッシュホルン奏者の池田昭子が分厚いスコアを見て勉強していたのは、この楽劇だった。「トリスタンとイゾルデ」では、第三幕が始まる際の前奏曲で、イングリッシュホルンによる有名なソロがある。これを初めて演奏することになった池田は、演奏会の一ヵ月以上も前から入念な準備をしていたのだった。演奏会中止による喪失感はとても大きかったはずだ。そしてこれが、のちの「孤独のアンサンブル」につながる。

〈春祭〉はごく一部でコンサートが開かれたものの、三月末以降の演奏会はすべて中止となった。

さらに三月末には、大型連休の風物詩として知られる「ラ・フォル・ジュルネTOKYO 二〇二〇」の開催中止も発表された。

「ラ・フォル・ジュルネ」とは、フランス語で「熱狂の日」という意味の、大人気のクラシック音楽祭だ。二〇〇五年から毎年五月の大型連休の際に有楽町の東京国際フォーラムを中心に開かれてきた。もともとはフランスのナントで始まったこの音楽祭は、気軽にクラシックを楽しんでもらいたい、という思いから、一公演は四五分ほど、価格も一〇〇〇円から三〇〇〇円程度に抑え、その代わりたくさんのコンサートを堪能してもらおう、というものである。例年、何枚ものチケットを手に、コンサートをはしごする音楽ファンが有楽町界隈に大勢集う。今回は無料公演も含め、前夜祭も含めた四日間で三二五公演を予定し、およそ四三万人を集める見込みだった。しかも二〇二〇年のテーマは、生誕二五〇年を迎えた「ベートーヴェン」。期待が高まっていた中での中止だった。

オリンピック・パラリンピックの延期決定

三月十九日には政府の専門家会議が、感染が拡大している地域では自粛要請の必要性を検討する、といった新たな提言をまとめた。爆発的な拡大＝オーバーシュートが生じてしまうと、医療体制に大きな負荷がかかり、コロナの患者も、それ以外の患者も、適切な治療を受けられなくなってしまう危険性が高い。それを避けるためには、クラスターを早期に発見し、また重症者のための集中医療を充実させ、市民の行動を変容させることを基本戦略の柱とした。

大規模イベントの自粛、全国一斉休校、さらに時差出勤・在宅勤務の励行が進んでいる。現時点でメガクラスターの発生は起きておらず、国民の行動が変わったことで新たな感染者の若干の減少をもたらしている。だが、これ以上の感染拡大を防ぐためにも、三つの密を避け、感染状況が拡大傾向にある地域では、「独自のメッセージやアラートの発出」や「一律自粛」の必要性について、適切に検討する必要がある、としたのだ。

その一方で、感染状況が収束に向かい始めている地域、一定程度に収まってきている地域では、「三つの密」が重なる状況を徹底的に回避する対策を行った上で、感染拡大のリスクが低い活動から、徐々に解除することを検討する、とも提言された。

企業に対しては、テレワークや時差出勤の推進が求められ、また症状がみられる場合の休みやすい環境の整備なども提言に盛り込まれた。

学校については、感染拡大傾向の地域では一定期間の休校も選択肢とし、また春休み明けには三つの条件が重なり合うことを避ける取り組みが大事という見解も出された。

そして大規模イベントについては、引き続き慎重な対応が求められ、感染リスクへの対策が整わない場合は「中止」「延期」をする必要がある、とされた。

三月二十三日には、感染者が徐々に増えつつあった東京都の小池百合子都知事が、「ロックダウン（都市封鎖）」に言及。さらに緊張感が高まった。

そして三月二十四日。ついにそのときがやってきた。

二〇二〇年最大のスポーツイベントである、東京オリンピック・パラリンピックの一年程度の延期が決定されたのである。

東京オリンピック・パラリンピックについては、この時点までにすでに延期にすべきという声が多く上がっていた。だが、実際に延期が決定してみると、それはやはり大きな衝撃だった。

そしてオリンピック・パラリンピックの延期は、世紀の一大イベントが先延ばしになるほどの深刻な事態が生じているのを明らかにしたことで、人々にコロナ禍の重篤さを強く認識させたのである。

それまでの私たちはどこか、日々の状況の変化を受けながら、明日はどうなるのか、来週はどうなるのか、といった短期での見通ししか持てないところがあった。だが、オリンピック・パラリンピックの延期は、少なくとも数ヵ月先のイベントを先延ばしにするしかない、ということであり、新型コロナウイルスの感染は数ヵ月、半年、一年といった長期のタームで考えていかねばならない問題であるということを私たちに意識させた。さらにそれは、私たちの生活そのものに長く深刻な影響を及ぼし続けるのだ、という焦燥感を大きくさせたともいえるだろう。

また、世界中から選手や観客が集まってくるオリンピック・パラリンピックが延期になったことで、遠いヨーロッパやアメリカなどのコロナ感染の状況が、日本にとってもまったく他人事《ひとごと》ではないことが感覚的に刺さってきたともいえる。折しも、アメリカのニューヨーク州では感染者数が急増、外出制限を開始、カリフォルニア州などでも外出禁止や制限の措置が取られるようになっていった。

延期決定の翌日、東京都は一日の感染者数がこれまでで最も多い四一人に達した。小池都知事は緊急会見で、「感染爆発　重大局面」のパネルを手で示しながら、平日はできるだけ在宅で仕事をし、夜間は外に出ず、週末には「不要不急」の外出を控えるよう呼びかけた。二十八日には、国内の一日の感染者数が初めて二〇〇人を超え、過去最多の二〇二人となった。

三月二十九日。日本を代表するコメディアン、志村けんさんが新型コロナウイルス感染による肺炎によって命を落とした。家族は最後の対面が叶わず、火葬にも立ち会えなかったという。コロナ感染を自分事として捉えなければならない、志村さんの死は、多くの人々にそうした思いをもたらした。

日本は、そして日本人は、一気に危機意識に包まれていった。

第3章　四月、「孤独のアンサンブル」

緊急事態宣言

四月一日、日本はいつもとはまったく違う年度初めを迎えることとなった。

この日、政府は全世界からの入国者に二週間の待機を義務づけることを決定。四月三日午前〇時から直ちに実施に入った。

また同じ四月一日、安倍首相は一つの住所あたり二枚の布マスクを配布することを表明。のちに「アベノマスク」と言われることとなる、あの小さな布マスクだ。不良品が三万枚ほど見つかったり、配送の遅れた地域が生じたり、製造を委託した業者の選定が不透明だったりと混迷をきたした。

一方で同日、専門家会議は、感染者数が増え、クラスターが次々に報告されていることを踏まえ、医療現場が機能不全に陥ることが予想される、と強い危機感を示し、「三つの密」を避けるなど日々の行動を変えていくよう呼びかけた。

三日、国内の一日の感染者が初めて三〇〇人を超え、これまでで最多となる三五七人を記録した。

五日には、コロナに感染していたイギリスのジョンソン首相が入院。

そして四月七日。

日本政府はついに、感染の拡大している七都府県に緊急事態宣言を発した。

対象となったのは東京都、神奈川県、埼玉県、千葉県、大阪府、兵庫県、福岡県。この時点で緊急事態宣言の期間は五月六日までとされた（実際にはさらに延びることになる。東京都などでは五月二十五日まで緊急事態宣言が続いた)。

首相は専門家の試算を引用する形で、「人と人との接触機会を最低七割、極力八割削減することができれば、二週間後には感染者の増加を減少に転じさせることができる」と会見で述べ、外出自粛を呼びかけたのだった。

緊急事態宣言が出されたことで、各知事は不要不急の外出の自粛、学校の休校などさまざまな要請ができるようになった。

その内容について、東京都の例で示してみる。

まずは「徹底した外出自粛の要請」が都民に対してなされた。「医療機関への通院、食料の買い出し、職場への出勤など、生活の維持に必要な場合を除き、原則として外出しないこと等を要請」という、不要不急の外出を自粛することを強く要請したものとなっている。

さらに事業者向けには、「施設の使用停止及び催し物の開催の停止要請」、すなわち「休業要請」がなされた。

休業が要請されたのは、まず、バーやナイトクラブ、ライブハウス、ネットカフェ、カラオケボックス、漫画喫茶、馬券売り場などの遊興施設。また大学や専修学校、各種学校などの教育施設、学習塾など。ただし保育所や学童クラブは除外された。

さらに体育館、水泳場、ボーリング場、スポーツジム、ゲームセンター、パチンコ店など。そして劇場、映画館、演芸場、集会場、公会堂、多目的ホール、展示場。博物館や美術館、図書館。ホテルまたは旅館での集会。

商業施設については、生活必需物資やサービス以外の店舗に休業要請が出された。ただしスーパーやデパートなどでの食品売り場や生活必需品売り場は除外された。またコンビニも除外されている。居酒屋を含む飲食店や喫茶店などは、朝五時〜夜八時までの営業とすることを要請、酒類の販売は夜七時までとした。

要請などに全面的に応じる中小企業に対しては、感染拡大防止協力金の支給を行うことにもした。交通機関や医療施設、工場や金融機関、官公庁などは休業要請の対象外としたが、適切な感染防止対策を施すよう協力を求めた。例えばテレワークなどでの在宅勤務の実施を推奨し、密集する会議を避け、オンライン化などを励行、部屋の換気を行う。マスク着用、手洗い励行、手指消毒など飛沫感染や接触感染の防止に努める。そして時差出勤を促し、出張は中止とするよう要請した。お店では入場制限や、行列ができないよう、列になったとしても二メートルの間隔を空けるよう工夫を促す。

私たちの生活は完全に以前と変わってしまった。

首都圏の主要駅の改札通過人数は前年比で七〜八割減となった。満員の通勤電車は過去のものとなり、自宅が仕事場へと変貌し、ZoomやTeams、Webexなどの会議ツールが一般化していく。外出自粛でステイホームすることが当たり前となり、街からは人混みも明かりも消えた。まさに「新しい日常」「ニューノーマル」が訪れたのだ。数ヵ月前には予想だにしていなかった、衝撃の変容だった。

自宅にこもるしかないオーケストラの楽団員たち

都が発表した緊急事態宣言に伴う要請文書には、「屋内外を問わず、複数の者が参加し、密集状態等が発生する恐れのあるイベント、パーティ等の開催についても自粛を要請」ともある。

これでクラシックのコンサートなどは自粛せざるを得なくなった。活動停止の状態になったのが二月末からなので、少なくとも二ヵ月以上、それが続くことが実質的に確定してしまったことになる。

さまざまなオーケストラに所属する音楽家たちは、その頃いったいどうしていたのだろうか。

二月から三月にかけて、クラシック業界は、コロナ感染の影響をいちばん先に被ってきた。それゆえに、ディレクターの松村と筆者の取材も必然的に滞るようになっていった。対面での取材ができるような状況にない。それに、コンサートも開けない苦境に陥っている音楽家たちに、我々の番組の都合のことだけを聞くのはしのびないという気持ちも強かった。

そんな折に発せられたのが、緊急事態宣言だった。先行きはますます不透明になり、このままだと取材も撮影も何もできず、そもそも番組が成立するかどうかもわからなくなりそうだった。そこで松村といろいろ相談し、先方の了解を貰った上で、何人かの音楽家の方に松村がリモートなどで話を聞いてみることにした。

そこから垣間見えてきたのは、オーケストラの楽団員たちも、外出自粛、ステイホームの変容の真っ只中にいた、ということだ。自宅にこもるしかなかった彼らの混迷ぶりは想像以上だった。

中でも、東京都交響楽団のソロ・コンサートマスターの矢部達哉が松村に話した言葉を聞いたときに、強い衝撃を受けた。

矢部は今、「バイオリンを弾く気にまったくなれない」というのである。

そうした話を聞いて、自分たちのもともとの番組云々はさておいて、外出自粛の中でもがき苦しむオーケストラの音楽家たちを取材する番組を作るべきではないか。そうした気持ちが頭をもたげてきた。

プロのオーケストラの楽団員たちはみな、クラシック音楽の世界のエリートである。小さいころからピアノをはじめ音楽に親しむ人たちはたくさんいるが、プロになれるのはほんの一握りだ。音楽系の大学で学び、コンクールでも活躍し、場合によっては海外に留学もして、プロの音楽家として生きていく。きわめて高い音楽性を持った、限られた人だけが許される世界である。

彼らは日夜音楽漬けの中で生きてきたはずで、練習をし、オーケストラの面々と集い、数日後にはコンサートで演奏する、という生活を数十年にわたって続けている。それが今、一ヵ月も二ヵ月もコンサートのない日々を送っているのだ。彼らにとってはまったくの異常事態である。しかも、練習で集まることも許されない。そして、外出自粛で自宅に一人こもっている。防音室の中でただひたすら自分の楽器を奏でることしかできない。

さらには都響の矢部のように、聴かせる相手がいない状況において、楽器を持つ気持ちにもなれない人もいる。

こうした状態を世の中にしっかりと伝えることが、今とても大事なのではないか。そしてそれを伝えることは、ひいては彼らを救うことにもつながるのではないか。そう思った。

そのとき、突然思い浮かんだ番組タイトルが、「孤独のアンサンブル」だった。

「孤独のアンサンブル」

「孤独のアンサンブル」という日本語には、違和感があるはずだ。アンサンブルは一人でするものではない。音楽家たちが何人か集って、一緒に演奏するからこそ、「アンサンブル」なのである。「孤独」と「アンサンブル」という相容れない言葉がぶつかっているわけで、矛盾極まりない。実際、今回出演してくださった音楽家の方々も、最初にこのタイトルを聞いたときには「?」という反応だったらしい。

だが、この相反する状況がともにあるのが、まさに今このときなのではないか。そう思った。彼らが直面している苦悩はこの「孤独のアンサンブル」という言葉に凝縮されているのではないか。

それだけではない。ずっとアンサンブルを奏でてきた音楽家が、今、たった一人の状況と向き合い、自分だけの「孤独の音楽」を奏でることには、必ずや音楽としての意味があるはずだ。とことん孤独と対峙しながら、当たり前だった「アンサンブルすること」の価値を問うものにもなるはずである。

そうした音楽は、今このときしか聴くことができない。

ホールではなく、自宅の防音室で、たった一人で奏でる音楽。

それは必ず、心の底から沸き立つような、深さと、美しさと、強い力を持っているに違いない。孤独の音楽ゆえに、コロナ禍で同じように孤独と向き合い、苦しんでいる全国の人々に、必ず届くものがあるはずだ。

この未曽有の事態を生き抜いていくための勇気を与えてくれるのではないか。

だからこそ、「孤独のアンサンブル」に意味がある。

そう思ったのである。


自分自身も外出自粛、在宅勤務の波の中にいた。抱えていたいくつもの番組が、通常の制作をすることが困難になった。これまでやってきたようなスタイルのロケもできない。大人数の出演者やスタッフが集まることもできない。それゆえ、制作スケジュールを延ばさざるを得なかったものもあるし、

「さし旅」のようにロケを急遽取りやめ、ネタそのものを差し替えて、通常ロケをしない形で何とか制作をしようとしたものもあった。

そうした中で思いついた「オーケストラ・孤独のアンサンブル」というアイデアを、一気に企画書として書き上げた。

日本のオーケストラのトッププレイヤーたち六〜七名ほどに声をかけ、自宅で、たった一人だけで「孤独の音楽」を奏でてもらう。それを数珠つなぎにしていく、という番組企画である。すぐにディレクターの松村にメールした。二〇分後。メールが返ってきた。

「孤独のアンサンブル、やりましょう!」

「今しかない」

信頼する松村が、すぐに賛同してくれたのは心強かった。この企画の意義は間違っていない、と思えた。

今度はただちに、NHK「クラシック音楽館」など長年クラシック番組を作っているデスクの宮崎将一郎に電話をかけた。宮崎は一五年ほど前、彼が名古屋局にいたときに「ためしてガッテン」を作りに東京へ出張してきたのが縁で、仲良くしている後輩である。クラシックへの造詣はものすごく深く、時折話を聞かせてもらってきた。

宮崎も、ぜひやるべき、と企画に共感してくれた。彼の上司であるプロデューサーの山田浩司とも連絡を取り、山田も後押しをしてくれた。

ただ、当たり前だが、番組は編成がGOサインを出してくれない限り、作ることなどできない。急ぎ編成と交渉しなくてはならない。

そもそもクラシックの番組は、EテレやBSプレミアムで放送することがほとんどである。ふつうであれば、それらの放送波の編成担当者と相談することになる。

だが、この企画は「クラシック番組」ではない、そう思った。コロナ禍というこの状況を最も端的に表す、「ジャーナルな番組」として位置づけるべきではないか。つまり、今このときを描く、きわめて情報性の高い番組なのではないか。そのように思ったのである。

NHKの中でいちばんそれにふさわしいメディアは、BS1だ。報道やスポーツ、ドキュメンタリーなど、今を浮き彫りにしていく情報性を最も大事にした波である。

とはいえ、NHKも全局的に外出自粛、在宅勤務の流れの中にある。顔も合わせられない中、編成との交渉をどうしたらいいものだろう、と悩んだ。

この企画にとって運が良かったのは、その当時のBS1編成のトップである編集長が、たまたま筆者の前の上司だったことである。思い切って、企画書をメールで送ってみた。こうした事態なのでメールで直接企画書を送ることになって申し訳ないと書き添えた。

メールを送った数分後。携帯電話が鳴った。編集長からだった。

ぜひやろう、とのことだった。ただし、音楽番組にするのではなく、ジャーナルな視点で作ること。視聴者の方々に、癒やしと感動を届けること。そして緊急事態宣言のあいだに放送すること。それが可能ならば、やってみようではないか、という電話だった。

もちろん、正式に企画を通すにはまだいろいろ関門はあるのだが、編集長の内諾をもらえたことは非常に大きかった。電話をもらったのが、四月十三日午後。そして放送は五月五日を目指せないか、ということとなった。

この時点で、放送まで三週間しかない。コロナ禍で通常ロケができない中、本当に間に合うのか。そもそもOKしてくださるオーケストラの音楽家が見つかるのか。胃がキリキリする思いだった。

一気の声がけ

「オーケストラ・孤独のアンサンブル」はBS1のドキュメンタリー枠「BS1スペシャル」での放送を目指すこととなった。この枠は四九分尺である。

まず悩んだのは、何人のオーケストラの音楽家に出演してもらうか、ということだった。仮に七名の出演だとすると、一人の登場時間は長くても七分。曲の演奏時間が五分程度とすると、インタビューなどに使える時間は二分ほどである。

次にどのオーケストラのどの方にお願いするか、である。オーケストラの中でも、首席かそれに準じるトッププレイヤーの方にご出演いただきたい、という希望がまずあった。

その上で、時間があまりないこともあり、声がかけやすいこと、複数のオーケストラに参加してもらうこと、また男女のバランス、年齢的なバランス、さらには楽器のバリエーションも考慮した。当然ながらバイオリンばかり七名になっても仕方ないし、弦楽器だけでなく木管楽器、金管楽器の人にも入ってもらいたい。こうしたさまざまな変数をすべて考慮し、「クラシック音楽館」デスクの宮崎とともに一気に人選を進めた。

日本には各地にすぐれたオーケストラがあるが、今回のコロナ禍は基盤の弱い地方のオーケストラへの打撃も大きい。それゆえに、何とか地方オケのメンバーに声をかけられないかと検討したのだが、緊急事態宣言が出ている中で地方へのロケははばかられた。その時点でNHKでは、自分の働く地域を離れてのロケは原則しないように、というコロナ禍でのレギュレーションが設けられていた。やむを得ず今回は地方オーケストラの音楽家に声をかけることは断念し、在京オーケストラのメンバーに出演をお願いすることとしたのだった。

オーケストラに幅広い人脈のある宮崎が、各オーケストラにまず連絡を取った。そして、それぞれのオケの、気持ち良いほど迅速でありがたい協力によって、演奏家の方々との連絡が叶った。そして、孤独の音楽を奏でてほしい、という依頼を、以下の七名の方々にしたのだった（五十音順）。

NHK交響楽団　第一コンサートマスター　篠崎史紀
東京フィルハーモニー交響楽団　副首席トロンボーン奏者　辻姫子
新日本フィルハーモニー交響楽団　首席チェロ奏者　長谷川彰子
NHK交響楽団　首席トランペット奏者　長谷川智之
東京都交響楽団　首席オーボエ奏者　広田智之
東京都交響楽団　ソロ・コンサートマスター　矢部達哉
東京交響楽団　首席クラリネット奏者　吉野亜希菜

いずれも今の日本のオーケストラ界、クラシック音楽界を代表するトッププレイヤーたちばかりだ。弦楽器三、木管楽器二、金管楽器二というバランスも良い。

大変ありがたいことに、皆さんの快諾を得た。

十三日に企画の内諾を得て、翌十四日に人選、十五日から依頼を始め、十六日にはもう七名中六名が確定していた。とてつもなくスピーディな展開だった。単なるクラシックファンにすぎない筆者は、この強力なラインナップが揃ったことに、自分自身で大いに驚いていた。

だがその一方で、演奏してもらう曲目をどうするか、番組の「カタチ」をどのようにするか、癒しと感動をどう生み出していけるのか、番組として孤独とどう向き合っていけばよいのか、考えねばならないことが山積だった。特に難題だったのが、コロナ禍で通常とはまったく違う状況の中で、撮影・収録をいったいどのように行うか、ということだった。

極力接触を減らした緊急ロケ

この頃、全世界での新型コロナウイルス感染による死者は一〇万人を超えていた。イタリアを抜きいちばん多くなったのがアメリカで、死者は二万人を超えた。

四月十六日、「緊急事態宣言」は全国に拡大された。そして感染が深刻化している一三都道府県は「特定警戒都道府県」として重点的な取り組みを進めていく必要があるとした。

同日、首相はすべての国民を対象に、一人あたり一〇万円の給付金を支給すると表明した。

国内の感染者数は、四月八日の時点で五〇〇〇人を超えていたが、その数はたちどころに増え、一〇日後の十八日にはついに一万人を超えた。

四月二十三日には俳優の岡江久美子さんが死去。新型コロナウイルスによる肺炎が原因だった。まだ六三歳での死に、新型コロナウイルスに感染し重症になったときの怖さを人々は思い知ることとなった。この日、国内の死者は三〇〇人を超えた。

万が一にも、日本が誇るオーケストラの顔とも言うべきトッププレイヤーたちが、我々のせいで新型コロナウイルスに感染するようなことがあってはならない。そのために、取材・撮影・収録について、慎重に吟味を重ねた。

コロナ感染対策、それぞれの音楽家たちへの取材、そして番組の構築、それらを短い時間で一気に遂行していくために、ディレクターの松村が所属する制作会社スローハンドから、佐藤理恵子がプロデューサーとして参戦してくれた。佐藤はクラシックのドキュメンタリーの制作経験も豊富である。また松村とともに、取材・ロケに当たるディレクターとして広瀬将平が加わった。とても心強い体制になった。以下、取材の中身については松村と広瀬が集めてくれた情報や話がもとになっていることをここにお断りしておく。

五月五日のオンエアを考えた場合、編集にある程度の時間を割く必要があることを踏まえると、ロケはどんなに遅くとも四月二十五日頃までには終えておかねばならない。しかしながら感染対策を十二分に徹底して行いながら音楽演奏を収録しようとすると、一日にロケできるのは最大で二人程度だろう。そう考えると、二十二日あたりにはもうロケをスタートさせなければならない。準備期間は数日しかない。どういう撮影の仕方をするか、感染対策をどう講じるか、それらを短い時間で整え、準備し、ロケに臨む必要があった。松村、広瀬たちと常に相談をしながら急ピッチでロケの体制を整えていった。

気づけばここまで、スローハンドの松村、広瀬、佐藤、それにNHK側の山田、宮崎とも、直接にはまったく顔を合わせていない。電話とメール、そしてニューノーマルの象徴であるリモート会議を通じ、あらゆることを共有し、番組作りを進めていった。当たり前のことだが、スタッフ同士が顔を合わさずに番組を作った経験など、誰にもない。その意味でもチャレンジングな番組制作となった。ロケの感染対策については一つ一つ検討し確認して、丁寧に対策を講じていった。その点、松村は人一倍慎重な対応を考える人間なので、とても心強かった。

まずロケ現場となる各音楽家の自宅へと赴くスタッフを、最少人数にとどめることは必須だった。この手のロケであれば、ロケ現場にディレクターだけでなくプロデューサーが行くこともごく当たり前にある。だが、今回はこうした未曽有の事態である。接触する人数を極力減らす必要がある。筆者も、また制作会社のプロデューサーの佐藤も出向かないことにした。

移動のためのロケバスは、必要最少人数だけの乗車とし、常に窓は開放状態。徹底した換気を行う。機材もアルコール消毒をした上で現場に持ち込む。スタッフも体温チェックと体調報告をしてもらい、少しでも問題があるようならロケには行かない。当然、マスクを着用し、手指の消毒もしっかりと行う。さらに松村は各演奏家のお宅に伺う直前に新しいマスクに交換することまでしていた。

ご自宅に入るのは、ディレクター一名と、技術一名の二人だけ。それも、音楽家の方々との接触機会がほぼないようにするために、次のことを実践した。

まず、ご自宅に伺った際にも、音楽家の方とは必ず二メートル以上の距離をとり、近寄るようなことを絶対にしない。

お目にかかったら、すぐに演奏をしていただく部屋へ。

部屋の窓や扉を開けるなど換気を十分にした状態で、機材をセッティングする。その際には技術スタッフのみで対応し、音楽家の方には別室で待機していただく。

そのあと、ディレクターも技術スタッフも退室、家の外へ出て、近くに停めてあるロケバスへ戻る。

あとはここからオペレーションしていく。もちろんロケバスは窓を開放し、換気を十二分に行った状態にしている。ちなみに初日は車中がかなり寒かったということで、二日目からはかなりの厚着で臨んだ。

演奏していただく部屋は、室内の換気をした上で、音楽家の方に入室してもらう。インタビュー、演奏収録もスタッフは同席せず、部屋の中には音楽家が一人だけという状態で、収録はリモートで進める。双方の連絡はスマホで行う。インタビューも、ロケバスにいるディレクターがスマホから行う。機材の操作も一部は音楽家の方にお願いする。

こうすることで極力接触を減らし、感染リスクを可能な限り下げることを徹底した。

音楽家の方々も、こちら側の人間がいない状況で話をしたり、演奏をしたりするのは感覚的にとてもやりづらかったのではないかと想像するが、皆さん積極的かつ全面的に協力してくださり、きわめてスムーズに進んだ。こちら側が丁寧に慎重に対応していることを理解していただくことで、余計なことを考えずに音楽に集中してもらえるとありがたいとも思っていた。

ロケは四月二十三日から、人目を忍ぶようにして始まった。企画書を書いてから一〇日後のことだった。

七名のオーケストラのトッププレイヤーたちの話からは、想像以上の苦悩と失望、それでも必死に前を向こうとする意志があふれ出ていた。

一人一人がどんな話をし、どんな孤独の演奏をしてくれたのか。番組に登場した順に記していきたい。

1　東京都交響楽団　ソロ・コンサートマスター　矢部達哉

「残念ながら、今、バイオリンを弾くという気持ちにあまりならなくて、この二週間ぐらいはもう全然弾いてないという感じです。朝起きて、必要な連絡を取ったりして、インターネットとかテレビで情報を見て、ご飯食べて夜寝るっていうような感じです」

そう語り始めたのは、東京都交響楽団のソロ・コンサートマスター、矢部達哉だ。

矢部は、日本が世界に誇るバイオリニストであり、コンサートマスターである。

矢部は五歳のクリスマスのとき、突然親からバイオリンを与えられた。祖母がバイオリン好きだったからだそうだ。その後、小澤征爾とも関係の深い桐朋学園のディプロマコースを修了。そして九〇年、まだ二二歳のときに都響のソロ・コンサートマスターに抜擢され、以来三〇年、常に日本のクラシック界を牽引してきた。

NHKの朝の連続テレビ小説「あぐり」のテーマ演奏をしたことを記憶している方も多いだろう。サイトウ・キネン・オーケストラでも小澤征爾のもとでコンサートマスターを務めるなどしてきた。二〇一五年からは、東京・晴海にある第一生命ホールを拠点として指揮者なしの演奏会を行う室内オーケストラ「トリトン晴れた海のオーケストラ」のコンサートマスターも務めている。ソロ、室内楽でも大活躍中だ。

余談だが筆者は矢部と同学年である。学生時代から矢部はとてもよく知られた存在で、自分がNH

Kに入った年に、同じ学年の矢部が都響のコンマスになった、と聞いて、本当にすごい人がいるものだと思った。羨望の存在である。

そんな矢部が、バイオリンを弾く気がしない、というのである。

「コンサートの中止がずっと続いていて……。ふだんはコンサートに向けて準備をして、いろんな勉強をして、そのコンサートが終わったらまた次の勉強をする、という流れでやっているのですが、今は次のコンサートがいつなのか、はっきりしない状況なので、なんて言うんでしょうね、バイオリンのケースを開ける気力がなくなってしまったっていうのが正直なところなんです」

そんなに長いこと演奏をしなかったことは、これまでの人生でも初めてのことだという。ただ、「やる気がないとか、音楽が嫌になったっていうことでは全然なくて、逆に音楽を聴きたい、そういう気持ちはすごくありますね」

矢部が考えていたのはまず、コンサートマスターとして、日本のクラシック界を引っ張ってきた立場だからこその思いだった。

「朝起きて、いろんな友人たちの心配事とか、そういうことを考えますよね。特に僕はオーケストラのコンサートマスターを三〇年やっているので、自分のオーケストラのことだけでなくて、仲間のオーケストラの人たちのことっていうのは、もう毎日毎日考えます。それで、連絡をしたり、状況を聞いたり、何か役に立てないかと考えて、できる範囲のことをやってみたりして、それでほぼ一日が過ぎていきます」

実は矢部は、日本のクラシックの音楽界が早晩立ち行かなくなり、長年築かれてきたクラシック文化が失われてしまうのではないかと心底心配していた。そのために、国レベルでの経済的支援がもらえないか、とひそかに尽力していたらしい。

ドイツではメルケル首相が「アーティストは今、生命維持に必要不可欠な存在なのだ」と発言、文化的活動に対する支援を約束していた。日本ではそうした言葉は届いてこない。築き上げてきた音楽文化を廃《すた》れさせず、守っていくために支援策を導いてほしい。コンサートマスターの立場を超えて、そのための努力を惜しまないのが矢部だった。

一方で、コロナ禍での苦しみや痛みは、音楽家だけのものではない、そのことへも常に思いを馳せていた。

「今の状況がつらいということに関しては、音楽家だけがつらいわけじゃない。たくさんの職業の方がつらいと思っているし、職業に就いてない方も本当につらい毎日を過ごしていると思います」

矢部は常に他者のことを考えているのだ。そして、コロナが今を生きるあらゆる人たちの考えを変え、時代を変えてしまっていることに、おそろしく自覚的だった。

「今、もし時代の大転換が行われるような時期が来ているとして——僕自身はもうすでに新しい時代に入っていると思っているんですけれど——新しい時代になったときには、音楽の持つ価値や力は〝コロナ前〟とはかなり違った意味を持ってくると思っているんですね。そのときに、また新しい気持ちで皆さんと音楽ができること、それを聴衆の皆さんと共有できることを、逆に楽しみにも感じています。今つらいけれども、コロナ禍が明けたときに、また新しく共有できるはずのものを、僕は期待したいですね」

時代が変われば、音楽の役割も変わっているはずだ、というのである。

「もちろんコロナが早く終息してくれることを望んでいますけれど、その後に世界がどうなるのか、自分がどういう気持ちでまた音楽に向かうのかっていうことを毎日考えるようになりました。

だから、今までと同じ自分であってはいけないような気がしていて、コンサートの再開が決まったときには、すぐにでも、もちろんバイオリンをまた一生懸命練習し直して勉強することはするんでしょうけれど、その前に何かもう意識というか、そういうものが徐々に、無意識かもしれないけれどどんどん変わってきているのかなという気はします」

ちなみに矢部家は、妻の恵美（澤畑恵美）さんはオペラやリサイタルなど第一線で活躍するソプラノ歌手、ご子息の優典さんは将来を嘱望《しょくぼう》されるチェリスト、と音楽一家だ。みな忙しい毎日だったはずだが、外出自粛で全員が家で一緒に過ごすようになった。

「なかなか家族三人でご飯を同時に食べる機会もなかったので、その意味では新鮮ですね。

ただ、あまりシリアスな音楽の話、今の状況やこれからについては、巧妙にみんなで避けている。ただでさえ十分にもう大変な状況なので、そこにさらに音楽の話をしてみんなで苦しむよりは、ワンちゃんと遊んでストレスを軽減するという感じになっていますね」

それでも矢部は、音楽を信じようとしていた。

「音楽の歴史はもう何百年もあって、いろんな戦争とか革命とか災害とか、病が蔓延《まんえん》するとか、そういう時代も音楽はずっと生き残ってきたわけです。それも、ただ生き残ってきたっていうことではなくて、演奏する人がいて、それを聞く聴衆の方々がいて、みなでその時間を共有することで生まれる空気みたいなものがずっと継続して、それで生き残ってきたと思うので、今、コロナによって、それが断絶しなければいいなっていうことを考えています。

もちろん音楽がなくなることはないと思う。ただ、今はコロナがいつまで続くかわからない状況で、音楽が一時的に断たれています。音楽には、空気が振動して音が届いて、それによってみんなの心が共鳴して動くっていうことがある。早くコンサートが再開される日が来て、それをみんなで共有できたらいいなっていうのが今のいちばんの願いです。

ここ何年ぐらいでしょうか、世の中というか、世界がギスギスしているような時代がずっと長く続いてきましたし、下手するとまた悲惨な時代が来るのかもしれないという恐怖や不安と戦ってきました。そんな中で、このコロナ禍というのは世界の人たちが初めて共通の敵を見いだした、めったにないような状況になったわけで、これを乗り越えたときには世界中の人たちがお互いもっと寛容になって、一言で言うと平和が訪れるといいなと思っています。

そのときに、音楽はたぶん絶対、違う響き方をすると確信しています。そのときのために世界中の音楽家たちが、今、頑張ってこれを乗り越えていってほしいと思います。音楽家がいなくなったら音楽がこの時代で断絶してしまうので、次の時代、次の世代につなげていくこともできなくなってしまう。僕たちが本当に頑張って乗り越えなきゃいけないと思っています」

そして矢部は、自身が「孤独」だったからこそかみしめたことについて語ってくれた。

「オーケストラの仲間の存在って何だろうとは毎日思いますね。都響の皆さんとは、ずっとずっと何十年もオーケストラの歴史をみんなで一緒の舞台で手を携えて作ってきたので。

会えなければ会えないほど、一緒のオーケストラの仲間に対する尊敬というか敬意がどんどん強くなります。それぞれの人生に大きく関わって、そこに彩りを加えてくれる存在なわけですし。一人一人が仲間という以上の存在なので。自分が一緒に弾いている仲間というのは、ほかのオーケストラもみんなそうだと思うんですね。

今、一緒に音を出せないのはとてもつらいですけど、また会って、みんなで音を出せるときには、たぶん今たまっているものがまた大きな力になって広がっていくはずだと、僕は信じています。そして、僕たちが経験してきた良いコンサート、思い出に残るコンサート、「これは本当に素晴らしいコンサートだな」って思ったときというのは、例外なく聴衆も素晴らしい聴衆だったんですね。だから、音楽を次の時代、次の世代に引き継ぐということは、音楽家だけではなく、聴衆の皆さんと一緒にそれをやっていかなきゃいけないと思います。

僕たちは聴衆の支えなくしては舞台に立つこともできません。「舞台に出る人」と「客席にいる聴衆」というふうに壁があるのではなくて、みんな含めてすべて音楽じゃないかって思うようになりました。

音楽家なんて聴いてくれる方がいなかったら音楽家でいることもできない。叱咤激励ではないですけれども、今日は良かったとか、今日は良くなかったねっていう、その言葉の一つ一つが自分たちを成長させる大きな糧だと思うので、それも含めて、やっぱり聴衆の皆さんに喜んでいただくということをますます強く考えるようになりました。そのために、今みんなで、ステイホームで気を付けていかなきゃいけないんだ、そう思っています」

バイオリンを手に取る気にすらなれない、と言っていた矢部が「孤独の音楽」を奏でることを快諾したいちばんの理由。それは、「音楽家ですから、弾いてほしいと言われたら「もちろんです！」とお答えしたい」から、だった。

そして、「孤独の音楽」を奏でるにあたって、矢部が迷うことなく選んだ一曲は、マスネ作曲「タイスの瞑想曲」だった。

「バイオリンのために書かれた曲の中で最も美しいメロディーを持つ曲の一つだと思っていますので、今これを弾くことによって、「あ、バイオリンってきれいだな」というふうに聴いていただけたらいいなと思って選びました。そういうシンプルな理由です。

メッセージを伝えたい、といったことではなくて、今はすごくシンプルに、バイオリンの持つ、美しい音色や、美しいメロディーを聴いていただきたい。バイオリンの魅力を忘れないでいただけたらなっていう気持ちですね」

矢部邸の地下にある、防音設備の施された一室。矢部がいつも練習をしている部屋だ。ピアノの奥には、二〇世紀後半に活躍した画家ベルナール・ビュフェの描いた、モーツァルトの楽譜の前に置かれたバイオリンの絵が白い壁面に掛けられ、鮮やかな橙《だいだい》色が映えている。

矢部が一七四二年製のストラディヴァリウスを持ち上げ、整える。そして深く息を吸ったのちに、弓をゆっくりと、極限までやわらかに下ろしていく。

その瞬間、甘い音色が部屋に一気に広がる。

矢部は一音一音を、子犬の背中を撫でるかのように、丁寧にやさしく奏でていく。

その一挙手一頭足、呼吸、目、すべてに惹きつけられていく。

極上の六分間だった。

音楽が、心に潤いをもたらすことを、まさに証明した時間だった。

久しぶりの演奏を終えた矢部は、どこか晴れやかな顔をしていた。

「自分自身がバイオリンを弾いているっていうことだけでなく、自分も音楽の聴き手の一人なので、今、自分が弾いている音楽を客観的に聴くことによって、久しぶりに心が動きました。

ずっと息が詰まるような生活をしているので、それはもう皆さん同じだと思うんですけども、なかなか心が動く機会がなかったので、こうやって久しぶりにバイオリンを弾いてみて、ああ、音楽っていいなと思いました」

矢部達哉（東京都交響楽団 ソロ・コンサートマスター）

音楽は聴衆だけでなく、演奏する人自身の心も動かすものなのだ。矢部もこの「タイスの瞑想曲」を孤独に奏でることで、止まっていた自身の何かが動いたのだ。
そして矢部は最後まで、音楽が持つ役割の変容について、音楽家としてどこまでも自覚的なのだった。
「音楽の持つ力ということが最近よくいわれるようになりましたけれども、僕が思う音楽の力は、今のコロナのこの時期よりも、これが終息したあとに、また別の意味を持った価値を持つはずで、それがものすごく重要になってくると思っています。
息が詰まるような生活の中で、孤独感を感じる方もたくさんおられると思うんですけれども、それでも希望を持って、昔の戦前と戦後のように、コロナによって価値観が大きく転換した次の時代が、戦争や恐怖や緊張ではなく、寛容で、みんなが優しい気持ちになれるような時代になることを願っています」

2 東京交響楽団　首席クラリネット奏者　吉野亜希菜

二月末から各オーケストラが軒並みコンサートを中止・延期にしていた中、一回だけ、三月下旬に観客を入れたコンサートを実施したオーケストラがあったことは先述した。東京交響楽団である。その演奏会が終わったとき、指揮者の後ろでニッコリ微笑んでいたクラリネット奏者。彼女こそが、「孤独のアンサンブル」二人目の登場人物である。

吉野亜希菜は都内のマンションの一室で、我々を迎えてくれた。にこやかな笑顔の印象は、コンサートのときと変わらない。

横に長い低めの木製のラックには、たくさんのCDやレコードが並べられている。そして、ラックの上にさりげなく置かれた透明なグラスには、小さくて白いカスミソウが活けられている。

「毎日少し練習をしているのと、それ以外はわりとふだんできないことを中心にいろいろ時間を使っています。

練習は、自粛になってからは、毎日一時間半か二時間ぐらいだったと思います。

この一週間ほどは、今日の収録があったので、一日三時間ぐらいは練習していました」

一日の過ごし方を聞いてみると、こんな返事だった。

「練習は、日によっても違うんですけれども、基本的にウォーミングアップは毎日しています。基礎練習ですね。それ以外に、この先にある公演の曲を練習していいものですと、私が出演するのは五月の末にある定期演奏会ですね」

四月中のコンサートは、すでにすべて中止ないしは延期となっていたが、五月末の定期演奏会はこの時点ではまだ、開催できるかどうかの結論は出ていなかった。

「やっぱり、あるかないかわからない状態に向けて練習するというのはモチベーションを保つのが難しいんですけれども、できるだけ同じ気持ちで曲には取り組むように努力はしています」

吉野亜希菜は、大阪市出身。中学生のときにクラリネットを始めて以来、キャリアは二〇年以上になる。中学時代にはすでに全国コンクールに入賞を果たしている。若くしてフランスに渡り、二〇〇六年、パリ一二区立ポール・デュカス音楽院を満場一致の一位で卒業。二〇一〇年パリ国立高等音楽院のクラリネット科を最優秀賞で卒業している。その後、パリ音楽院のオーケストラで活動。さらにその間にも続けて同じ音楽院で学び、今度はバスクラリネット科を二〇一二年卒業。そして同じ年に帰国、東京交響楽団の首席クラリネット奏者として活躍中である。

演奏ができなくなってしまい、ぽっかりと空いてしまった時間を、どう使っているのだろう。吉野は、買ったまま置いてある雑誌や本、小説などをできるだけたくさん読みたい、そう話した後に、思わぬことを口にした。

「私はおそばがすごく好きなので、ついにそば打ちを始めたいと思いまして、そばを打つためのセットを購入しました」

うれしそうに話し出した。

「麺はまだ打ってません。だしのほうは少しずつ取りかかっているので、今いろいろ試しています」

クラリネットとそば打ち。イメージが直結しないが、でもよくよく考えれば、素晴らしいキャリアを積んでいるオーケストラの楽団員も、生活を営む一人の人間なのだ。

一方で、こんなことも話してくれた。

「不安な気持ちはたくさんあるんですけれども、私が不安になるだけでは何も変わらないので、できるだけ今ある時間を有効的に、音楽に向けてもそうですし、生活面でもいろいろふだんできないことを中心にやって過ごしていければと思っています」

暗い状況の中でも、努めて楽しみを見いだそうとしていることに気づく。うれしそうに話してくれる笑顔の向こう側が少し見えたような気がする。

吉野は、演奏会が最初に中止になった二月末の段階で、その先の公演もできなくなっていく可能性が高いのではないかと、心配に思っていたという。留学先だったパリの知り合いから、感染の広がるヨーロッパの状況を耳にしてもいた。

実際に、東響のコンサートは次々中止となっていった。

そして話は、三月二十一日に観客を入れて行われた、東響のあのコンサートのことに及んだ。

「最後にお客さんの前で演奏したのは三月の下旬、東京オペラシティであったコンサートですね。すでに演奏会をすることがすごく難しくなっていた時期でした」

柔和だった吉野の顔が決然とした表情に変わる。コンサートを開催したことに、強い誇りを持っているのを感じる。

「そのとき、久しぶりにお客さんの前で演奏ができて、とても、本当にうれしかったです。すでに一ヵ月ぶりぐらいのお客さんの前での本番だったので、まずとてもうれしい気持ちがいちばん大きかったです。正直なところ少し不安もありました。すでにほかのオーケストラのほとんどが、公演が中止になってましたし、コロナウイルスも広がっていましたので不安はあったんですけれども、それよりもやはりそういう状況の中で演奏会ができる喜びがいちばん大きかったので、みんなで力を合わせて、あの日はいい演奏ができたんじゃないかなと思っています」

吉野がいう「不安」とは、この状況の中でコンサートを本当に開いてしまってよいのか、という不安だった。

「楽団員同士でも不安な声もありましたし。人それぞれ考えがありますので、もしかしたらコンサートを開くことをバッシングしてくる方もおられるだろうなとは思いました。しかし東響のファンの方たちは演奏会をすることをきっと喜んでくれるんじゃないかと私は思っていました。不安よりはいい時間を共有できることのほうが大きいんじゃないかなと思いました」

ふだんより思い入れも強かったという。

「オペラシティの本番の前に無観客で配信をしたんですね。それも同じ三月なんですけれども、そのときはやはり無観客ですから、拍手等はないんですけれども、オペラシティのときにはやはりお客さんの前で演奏ができて、たくさん拍手をいただけたのが本当に大きな喜びでした」

三月に二度、ニコニコ生放送での配信でライブ中継を行った東京交響楽団。合わせて二〇万人にコンサートを視聴してもらったことも嬉しかったが、観客の目の前で演奏ができること、直接拍手をもらえることはやはり格別の喜びだったのだ。

「オペラシティのコンサートをしてやはり思ったのは、コンサートって舞台上の私たちとお客さんが一緒になって同じ時間を共有して、同じ空気感を一緒に過ごす、あの時間があるからこそ、大きな感動が得られるんだろうなと思いました」

だが、あれ以来、もう一ヵ月ほど演奏会は開かれていない。そんな経験は吉野も初めてだった。東響は年間一五〇回ほどの公演をしてきた日本でも有数の忙しいオーケストラだった。吉野によると、日々本番かリハーサルをしている状態だったので、まったく練習も演奏会もない今の状態とのギャップがものすごくあるのだという。

そして、コンサートの日以降、オーケストラのメンバーともまったく顔を合わせていない。

「今この状況でも、この先にあるスケジュールは組んでいかないといけないので、出番を決めたりするためにクラリネットのセクションで連絡を取ったりしています。あとは個人的に仲の良い仲間と連絡を取ったりもしています。

とりあえず、月に何回も顔を合わせるメンバーと会えないので、元気に過ごしてる？　っていうことをまず、お互いに聞いて、あとはやはりこの状況は不安だよね、という話にはなりますよね……。

今の状況が長く続いてしまうと、自主運営のオーケストラは本当に厳しい状態になってしまうので、とても不安な気持ちでいっぱいです」

特に、公演での収益がオーケストラの収入の大部分を占めている東響では、コンサートが開催できないことは死活問題でもある。ニコニコ生放送での配信の「投げ銭システム」、三月のコンサートへの支援など、さまざまなサポートへの感謝の思いも口にしていた。

ディレクターの広瀬が、直球の質問を投げかけた。

「オーケストラの方々と、もしかしたらもう一緒に音楽ができないかもしれないという考えが、ふっと浮かんでくるようなときってあるんでしょうか？」

吉野も正直に答える。

「浮かんでくることはありますけど、それを考えると本当に悲しくなっちゃうので、そうならないであってほしいと願うばかりですね。

きっとみんなも同じように不安なんだろうなって、まず思うのと、あとはプラスに考えると、本当に東京交響楽団はふだんすごく忙しく活動をしているので、ご家族のいる方はきっとたくさん家族と過ごせる時間ができたりとか、今はみんな、時間をすごく使えるので、あらためて音楽のこともそうですし、それ以外のこととも向き合える時間なのかなとは思います。

なので、決して無駄ではないと私は思っているんですけれども。とりあえず、本当に私はみんなと早く演奏がしたいという気持ちがいちばんです。

やはり演奏会ができるようになったときに、いかにいいものをお客さんに届けられるかがすごく大事だと思うので、いつその日が来てもいいように準備はいろいろしたいと思っています」

自宅にこもる日々、吉野は音楽家として、「今の自分に何ができるのかをすごく考えた」という。

「病気になってしまった人を救えるのはお医者さんですけれども、音楽で人の心は救えるんじゃないかと思っているので、自分でそれができればいいなと考えてはいました」

その思いから、今回の「孤独のアンサンブル」の話を快諾したのだとも話してくれた。

吉野がクラリネット一本だけで「孤独の音楽」を奏でるために選んだ曲。それは、チャイコフスキーが作曲したバレエ組曲「くるみ割り人形」から「花のワルツ」だった。

矢部が選んだ「タイスの瞑想曲」同様、「花のワルツ」もクラシックファンならずとも誰もが必ず聴いたことのある、超メジャーな名曲である。明るく楽しい気分になるワルツだ。

「人と接する機会が減って、笑ったりすることが少なくなっているような気がしています。なので、

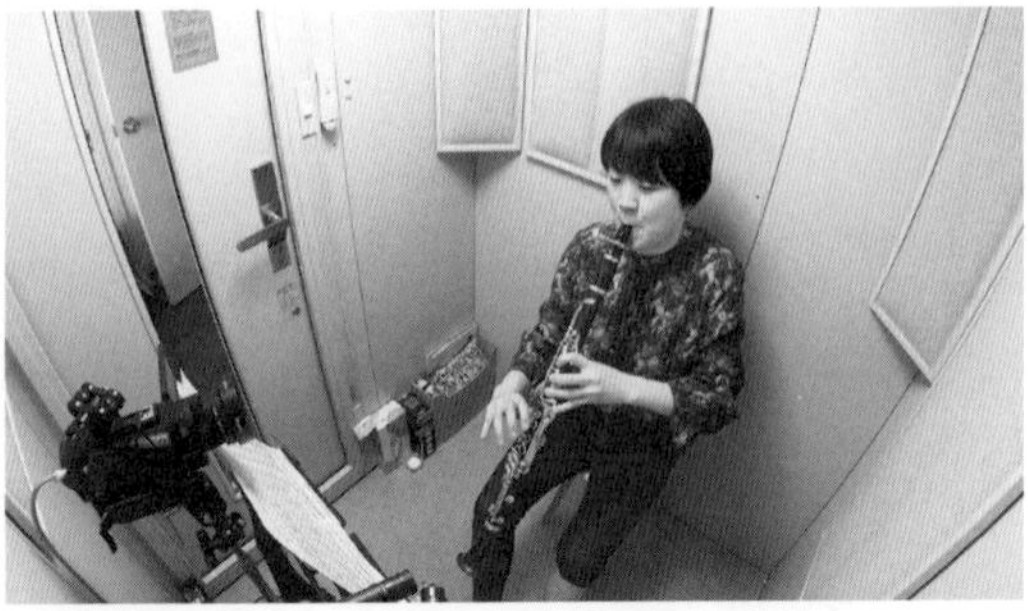

吉野亜希菜（東京交響楽団 首席クラリネット奏者）

少しでも音楽を聴いて和《なご》めて、微笑みが浮かぶような音楽を届けることができたらいいなと思って選曲しました」

ただ、矢部の「タイスの瞑想曲」はバイオリン独奏のための曲だが、「花のワルツ」はオーケストラ用の曲である。たしかにクラリネットが活躍する曲ではあるが、全体としてはさまざまな楽器がやり取りをしながら進んでいく。それをクラリネット一本だけで、どうしようというのだろうか。

「クラリネットパートだけをお聞かせしてもあまり楽しくないかもしれないので、今回は皆さんが知っているメロディーを全部つなげて演奏していきます」

つまり、あらゆるメロディーのパートを吉野が全部クラリネットで吹いていく、というのだ。そのために吉野自身がわざわざアレンジをしたのだという。

特に曲の最初のほうに、ハープが演奏するカデンツァがあるのだが、それをハープのように美しく甘美に表現するのが難しかったらしい。ただ、クラリネットはそもそも、音域が管楽器の中でも最も広く、音色の表現も豊富なので、ある意味変幻自在である。だから、クラリネットであればこそ、オーケストラのさまざまな楽器のメロディーをあえてすべて受け持って演奏することができると考えたのだ。

吉野の自宅マンションの一室には、部屋の中にさらに防音室が備えられている。二畳半ほどの小さな空間。「小屋みたい」と笑うが、ここが吉野の練習場所だ。

今までであれば、家での練習以外に、オーケストラのリハーサルやコンサート本番の時間もかなり長く、そのときはホールなど広いところで音を出すことができた。しかし、今は音を出すのは常にこの狭い防音室の中。吉野は「とても窮屈」だと正直な気持ちを吐露した。

その防音室へ、吉野は一人、入っていく。

入り口の脇には、そば打ちの道具が立てかけられていた。


息を吸い込むと、やわらかくクラリネットを吹き始めた。「花のワルツ」の冒頭、本来ならオーボエが奏でるはずのメロディーを、吉野のクラリネットが奏でていく。たった一人で吹いているのに、後ろを支えるホルンやファゴットの音まで聴こえてくるようだ。

そして、ハープのカデンツァの部分。クラリネットが広い音域を縦横に駆け回り、早い動きで見事にそれを表現していく。

吉野は気持ちよさそうに体を左右に振りながら、「孤独の音楽」を演奏していく。

前奏の部分が終わり、最初の主題のパートへ。すると吉野は、低弦楽器が刻むワルツのリズムをクラリネットで吹いていく。そして二小節後にはすぐに、本来ならホルンが吹くはずのあの有名なメロディーを吹き始める。

そのあとは、もともとクラリネットが担っていたメロディーを流暢に奏で、そして弦楽器全体のアンサンブルへとクラリネット一本で突入していく。弦楽器に合わせて修飾していくフルートなどの音も、クラリネットでカバーする。

さらにオーボエとフルートのメロディー、バイオリンのメロディーと、どんどんメロディーがクラリネットの中で手渡されていく。

やがて、吉野の演奏を聴きながら、脳の中で勝手にあらゆる楽器の音を補っている自分に気づいた。二畳半の防音室に、一〇〇名のオーケストラの人たちがいて、みなで演奏をしている。

最後、顔を少し紅潮させながら速いパッセージを吹き終わった吉野は、クラリネットを下ろすと、自分以外に誰もいない防音室の中で、カメラに向かって深々と一礼をした。

「ふだんはこんなに息切れしないんですけれども、すべてのメロディーを吹くととても大変で、とりあえず息がすごく苦しかったです。

この曲はやはりオーケストラの曲なので、早くみんなとアンサンブルしたいなと、しみじみ思いました」

「花のワルツ」を演奏しながら、仲間たちの楽器の音色が彷彿《ほうふつ》としてきたという。

そして同じように、自宅で一人孤独と向き合っている多くの視聴者に、メッセージをもらった。

「まだ先が見えない状況で不安な方もたくさんいらっしゃると思うんですけれども、できるだけリラックスして、部屋で、いろんな音楽を聴いて、心を穏やかにしていっていただければと思います。そして、コロナウイルスが落ち着いたときに演奏会が開催されて、そのときに、コンサートにまた足を運んでいただければとてもうれしく思います。ありがとうございました」

3　NHK交響楽団　首席トランペット奏者　長谷川智之

NHK交響楽団はご存じの通り、毎週のようにコンサートの模様を放送しているので、姿を見ることがいちばん多いオーケストラではないだろうか。戦前から続く歴史あるオーケストラで、カラヤンやアンセルメ、サバリッシュ、ノイマン、マリナー、ヴァント、マゼール、バレンボイム、メータ、ブロムシュテットなど世界的指揮者がタクトを振ってきた名門中の名門。一九九八年にはシャルル・デュトワが音楽監督に就任（～〇三年）、また二〇一五年にはパーヴォ・ヤルヴィが首席指揮者に就任し、いっそうの注目を集めてきた。

長谷川智之は、そのN響で、花形のトランペットの首席奏者を務めている。

機械にも強い長谷川は、我々の収録機材を外で受け取り、自宅でセッティングも自らやってくれた。リモートインタビューをさせていただいたのは、自宅の練習室である。外出自粛の今、長谷川の一日はいったいどうなっているのだろうか。

「まず、オーケストラがずっとお休みなので、一日の大半を家で過ごしているんですけれども、やっぱり楽器をやっている人は練習をしないといけないので、トランペットの練習をしています。

でも、金管楽器は弦楽器のようにそんなに長時間練習できる楽器ではないので、合間に人の少ない時間を見計らって散歩をしたりとか。

金管楽器は唇を振動させる楽器なので、口の回りの筋肉、あと、管楽器は息を使うのでやっぱり体が資本というか、体がダイレクトに音というか振動になっているので、吹かないと衰えるんですよね。毎日練習をしながらキープする、高めることが必要ですね。

練習しているところを普通にお客さんみたいな感じで聴いたとしたら、ものすごく退屈に感じると思います。嫌いだという人もいるぐらいですからね。僕はそんなに嫌いではないですけど」

一九八〇年、函館に生まれた長谷川は、小学校時代にトランペットに出会った。キャリアは三一年になる。東京藝術大学音楽学部を卒業、コンクール受賞歴も素晴らしく、第二二回日本管打楽器コンクール・トランペット部門第二位、第七五回日本音楽コンクール・トランペット部門第一位になるとともに岩谷賞（聴衆賞）も受賞している。

東京フィルハーモニー交響楽団の首席トランペット奏者を経て、二〇一七年からN響の首席になった。そのほかにもブラスアンサンブルなど多方面に活躍中である。

先述の通り、N響は二月下旬からヨーロッパ公演を敢行していた。まだ海外渡航の制限がかかる前の段階だったが、今にして思えばギリギリのタイミングだった。長谷川は、日本より少し早くコロナが感染拡大していたヨーロッパへ出向くのは少々怖かったという。

N響のその時点での最後のコンサートは、ヨーロッパでの公演となった三月四日のブリュッセルの演奏会だった。それ以来、人前で演奏をする機会はまったくないという。日本国内でのコンサートに限って言えば、もう二ヵ月以上も演奏をしていない。

「本番もリハーサルもここまで長期間なかったことはないですね。夏休みみたいな期間はありますけれども、これだけ長い期間なくて、この先、いつ再開されるのかもわからないのは初めてです。今までだったら休みがあっても、我々演奏家というのは基本的に休みの日でもほぼ年中、毎日練習しているんですけど、休み明けに次、いつが本番だっていうのがわかってて、そこに向けて持っていくのと、今回のように、いつ次の本番があるのかが見えないという状態で過ごすのとでは全然違う。やっぱりその先がないとどういう感じで向かっていけばいいのかが正直難しいというか、モチベーションというんですか……」

だが、長谷川は、緊急事態宣言下で生じてしまったたくさんの「時間」を、何とか有意義に活用できないものか、思案していた。

「我々演奏家っていうのは、日々リハーサルや本番に追われていると、自分の奏法というんですか、吹き方を見直す時間があまり持てないんですね。

本番はずっと、コンスタントに来るので、もちろんその中でコンディションを整えるということもやりますけども、奏法自体を大きく見直すというか、奏法のアップデートみたいなことを、ふだんはなかなかそこまで突っ込んでやる時間がない。

こういう状況になってしまったことは仕方がないし、変えられないので、このできた時間を有効に使うためにはどうしたらいいかと考えたときに、たぶん楽器をやっている人はみんなそうだと思うんですけど、この時間に奏法のアップデートをしなくては、と思っています。

楽器を吹くっていうことは複合動作なので、バランスが大事なんです。だから、ある一部分だけが強すぎたりするとバランスが悪くなってくる。また楽器を吹く以外の方法でその筋肉を鍛えようとすると、必要のないところに力が付いてしまって、そうなってくるとバランスが悪くなって必要なところがうまく機能しない。

奏法をより効率良くして、バランスの良い状態に高めていくことに、今の時間を使えると思ったので、主にそういう今までできなかった奏法のアップデートを考えてやってみたりしています。あと楽器にはいろいろマウスピースがあるんですけど、ちょっと違うものを試してみたりとか、そういう時間に使ったりしています」

ディレクターの松村が思わず発した「ポジティブですね」という言葉に、長谷川は間髪入れず次のように答えている。

「そう捉えるしかないですよね。長い休みの間に力を落としていたくないし、できることならこの時間を有効に使って、再開したときに、前よりもいい音楽を届けたいって思っているのは本当なので」

長谷川は、新型コロナウイルスの感染が広がっていった二月中旬にはすでに、「これはもしかしたら今後のコンサートが中止になっていくかもしれない」と覚悟していたという。

「やっぱりいちばん大事なことは命を守る、感染を抑えることで、そういう中では不要不急の外出は控える、三密を避けると言われていますけれども、我々が集まって演奏するということは、そのリスクを伴うことにつながるのは間違いありません。それはつらいけれども、仕方がないことだとは思いました。こういうふうに感染が広がってきたときに、あ、きっとコンサートはできなくなるだろうな、無理なんだろうな、というのはすぐ察しがつきましたね」

ただ、実際にコンサートが次々と中止になっていくと、音楽家としての自身の存在意義を問い直さざるを得なかった。

「無力感がありました。仕事が音楽家なので、音楽で飯を食べているので、それができないということは働けないっていうことじゃないですか。

しかも、もちろん生活のための、仕事としての音楽ですけれども、音楽家はみんなそうだと思うんですけれども、好きでやっているものなので。

好きなものを職業にできているということはものすごい幸せなことだと僕はいつも思っているんですが、仕事がないっていう意味でも苦しいし、音楽が好きだっていう意味でも、人前でステージに立って演奏ができない、ただ単純にもう好きなことができないという二つの意味で無力感がありますよね」

長谷川は洗足学園音楽大学などいくつかの音楽大学でも教えている。だが、大学は休校が続き、オンラインレッスンへと舵を切ろうとしていた。

「こういうふうになって、普通に会ってレッスンすることができないので、オンラインレッスンっていう流れになっています。Zoom とか LINE とか Skype とかそういうのを使って。

音大はレッスンが必須なので、やっぱり極力いい環境でレッスンを受けてもらいたい。僕もコンデンサーマイクとインターフェースを買いました」

このとき、長谷川がぽろりと漏らした言葉が、印象的だった。

「僕ら今回こうなってみて思うんですけど、音楽は、一人でやるものじゃないって。

音楽は聴衆がいて、受け取る側がいて初めて成り立つので、受け取る側ともう接することができないっていうことは、我々はどこに発信をしているのかということになりますよね。

そうなったときにやっぱりパッと思い浮かぶのがオンライン。本当は生で同じ空間でその響きを共有する、空間の振動を感じる、それに勝るものは絶対ないとは思うんですけれども、それができない今は、マイクやビデオの性能がどんどん良くなっているので、それらを通じてやっていくことしかできない。

もちろん中にはオンラインでレッスンをすることや、動画で配信することに否定的な人もいると思うんですよ。ポリシーとして、生の演奏をやってこそだ、自分の持ち味はそこなんだって。

でもやっぱり表現者として、ちょっとでも発信できるものであったら、現代のやり方、今のスタイルの中で模索していくしかないのかなというふうには思いますね」

その一方で、聴衆が直接演奏を聴いてくれることのありがたみも、あらためてすごくわかった、とも語ってくれた。

「我々演奏家は本番まで準備をものすごくしますし、緊張感を持ってやっている。でもそれは聴衆がいるからそういう気持ちになるわけだし、それがあるからこそいい音楽が生まれる。

演奏会というものは、そのときのその空間にいた人じゃないと味わえない、一《いち》期《ご》一《いち》会《え》の偶然じゃないですか。音楽はあらためて、聴衆と演奏者がいて初めて成り立つものなんだということを感じましたね」

長谷川は家族で過ごす時間をとても大切にしているとも話してくれた。実はおめでたいことがあったばかりなのだ。

「最近、娘が生まれたので娘の世話ですかね。家族とそういう時間を過ごしています。二ヵ月です。二月に誕生しました」

長谷川智之（NHK交響楽団 首席トランペット奏者）

幸せを感じる瞬間は、と聞くと、

「寝顔を見ているときとか、なんですかね、いろいろです。ミルクを飲んでいるときとか、お風呂に入れているときとか、あとこっちを見てちょっと笑ったときとかですかね」

娘の顔を見ると、奮い立つものがあるのだそうだ。

「やっぱり、頑張らないとなっていうふうには思いますね。

子どもはこのコロナの状況なんてもちろん知る由もないし、毎日を純粋に一生懸命に生きているだけなので。こっちも心が洗われる。すっきりというか、ナチュラルな状態になれる」

長谷川が「孤独の音楽」として選んだ曲は、イタリアを代表するオペラ作曲家ドニゼッティの歌劇「ドン・パスクァーレ」から、第二幕の前奏曲だった。

愛する人を失ったと思い込んだ若者が失意に沈んでいるときに演奏される、トランペットの切ないソロが泣かせる曲である。

「ふだんオーケストラで演奏しているので、最初はオーケストラ曲の中からの抜粋を演奏しようと思ったんですけれども、トランペットってイメージとしては華やかな部分が多いといいますか、ファンファーレだったり力強い華やかな感じのイメージが強いと思うんです。

でも、今のこのコロナの感染が広がっている状況で、自分の中でファンファーレを演奏するような気分になれないというのもありました。

その中でふっと浮かんできたのが、「ドン・パスクァーレ」でした。少し歌うような、すっと染み渡るようなメロディーがパッと頭に浮かんだので、それを演奏してみようと思います」

長谷川がトランペットを構え、やがて静かに音が鳴る。

トランペットという楽器の音が、信じられないほど柔らかい。まるで、歌を奏でているかのようだ。しかも、哀愁をたたえた、切ない歌である。

本来ならオーケストラの伴奏に支えられているはずが、孤独の演奏にはそれがない。休符になると、そのたびに静寂がやってくる。

そこに再び、トランペットの慈悲に満ちた音が染み込んでくる。


演奏を終えた長谷川は、こう語った。

「演奏してみて、今の自分の、今のこの状態、今の気持ちを語ることのできたフレーズになったのではないかと思います。

今、自分が感じているのは何よりもやっぱり、早くまた自分の演奏を皆さんに届けたいという純粋な気持ちです。

それとともに、音楽っていうのは受け取る側の自由だとは思うんですけれども、僕の思いとしては、世界中こんなふうに大変な状況ですが、苦しい思いをしている方々に平和で平穏な日々がまた戻ってくるように、穏やかな気持ちにちょっとでもなれるように、自分の演奏が癒やしにつながって、救いとまではいかなくても、少しポジティブな気持ちになっていただけたらうれしいです」

4　新日本フィルハーモニー交響楽団　首席チェロ奏者　長谷川彰子

四人目の「孤独のアンサンブル」の奏者は、もう一人の長谷川である。

新日本フィルハーモニー交響楽団の首席チェロ奏者を務める、長谷川彰子だ。「パプリカ」のテレワーク動画に最初に参加し、にこやかにチェロを弾く姿が印象的だった彼女である。

長谷川も、今は自宅で自主練習をしているだけだという。日によっても違うが、一日、三〜四時間ぐらいチェロの練習をしているそうだ。

「朝九時に練習を始めるって決めて、やっています。そうやって決めないと全然練習しないので、無理やり癖をつけてやっていますね。

それ以外の時間は、本を読んだりとか。今までなかなか本を読む時間がなくて、ただ買うだけで読んでなかった本もいっぱいあるので、そういうのを順番に読んでみたりとかしています。あと、ちょっとお菓子作ってみたり、凝った料理を作ってみたり。ギョーザを皮から作って、わざわざ時間がかかるようにしてみたり。

それから最近、絵はがきを描くのにはまっていて。外に太陽の光を浴びるためにちょっとだけ外へ散歩に行ったときに、咲いていた花とか、そういうのを撮って、家に帰って真剣に描いたりしています。そうすると結構無心になれたりしますし、少しずつ上手になっていくのを見て、ちょっと気分が上がったりするので、ゆっくり続けています。新しい趣味が今回見つかりました」

私、なんだか充実しちゃっていますね、などと笑って答える。

愛知県多治見市出身の長谷川は、三歳からチェロを始めたという。ちょうど三〇年になるそうだ。愛知県立芸術大学を首席で卒業し、東京藝術大学大学院に入学。在学中に奨学金を受けてドイツへ留学し、ライプツィヒ音楽演劇大学修士課程を最高点で修了、東京藝術大学修士課程を首席で卒業。そして九州交響楽団のチェロ首席奏者を務めたのち、二〇一九年に新日本フィルハーモニー交響楽団の首席チェロ奏者に就任。オーケストラでの活動に加え、ソリストや室内楽でも活躍を続けている。

新日フィルが演奏会を中止にしたのは二月二十九日が最初だった。その前日は何とかコンサートを開いたにもかかわらず、だった。

「ただびっくりしたっていうか、そのときは全然、自分の中で危機感がなかったので、ここまでもう、リハーサルまで、ゲネプロまでやって、今日も本番やるんだから、明日だってやっていいじゃんって、そういうふうに思っちゃっていました。

そのあとも、さすがに四月の中旬から復活していくだろうと思って準備をしていても、だいたいリハーサルが始まる二日前とかに、中止になりましたっていうことがどんどん続いていったので、え？これってどうなっていくんだろうっていう感じでしたね」

三月の終わりぐらいから、これはステージに立てるのははるか先なのではないかと思うようになったという。

「緊急事態宣言が出たあたりですかね。そのあたりから、これはもう五月も六月も、もしかして夏までかな、そこまでコンサートはないかなと思うようになりました。最近はもう、それよりもっとあとまで中止になるのではないかなと思っています。

先が見えないので、不安はすごいあります。いつまでこういう状況なんだろうって。だから今、普通にリハーサルができて、仲間とも会えて、本番もできたっていう、それが本当に、本当にありがたいことだったんだってことを、かみしめるぐらい、あらためて思いますね」

長谷川にとってはもちろん、二ヵ月もステージに上がれないなどということは初めてのことだ。

「自分が学生のときに勉強していたときぐらい時間がありますね。いつも本番がすごくたくさんある中で、本番の曲に追われて、その日その準備でいっぱいいっぱいっていう、そういう生活だったので、そういうのがないっていうのが、そうですね、すごく難しい。

時間はあるので、いろいろ考えてしまうし。いつも悩みとかがあれば人と会って、こうなんだけどとか人に話して人から意見をもらったりとかっていうこともできていたけれど、今は、電話とかならできるけど、気軽に話せるわけじゃないので、そういうのもあって、どんどん自分の中だけで考えがぐるぐる回っちゃったりとか、余計深く考えちゃったりとか」

一人だけで過ごす時間。ぐるぐる考えが回ってしまうからこそ、ギョーザや絵はがきに熱中しようとしていたのかもしれない。

「一人で弾いているときは自分の音だけに集中していればいいんですけど、みんなで弾くとそれだけたくさんの人たちがいて、その人たちの、まわりから聴こえてくる音に反応して一緒に会話するみたいにアンサンブルして、まわりの人に助けてもらう、音で助けてもらうこともあるし、自分が示していくときもあるし、そういう弾く以外のことの楽しみっていうのがあるので。

この間友達としゃべっていて、楽器が、いつもは誰かとアンサンブルしたりとかオーケストラで弾いたりして、楽器自体もいろんな音を聴いているのに、今自分の、その楽器自身の音しか聴けないから楽器も寂しいんじゃないかなっていうふうに言っていたんですけど、あ、それはそうだなというふうに思いましたね。なんかじーんとしました」

さらに長谷川は、オーケストラの先行きへの不安も口にした。

「同じ楽団の知り合いと、給料出るのかなとか、このオーケストラもつぶれちゃうのかな、とか。もともとすごく潤っているわけではなくて、何とか踏ん張って頑張っていこうってしてきたと思うので、詳しくはわからないけど、絶対大変な状況なんだろうなとみんなで言っています。そうですね。そういう中で、自分たちがどういうふうに発信していけるかとか、どういうふうにこれから過ごしていくかっていうのを考えないといけないと思うんですけど」

そんな中で長谷川がいち早く参加した「シンニチテレワーク部」に大きな反響があったことを喜んで話してくれた。

「最初は四人だけだったんですけど、それが日に日にどんどん増えていって、最終的には六〇人以上が参加して、一つの曲をみんなで合奏してテレワークアンサンブルを発信していて、すごく反響があって、うれしいです。

自分で動画を一人で撮るんですけど、チェロのパートだけ弾いていても全然つまんないし、なんかすごい下手くそだな私、とか思ったり。

でも、できあがったものを見ると、いつも弾いてる仲間と自分が画面の中ではアンサンブルしている。うわ、すごいと思って、楽しかったですね。できあがってみるとすごく面白くて。

それに、今こうやって会えてない人たちも、画面を通してですけど、会えるっていうか、姿が見られるっていうのがすごく楽しかったし、あ、この人、こういう家で、こういう部屋で練習しているんだとか、あ、こういうセンスの人なんだとか、こういう趣味がある人なんだっていう、その人たちの私生活まで見えて。そういう団員のオフの姿を見られたのはすごく楽しくて。やっている自分がいちばん楽しんでいたかもしれません」

そして話は、音楽の持つ力へと進んでいった。不要不急の外出を控えるように、とされた緊急事態宣言。その中で中止や延期になったコンサートは、果たして本当に不要不急のものなのだろうか。長谷川の答えはこうだった。

「やっぱり演奏会が中止になるってことは不要不急っていうことになります。それはすごくショックですよね。でも、私は個人的には不要不急ではないというか、自分自身が演奏会に行って嫌なことを忘れたり、頭の中で悩んでたことから救われたりとか、舞台で演奏している人からエネルギーをもらって元気になるっていうこともありますし、やっぱり演奏している人はすごくその場にいろんなものを懸《か》けて、いろんな思いがあって、時間もかけて、そういうものをぶつけていると思うので、それをホールで共有できることは、気持ちのエネルギーが増えるということなんだと思うんです。肉体でいえばそれは食べものだと思うんですけど、心の栄養っていうんですかね、心が健康じゃないと体も健康じゃないし、心と体が二つとも健康じゃないとどっちも元気にならないと思うので、音楽はいつだって必要なものだと思います。

あとちょっと関係ないかもしれないですけど、ＳＮＳとかで知り合いが同じようにアンサンブルとかをアップして、私もそれを見て楽しんだり元気になったりするんですけど、やっぱりこの人たちが本当に弾いている姿を見たいとも思うから、早く事態が収束して演奏会に行きたいなって、すごく思いましたね。

長谷川彰子（新日本フィルハーモニー交響楽団 首席チェロ奏者）

それに、自分もこれから演奏するときに、自分自身が音楽から心のエネルギーをもらってるように、お客さんに対して自分がそういうエネルギーを届けられる、そういう演奏を目指さなきゃいけないなっていうふうにあらためて思いました」

　長谷川の話からは、音楽が人と人を結びつけて何かを共有する、人間のコミュニケーションにとって必要不可欠なものだ、という思いがにじみ出てくる。音楽は心を豊かにしてくれる不可欠な存在、と強く信じていることが伝わってくる。

　長谷川が「孤独の音楽」に選んだのは、J・S・バッハの無伴奏チェロ組曲。その第三番ハ長調から、「ブーレ」を演奏する。

「これは昔から好きな曲だっていうのと、あと、自分の中では、いつかまたみんなで一緒にしゃべったり一緒にアンサンブルしたり、そういうイメージを思い描きやすい曲なんです。いろんな人が会話しているような曲なので、そういう気持ちになってくれたらうれしいなと思います。

　それに、コロナ禍で演奏会が中止になって不安な中でいろんな曲をさらっていて、なんとなく集中できなかったのですが、このバッハだけは、弾いてて心が落ち着くというか、自分の頭でぐちゃぐちゃしてるものとかがちょっとほぐれていくような、自分で自問自答できるような感覚になるような、そういう曲だったので」


愛用の白いチェロの楽器ケースが手前に見えている練習室。カーテンとお揃いの若草色をしたソファが窓際に置かれている。そのソファを背景に、長谷川が椅子に腰かけ、チェロを構える。

ハ長調のあたたかな音が、部屋に満ちていく。

テンポの良い快活なリズムが、急ぎ過ぎずに刻まれていく。

一つ一つの音が流れずに丁寧に次へ渡されていく。

たしかに、何人かでおしゃべりをしているような気配がしてくる。

チェロ一本だけで弾いているのに、しかも単音のメロディーが連続しているのに、なぜだかいろんな音で会話がされているように聴こえる。

ここにもまた、「孤独のアンサンブル」が存在している。

それを強く感じる、長谷川の四分間の演奏だった。


演奏後の長谷川の感想に、はっとさせられた。

「こうやって誰かに聴いてもらえるってなると、やっぱりちょっとザワザワしました。めちゃくちゃ緊張して。

でも、演奏会があるときのような緊張感を味わえて、それもすごくうれしいなと思いました。

音楽家のくせにこんなこと言っちゃいけないんですけど、人前で弾くのは嫌だと思ったりすることもあって、でも、この緊張する〝嫌な感じ〟って忘れちゃうんだなと思って。

また元のように戻ることができたら、〝嫌な感じ〟を超えて弾けている幸せをまた自分で感じながら弾けるかなって思ったり、いろんなことを考えました」

音楽をすることができなくなった音楽家は、弾く喜びだけでなく、緊張やプレッシャーすら忘れていってしまっているのかもしれない。

「あとはやっぱり、また誰かと一緒に弾きたいってあらためて思いましたね。

それに、聴いてくれている人のことをすごく考えました。今コロナでいろんなことがあるけれど、またみんなで会ってしゃべったり、一緒に集まったりできる、そんな明るい気持ちになってもらえたらすごくうれしいと思います」

5　NHK交響楽団　第一コンサートマスター　篠崎史紀

五人目は、NHK交響楽団の「顔」ともいえる、コンサートマスターの篠崎史紀だ。「MARO（まろ）」の名で多くのクラシックファンにも親しまれている。都響の矢部とともに、日本国内のオーケストラのコンサートマスターを代表する存在だと言えるだろう。

北九州に生まれた篠崎は、三歳でバイオリンを始めた。毎日学生音楽コンクールの全国第一位を獲得し、八一年、一八歳のときにウィーン市立音楽院へ留学。以降、ヨーロッパとアメリカを股にかけて活躍する。ヨーロッパの主要コンクールで受賞を重ね、また欧米のさまざまな国際音楽祭に招聘された。八八年、ウィーン市立音楽院を修了後に帰国。そのあとは、群馬交響楽団のコンサートマスター、読売日本交響楽団のコンサートマスターを歴任し、九七年にNHK交響楽団のコンサートマスターに就任、今は第一コンサートマスターとしてN響を牽引する存在だ。ソリストや室内楽でも活躍し、また自身のプロデュース企画、さらにはNHK番組での司会役など、その活動の幅は多岐にわたっている。

まろさんはいつもN響の演奏を放送しているNHK「クラシック音楽館」プロデューサーの山田に、「こういう状況だからこそ、何かできることをしたい」と話していたそうで、「孤独のアンサンブル」への出演を快諾してくれたのだった。

今、篠崎はどんな一日を過ごしているのだろうか。

「今までなかった休みがいっぺんに来ちゃった感じ。だから家にいて、例えばオンラインでレッスンしたりとか、そういう、人と会わない生活をするようになっちゃったっていうところがいちばん変わったところかもしれないですね。

ただ、場所を移動して練習をしたり、演奏会をしたりする時間が減ったってだけなのね。音楽と付き合っている時間が減ったわけではなく、要するに、それを伝える時間が減っちゃった。僕たちクラシック演奏家っていうのは、対話をしながらじゃないと演奏ができないのね。だから、そういう時間がまったく取れなくなってしまったっていう言い方が合っているかもしれない。

例えば、オンラインで合奏はできません。要するに、空気を感じながらお互いに演奏していく。これがクラシックの演奏であって、そうじゃないとなかなか難しいです」

話していて印象的なのが、篠崎が一貫して、音楽が持っている力の強さを信じ続けていることだ。音楽を信じる、そのことにとても真摯《しんし》なのだ。

「僕は今、日本語をしゃべっていますけど、人間の世界っていうのは言語による壁とか、人種による壁、それから宗教による壁、それからジェネレーションギャップによる壁っていう、こういう大きな壁がたくさん立ちはだかっているのね。ところが、音楽はそれらをすべて取り払って、喜怒哀楽を世界中の人と瞬時に味わうことができる。これが要するに音楽のすごさであり、その音楽というのは人類が作った最高で最強のコミュニケーションツールだと信じているわけです」

だが、その音楽というコミュニケーションツールを、今まったく使うことができない、そのことについてはどう思っているのだろうか。

「今は、演奏はできないけど、僕たちがやらなきゃいけないことは、これを絶やすことなく伝承していくことだと思うのね。だから、今の時期が大事っていうのとはちょっと違う。

今までの歴史を考えると、世の中が平和な時期じゃなくても音楽はずっと人をつなげているのね。例えば第二次世界大戦のときに、レニングラードがナチの軍隊によって閉鎖されちゃった。その中で多くの人が飢えに苦しみ、そして人が死んでいく。だけどその中で、ショスタコーヴィチという作曲家は、一つの曲を作り上げていった。これが、「レニングラード交響曲」(交響曲第七番ハ長調)といわれるシンフォニーなわけ。それは一例だけど、要するに人類の歴史の中で音楽がそういうときに絶えたっていうことは一度もない。

なぜなら、音楽は魂が魂に呼びかけるために神が僕たちに与えたものだから。これはたぶん、人間の歴史が始まってからずっと存在しているものだと思う。いちばん最初は人類が神に祈りを捧げ、感謝をするために物を鳴らして音で神と対話をしようとした。それがどんどん進化していって、音楽というものに発展してきたと思うのね。だから消え去ることなんて絶対にない」

篠崎は三月初めから、オーケストラの仲間とはずっと会っていない。コンサートが再開するかもしれないと聞けば、その都度、曲目を自宅で準備し、練習して、それが中止になって、という繰り返しだそうだ。つらくないのだろうか。

「いえいえ。楽譜を読んでいる時間は作曲家との対話なので、つらいとは感じない。だから僕たちの間では次に演奏会ができる日を待ってるっていうだけですね」

ずいぶんストイックに聞こえるが、そうではないという。

「やっぱり、僕たちよりももっと前の人たち、このクラシックができてからずっとつないできた人たちがやってきたのと同じことを自分たちもしっかりやって、次の世代につなげていくだけです。それ以上のことはあまり考えたことがない。

クラシック音楽っていうのは一度演奏したら終わりじゃないんです。流行歌はヒットしたら、それが廃れば終わりです。だけど、バッハは三〇〇年前も演奏されていたけど、今も演奏される。例えばベートーヴェンの交響曲第七番は一年間に世界中で何百回と演奏される。うちのオーケストラでも、例えばチャイコフスキーの交響曲第五番を多いときでは年に五、六回演奏することもある。なのに、これが毎回毎回、違うものが見えてくる。だからクラシックはやめられないんです。

消費じゃないんでね。物を売ったりするんだったら、それは無駄になったとかいろいろ言う人もいるかもしれないんですけど、自分の中のスキルを上げていくのに無駄になることなんてたぶん一つもないと思うのね。昨日の自分より今日の自分、今日の自分より明日の自分。そういうところで、自分を乗り越えられることを考えていかなきゃいけない。これはスポーツ選手も同じだと思うのね。例えばオリンピックが延期になったからといってトレーニングやめてる人っているのかしら。僕はいないと思います」

とにかくずっとポジティブな話が続いていくのがすごい。そのことを篠崎に問うと、その返答の中に初めてちょっとした揺らぎを見つけた。

「実際のところ、今のコロナ禍の状態を考えると本当に大変なの。本当に大変なんだけど、大変、大変って言ってるとネガティブ思考が出てくる。そうすると、実は信じなくてもいいものを信じてしまったりとか、それから行動してはいけないことを行動してしまったりとか、そういう別のものが生まれてくるような気がするわけよ」

篠崎の気持ちの奥底を垣間見たような気がした。

その一方で、篠崎は世の中で言われている「不要不急」という言葉に激しく反応した。

「不要不急のものっていうのは、たぶん世の中には存在してないんじゃないかと思ってる。不要不急っていうのが、じゃあいったいなんなのか。いやいや、全部必要なことなんですよ。だから、こういう時代だからとか、すごく大変な時代だからといって、この音楽が消え去るとは僕は全然思ってない。

じゃあ、不要不急って言っている人たちは何を不要不急と言っているのかというと、自分たちに関係ないものだけ不要不急って言っているのよ。言っている人たちが自分たちに得なものか得じゃないものかっていう、そういう考え方でものをしゃべっているとしか僕には思えないから、あまり聞かないようにしている。

音がもしなかったらどうなるかな。例えば皆さん、今、おうちにいますよね。ＣＤ聴きませんか。映画観ませんか。テレビ、スイッチ切ってますか。ラジオ聴かないですか。本、読まないですか。絶対必要なんですよ。文学も芸術もすべてがたぶん必要なの。それがすべて閉ざされたら、たぶん誰も生きていけませんよ。

今は便利な世界になって、手元でそれを聴いたり見たりすることができるようになっちゃったから、みんな気がついていないだけで、音楽が不要不急になることなんていうのは絶対あり得ないと思う。

音っていうのは、においと同じぐらい人間の記憶に染みつくんです。だから、ある音楽を聴いたことによって自分の過去を突然思い出したりとか、未来に対する希望が湧いたりとか、そういうものが起きるのがこの音楽のすごさなのね。だからそういう中で、その音楽の中に自分たちの未来を託す、希望を託す。

音楽は、今だから、じゃなくて常に必要なんです。

自分が子どものときに親が歌ってくれた歌とか、自分が学校に入るときに先輩が歌ってくれた歌とか、卒業式のときに歌った歌とか、そういうのも含めて、すべて音楽というのが自分の人生とともに歩んできているはずなのね。

必ず自分の記憶の中に、そのときの音楽っていうのが存在しているはずなのね。それを聴いた瞬間に、その瞬間を再び呼び起こしてくれるのも音楽。そしてそれを聞いたことによって新しいエネルギーが生まれるのも音楽じゃないかなと」

篠崎史紀（NHK交響楽団 第一コンサートマスター）

篠崎の話を聞いていると、コロナ禍に苦しむ今このときに何を聴くのかということも、すごく重要な気がしてきた。

「そうですね。今ここで聴く曲が、自分にとって新しい記憶になる曲になるかもしれない」

音楽の力をどこまでも信じる篠崎。彼が「孤独の音楽」として選んだのは短めの曲が二つ。合わせて五分ほどになる。

一つは、シューベルトが一九歳のときに作曲した、「リタニー（万霊節のための連禱）」。もともとは歌曲である。

「この歌曲を、チェコの二〇世紀の素晴らしいバイオリニストといわれたヴァーシャ・プシホダがバイオリン独奏用に編曲したものです。これは、今までの地球上のすべての魂に対して祈りを捧げるという内容の曲です」


黒ずくめの服装の篠崎が、バイオリンを構える。

やがて、静かに弓を弦にあてていく。

バイオリンなのに、人間の歌声――テノールの歌声というより、ソプラノの歌声だ。

もともとの歌の歌詞にある
「この世を去ったあらゆる人々よ
すべての魂よ、安らかにお眠りください」

という言葉が、バイオリンから沸き立ってくる。

音楽は対話なのだと語った篠崎が、あえて孤独の演奏で表したもの。それは、コロナ禍で苦しんできた人々すべてに贈る、篠崎の祈りだった。

そしてもう一曲は、ハイドン作曲の弦楽四重奏曲第七七番「皇帝」から第二楽章。

ハイドンはオーストリアの作曲家であり、篠崎が留学していたのがオーストリアだったということから、この曲を選んだ。弦楽四重奏曲第七七番の第二楽章は、もともとハイドンがオーストリア帝国の国歌にと作った曲を用いたものだった。そしてこの曲は今はドイツの国歌にもなっている。この有名な曲を、二〇世紀最高のバイオリニストといわれたフリッツ・クライスラーがソロバイオリンのために編曲したものを演奏する。

この曲の心震わす演奏については、番組の編集映像のこととともに、のちに触れたい。


すべての演奏を終えた篠崎に、メッセージをもらった。

「寂しいって思う気持ちは人間の中でもすごく大事なものだし、それから人のことを大切に思うってこともすごく大事だと思う。

僕がウィーンには留学したときは、ドイツ語を全然しゃべれないで留学したの。だから人とのコミュニケーションも実は取るのが難しかった。だけど楽器があったおかげで、これが言葉の代わりになって友達や知り合いを作ってくれて、孤独じゃない、と感じることができた。

孤独っていうのは不安だと思う。でも、不安には必ず解決策がある。その解決策を見つけて、その中へ飛び込んでいくことができたら、きっと楽しい毎日が送れるんじゃないかな」

6　東京都交響楽団　首席オーボエ奏者　広田智之

「演奏会が最初に中止になったときは――三月の最初に予定されていたコンサートだったと思うんですが――ああ、この一回限りが中止なのかなというふうな希望もまだその頃はありまして、何とか乗り越えて、次の楽譜の用意をして、次のコンサートの用意をし続けていました。まだその頃はあんまり深刻じゃなかったと思います」

二月末にコンサート中止が発表されたときのことを語り始めたのは、都響の首席オーボエ奏者、広田智之である。

最初はあまり深刻に捉えていなかったという広田だが、演奏会の中止が続くようになって、次第に不安な気持ちが増していったという。

「オーケストラの活動では、演奏用の楽譜をライブラリアンの方が事前に楽員室に用意してくださって、それを家に持って帰って練習するわけです。でもコンサートが中止になると、結局それをお返しして、また次のコンサート、借りてきて、またお返ししてっていう連続で、いったい、この何も演奏しないまま楽譜だけオーケストラと自宅を往復する行為がいつまで続くんだろうという感じでした」

広田は、日本を代表するオーボエ奏者である。

国立音楽大学在学中に、日本フィルハーモニー交響楽団に入団。そこで首席オーボエ奏者を務めたのち、二〇〇一年には日本初のソロ・オーボエ奏者としての契約で日フィルに迎えられている。そして二〇〇六年からは東京都交響楽団の首席オーボエ奏者に就任。オーケストラだけでなく、ソリストとして、また室内楽、さらにはライブハウスでの演奏など多方面に活躍を続けている。番組用にお願いした自己紹介で、まず名前より先に「プロの演奏家になりまして三三年目になります」と話したのが印象的だった。それだけプロフェッショナルに誇りを持っているのだ。

大の釣り好きでもある。オーボエを竿に持ち替えて、海釣りでどでかいクロダイやメジナを釣り上げる。ディレクターの松村も釣り好きだから、会うといつも釣りの話で盛り上がっている。

だが、仕事のこととなると、やはりいろいろと深く考える日々が続いているという。演奏会が中止になってまもなく二ヵ月。まだまったく先が見えない。

「コンサートの予定は、たくさん決まっています。決まってはいるんですが、例えば六月以降は果たしてどうなんだろう、これはやれるのかなっていう、はっきりしない状態が残念ながら続いてます。

実は五月の中旬に、個人的なレコーディングですけど、アルバムのレコーディングが入ってるんですが、それも実際、ディレクターの方と、できるかできないか、もうちょっとぎりぎりまで考えようと、つい先日、連絡を取り合いました。そんな状態です。

今年の暮れぐらいには演奏会場に立てるのかなという気はなんとなくしてますが、夏、秋はどうかな。音楽祭も参加する予定になっていますし、セミナーも各地でやる予定にはなっていますが、果たしてそれができるかどうか」

そんな状況の中で、「最近はどんな一日を過ごしているのか」と聞いてみた。練習ばかりの毎日なのか、なにか楽しみを見いだしているのか、そんなことが聞けたら、と思ったのだが、広田からは思いがけない言葉が返ってきた。

「音楽の持つ力について考えさせられる日々を送っています。そういうことを考えることも今まではあまりなかったんですが、今はすごく長い時間、音楽家として何ができるかを考えています」

今、広田の頭の中に真っ先に浮かんでくるのは、何よりもまず、「音楽の持つ力」なのだ。N響の篠崎も語っていた「音楽の持つ力」。だが、広田は篠崎よりも、もっと深刻に捉えていた。音楽家として、今できることはいったいなんなのか、それを聞いたときだった。

「今、音楽の持つ力をいろいろ考える日々ですけど、どうしても、これは音楽家のエゴなのかなって思ってしまうこともある。音楽の力を、実は人々がどこまで欲しているのかっていうことをちょっと疑問に思うことも、残念ながらあるんです。

音楽の力というのは、現実的には聴き手の時間を頂戴するわけですから、もしかするとそんなことをしてる場合じゃない、音楽なんか聴いてる場合じゃないんじゃないか。音楽より、一曲の曲よりも、一つのおにぎりだったり、そっちを考えるほうが先なんじゃないか。

ただ、やっぱり、我々は発信側として音楽の力を信じていつも演奏する。音楽に魂を込める。人が魂を込めたものは必ず人に伝わるということを信じて演奏するしかない。

ただ、それによって、振り向いてもらえるかどうか、そこは簡単なことじゃないという自覚はしています」

音楽は不要不急なのか、というところにも話は及んだ。

「必要とされたいという気持ちはものすごく強く持っています。そのために音楽家として何ができるか、これからいろいろアイデアを出していかなくちゃいけないと思うんです。それは僕個人だけではなく、クラシック音楽業界そのものが新しい方向へ向かっていく、ある意味そういう転換期なのではないかと思います。

音楽は不要不急ではない、我々音を出す側はそう信じて演奏をしたいわけですけど、文化、芸術は、時間をかけて人々に染み込んでいく、浸透していくものだと思いますので、今すぐに結果が出る――薬を飲んで頭痛が治まるといったような効能はもしかするとないかもしれません。音楽は不要不急ではないという位置づけにあるといいと思います。そう信じたい。ただ、それは聴いてくださるリスナーの方、お客さんの方々が判断することかもしれません」

一つ一つ言葉を選びながら、広田がひたすら音楽の意味を求めているのが伝わる。

さらに、多くの人たちが孤独にさいなまれている今このとき、音楽と癒やし、ということについても聞いてみたときにもまた、意外な答えが返ってきた。

「音楽と癒やし……。音楽に癒やしという言葉はよく使われますよね。ただ、癒やしを提供できているとしても、僕たちは癒やしを提供するサイドですから、僕たちは別に癒やされるわけではない。特に一人きりでオーボエを吹いてると、いつも元気っていうわけにはいかないので、自分自身を癒やす方法を考えなくちゃなっていうことは今回をきっかけに考えるようになりました」

音楽家は自分の音楽で癒やされるわけではない。人々に癒やしをもたらすようプロフェッショナルに徹しているのが音楽家なのだ。彼らは彼らで、孤独と戦っている。

広田は都響のメンバーとは、二月の最後のコンサート以来二ヵ月近く会っていないという。

練習中、一人だけで音を出しているときに、ふと、仲間のことを思い出すのだそうだ。

「例えば一つ、オーケストラの中のオーボエの重要なパッセージをちょっと吹いてみたりする。そうすると、オーボエのソロなんですけど、実際の演奏では完全に一人きりということではなくて、ハー

広田智之（東京都交響楽団 首席オーボエ奏者）

モニーを付ける人たちがいたり、対旋律の人がいたりするわけですね。クラリネットが後ろにいるなとか、ファゴットが対旋律をやってるなとか、フルートがあとから追っかけて、このソロを追っかけてくるなっていうのを思い出して、隣にいるフルートのメンバー、後ろにいるクラリネットやファゴットのメンバーの顔を思い出します」

それは、自分が孤独だと思うのだろうか、それとも一人じゃない、と思うのだろうか。

「両方ですね。オーケストラは一人きりではできないですし。でも、この状況はきっといつか明けるわけで、またオーケストラで今までやった曲をもう一度できる日が必ず来るわけで、そうすると、今は寂しいんだけど、ああ、あいつ少し見ない間にちょっとはましになったなとか思われたいなという気持ちもありますし、逆に、あいつ下手になったんじゃないかっていうのはぜひ避けたいので、来るべき日を目標に研鑽を積むということに尽きます」

孤独だけれど、一人ではない。その両方だという広田の、複雑に揺れる心情が伝わってくる。

広田が「孤独の音楽」としてまず選んだのは、サン＝サーンスが作曲した「オーボエ・ソナタ」ニ長調から第二楽章だった。まだまだオーボエのレパートリーが少なかった二〇世紀前半、フランスの作曲家サン＝サーンスがオーボエのために書き下ろした曲である。本来ならピアノとともに演奏されるが、今回は広田のオーボエ一本で演奏する。

「サン＝サーンスの「オーボエ・ソナタ」は、オーボエ奏者のレパートリーの定番中の定番です。今はこういう時期だからあまり外に出られませんけれど、第二楽章は非常にのどかな曲調で、僕のイメージでは、草原を小鳥や小動物たちと一緒に散歩をしているような感じがするんです」

春の日が柔らかく射し込む広田の練習室には、オーボエ奏者が毎日行うリードづくりの道具が置かれている。壁には、都響で広田がソリストを務めたコンサートのポスターが貼られている。

そのポスターをバックに、カジュアルな紺色のパーカーを着た広田が立つ。真っ赤な靴下が画面のアクセントになる。

広田はオーボエを持つと、軽やかに吹き始めた。

闇から、光がすーっと射してくる。

たしかに、風がやわらかく吹いている草原を歩いているかのようだ。

その一方で、音楽は、明朗すぎるわけでもない。どこか、哀愁のようなものものにじんでいる。

快活で明るいはずなのに、憂いのある響き。

やがて、テンポはゆっくりになり、風と溶けていくようにオーボエの音色が消えていった。

演奏を終えた広田は開口いちばん、「緊張しましたね」と話した。続けて、孤独、ということに言及した。

「孤独だなっていう感じはしましたね。ああ、一人だなっていう。本来いるべきピアノのハーモニーの中に乗っかって吹けるっていう安心感が、一人だとまったくない。すてきなことは考えられなかったですね。

やっぱり仲間の大切さっていうか、日頃いて当たり前と思っていた仲間がどんなに大切だったかっていうことが身に染みてわかります。

それからちょっと話が飛ぶかもしれませんけど、演奏するプレイヤー仲間だけじゃなくて、演奏会っていうのはお客さんもそうだけど、それをサポートする事務局とかステージスタッフとか、あらゆる人の力で成り立っているっていうことを、まためらためて考えました。

孤独といえば、もしかすると人間そのもの、みな、個々人は孤独なのかもしれませんけど、そういう孤独の良さというか、一人の大切さっていうか、一人での責任というか、それを考え直す良いきっかけにもなるのかなということを思いました。

世の中がこれからきっと大きく変わっていくんじゃないかなって思います。そしてそれを、音楽、芸術も含めて、どのように変わっていくか、あるいは変えるかっていうのは、僕たち次第だという責任の重さを感じています」

最後に広田は、「自分の音楽が、一筋の光のように世を照らす役割になったらうれしい」と正直な気持ちを吐露してくれた。

このとき広田はもう一曲、グノーの「アヴェ・マリア」も吹いている。この曲の演奏についてもまた、あとで触れたいと思う。

7　東京フィルハーモニー交響楽団　副首席トロンボーン奏者　辻　姫子

「東京フィルはたぶん日本でいちばん忙しいオーケストラとして有名で、演奏会自体もリハーサルもありがたいことにいつもたくさんいただいていました。

クラシックに限らず映画やアニメやゲームや、他のジャンルとのコラボレーションも多いオーケストラなので、現場に出られなくて余計に寂しい感じがありますね。

生徒さんのレッスンであったりとか、ほかの演奏活動もいろいろなところでやっていたのが本当にすべてストップしたので、ギャップがすごいです」

そう語るのは、東京フィルハーモニー交響楽団の副首席トロンボーン奏者を務める、辻姫子である。今回の「孤独のアンサンブル」の奏者の中では最若手の一人だ。

辻は小学校四年生のときにトロンボーンを始めた。キャリアは二〇年ほどになる。京都市立芸術大学音楽学部を首席で卒業、第一〇回東京音楽コンクール金管部門で二位（一位なし）。京都市立芸大の大学院在学中には、兵庫芸術文化センター管弦楽団のコアメンバーとなっている。そして二〇一五年からは東京フィルハーモニー交響楽団の副首席トロンボーン奏者として活躍している。

自宅のリビングの真っ赤なソファに座り、辻はインタビューに答えてくれる。ソファの手前にはダイニングテーブル。ソファの背中の壁には、こちらも赤い花柄の四角い絵と、そして小さな人形の姿が見える。ラスカルだ。辻はラスカルと、ももいろクローバーZと、ビールを愛してやまない。

小学生のときでも一ヵ月以上演奏会が空いたことはなかったそうだ。「これだけ演奏会がないのは、音楽人生で初のことです」という。

これだけ長期の休みが続く中、どんなことを思ったのか。元来、前向き思考だという辻は、正直に答えてくれた。

「本当に申し訳ないんですけれども、最初は、お盆とお正月が一緒に来た、というような感覚で、珍しく長期の休みができたので、夫婦で家でゲームをしたり、アニメを見たりとか、今まで意外と時間がなくてまったくできなかったことに時間が割けるので、それを楽しもうという気持ちがすごく強かったです。

でも、やっぱりここまで長くなってくるとちょっと不安とかが出てきまして。どうしようという感じですね……」

あえて練習をやらない期間も作ってみたそうだ。

「ふだんだと、休みがあってもそのあとに仕事が待っていて、しっかりと楽器を休むことができないので、せっかくだからちょっと休もう、っていう感じで一週間ぐらい楽器から離れてみたりしたんですけれども、やっぱりいくら今の段階では目先の仕事がなくても、吹いてないと金管楽器は特に口回りの筋肉とかの衰えが早いので、コンディションを保つためにはやっぱり練習しなきゃなということで、今はやってますね。毎日少しずつですけれども。

それから私の場合、せっかくだからと言うとおかしいんですけど、ふだんはその目標に向けての練習が主になって、自分が楽器を楽しむための練習がちょっと少なくなってきていたので、アニメの音を聴音、耳コピして、誰に向けてでもなく家で一人で吹いてみたりとか、ゲームの音をちょっとやってみたりとか、そういう、今まであまりしなかったことをゆっくりやることはできるかなと。前向きに捉えると、ですけど」

外出自粛のストレスをため込まないように、努めて前を向こうと考えているのがわかる。

「大好きなアイドル、ももクロちゃんの動画とかDVDとかを見たり、ゲームをゆっくりと時間をかけてやってみたりとか、私の場合はそういうふうにして、落ち込んでしまわないように楽器以外の、サブカルチャー的な部分で楽しむことができているかなという感じです」

話の中に時折、「妻」としての顔ものぞかせる。

「夫は作曲と編曲を仕事にしていまして、夫のほうがもともと家にいる時間が長かったんですけど、今だともう、本当、二人でほぼ一〇〇%家にいる。

丸一日ずっと一緒にいられるっていう日もこれまで結構少なくて、本当に丸二ヵ月も、こんなに一緒にいたこと、新婚旅行とかでもなかったので、つかの間の専業主婦の時間も楽しんでるというか、頑張るといいますか、っていう感じもありますね。

もちろん一日中部屋着で夫以外誰にも会わずにいると、自分自身が本当に駄目な人間に思えてくるときもあるんですけど。

でも、やっぱりいつもよりちょっと家事を、少し力を入れてゆっくりできたりするので、ばたばたすることはなく、ゆったりと時間が流れているなという感じはあります」

事態をなるべくポジティブに捉える。そうでないと、不安な気持ちがすぐ襲ってくるからだ。

「連日ニュースをいろいろ見ていると、どうしても暗い気持ちになってしまうと思うんですよね。不安も絶対ありますし、医療関係の方々に比べるとやっぱり私たちが今できることは本当に限られると思いますし。なのでやっぱり、少しでも感染を拡大させない、ご迷惑をかけることがないようにおうち時間といわれるものを一生懸命楽しもう、徹しようっていう感じですね」

現実には経済的なことも心配でもある。オーケストラからは給料をもらっているが、それ以外のレッスンなどの分が、まったくなくなってしまっているという。

「基本的にお仕事のギャランティーは、その場ではなく、仕事をした一ヵ月後、二ヵ月後にいただくことが多いので、今のところはまだ何とか、前にあったお仕事の分が入ってきてるんですけれども、それこそちょうど今月、来月あたりからオーケストラのお給料以外の収入はなくなっていくのかなって感じですね」

辻姫子（東京フィルハーモニー交響楽団 副首席トロンボーン奏者）

辻に、一人でやる練習のときにどんなことを思い浮かべたりするのか、聞いてみた。

「トロンボーン単体の、一人だけの音って聞かれたことある方のほうが少ないぐらいかなと思うんです。

オーケストラの中ではトロンボーン三本とテューバ一本のローブラスセクションと呼ばれる四人の一つのチームがあるんですけれども、そこの四人でまずチームとして固まって、ハーモニーを作ることを主な役割としてやっている。そうして固まって、ほかの楽器の方々とアンサンブルしていくイメージです。ですので、特にトロンボーンとかテューバの人だと、仕事のときでも結構お昼ご飯を一緒に食べたり、飲み会が多かったり、仲のいいセクションが日本中で多い楽器なので、仕事でも集まれない、飲み会とか絶対できない状況は、そういう意味でも寂しさが強いと思います。

トロンボーンって、お酒が好きな人が多くて、人と群れてワイワイするのが好きな人が多い楽器で、私も例に漏れずその一員なので、もちろん寂しいですし、こんなにお酒飲まなかったのも人生で初めてなんですよね」


そんな辻が「孤独の音楽」として選んだのは、「アメイジング・グレイス」。イギリスの牧師、ジョン・ニュートンが作詩した讃美歌である。誰が作曲したのかはわからない。この歌をトロンボーン一本で吹くのだという。

辻はたまたま、動画配信サイトでこの曲が歌われているのを聴いた。

「そのとき、よく聴いている曲だったのに、私自身にすごくいろんな感情が芽生えました。世界中にコロナで亡くなった方がたくさんおられて、音楽を聴けないような状況で苦しんでいる方もたくさんおられる、そういう方々のことをまず思いましたね。

でもそのあとに、この曲は基本的に同じメロディーが転調しながら繰り返されていくんですけれども、希望を持って何とか生きていこう、という気持ちになった。

だから、そういうふうに、皆さんにも少しでも、希望というとおこがましいのですが、何か一つでも光を見つけてほしいと祈りながら演奏します」

ソファに座る辻が、「ふぅ」という音を立てて息を吐き、トロンボーンを構え、大きな息を吸い込んだ。

やがて、憂いに満ちたメロディーがあふれてくる。

讃美歌だ。

トロンボーンの音だけが、部屋に満ちていく。

メロディーが一つ終わるたび、辻が、大きくブレスする。

やがて、曲の調性が変わると、同じメロディーなのに、憂いから希望の調べへと変わっていく。

どこか、光が一筋、射してくるかのようだ。

曲は高らかにピークを迎え、そして静けさを取り戻していく。

最後、キッチンの奥からリビングをのぞくと、辻の力がゆるみ、緊張がほどけたのが見えた。

辻は演奏後、こう語った。

「自分自身も吹きながら、ふだん仲間たちときれいなハーモニーでコラールを吹くときのような、そんな神聖な気持ちになりました。今世界中すごく大変な状況ですけれども、どなたか、一人でもいいから、聴いてくださった方に少しでも希望を感じていただけたらなと思います」

イメージビジュアルを撮る

在京オーケストラのトッププレイヤー七名の、それぞれの「孤独のアンサンブル」が終わった。

七人が七様に、孤独の音楽とは、孤独のアンサンブルとは何かを、それぞれの楽器の音に託して奏でてくれた。

一方で、ロケはまだ終わっていなかった。

ディレクターの松村や広瀬と当初から話していたのは、番組を貫く、なんらかのイメージビジュアルが必要だろう、ということだった。

ことに今回の番組の場合、音楽家の方々の撮影はリモートで、演奏にしてもインタビューにしても動きはまったくない。スタティックな映像になる。だから、「孤独のアンサンブル」を象徴するような、別のビジュアルが必須だと話をしていた。演奏やインタビューの合い間に、差し挟んでいく映像だ。

最初、松村からは「空はどうでしょうか」というアイデアが出た。美しい青空、曇り空、いろんなトーンの空の映像を撮影してみる、というのだ。なるほどと思った。

そのあと、編成から番組タイトルについての相談があった。頭に「外出自粛の夜に」というのをつけてほしい、というのだ。緊急事態宣言で外出自粛となっている多くの方々のために、この番組を届けてほしい、ということだった（ちょうど我々と同じように、ウクレレの演奏を数珠つなぎにする番組の企画も進んでいたということで、そちらにも同じく「外出自粛の夜に」がつけられたという）。

我々の番組のタイトルは
「BS1スペシャル　外出自粛の夜に　～オーケストラ・孤独のアンサンブル」

となった。

そのタイトルを聞いて、松村がさらにいろいろと思案をめぐらした。そして、イメージビジュアルとして「夜の東京」を撮るのはどうだろう、というアイデアが出てきたのだった。素晴らしいプランだと思った。

今、緊急事態宣言で大勢の人たちが自宅に閉じこもり、外に出ることを控えている。彼らはみな、夜な夜な、孤独と向き合っているはずだ。そうした外出自粛をしている人たちが見ていない風景がある。それが、東京の夜景だ。

夜に外へ出ない限り見ることのできない東京の夜景を、テレビの画面を通じて見てもらうことによって、コロナ禍でどう生きていけばよいのか、そして孤独とどう向き合っていけばよいのか、それらの意味を問うてくれるのではないかと思った。

音楽家の方々のロケからの帰り道を利用して、車の中から撮影することにした。そうすれば、他の人たちと接触することもない。感染対策も重要だった。

そしてもう一つ、車中からの撮影であれば、車の動きに合わせて映像もずっと動き続けることになる。そのことも肝心だった。なぜなら、緊急事態宣言の後、世の中がぱたっと動きを止めてしまったかのようだったからだ。今、人々が見ている世界は、「静止画」のようにフリーズしてしまっているのではないか。だからこそ、なにか有機的な感覚の宿る、動きのある映像であってほしい。それゆえの、車中からの東京夜景だった。

「初」の対面

私事にわたるが、ロケのさなかの四月下旬、母親が体調を崩し急に入院した。新型コロナウイルスとは関係のない、もともとの持病にかかわるものだったが、入院した日、とりあえずの荷物を届けに病院へ行ったものの、家族なのに中に入ることができない。病棟は外部の人の立ち入りが一切禁じられていた。このご時世、仕方がない。あきらめて帰ろうとしたとき、窓越しにコロナ対策と思われる防疫服が下げられているのが見えた。医療従事者は新型コロナウイルスと最前線で戦っていることを身をもって感じた。そして、入院患者も、家族も、世の中の人たちも、みんな何らかの形で耐え忍んでいくしかないのだ、とも思った。孤独と向き合う、というのはそういうことかもしれない。

四月二十八日。筆者は渋谷へ向かった。久しぶりに乗った通勤電車はガラガラだった。窓はできるだけ開けられていて、四月下旬だというのに車内はけっこう寒い。途中の駅で乗ってきた若い男性が、ガラガラの車内の、扉にいちばん近いシートの目の前に、なぜか立つ。するとカバンから何かを取り出した。除菌スプレーだ。それを丁寧に何度もシートにかけて、ようやく腰かけた。座ってからは、除菌スプレーをしまった代わりに今度は除菌シートを取り出す。それを使って自分の横にある手すりを拭くのだった。

ずいぶん過剰な、とも思わない自分もいた。この男性が変なのではなく、たぶん世の中全体が、かなりピリピリして異様な感覚に包まれていたのだ。

人気《ひとけ》のない渋谷を歩き、在宅勤務で誰もいないオフィスに顔を出したあと、千代田線に乗って赤坂へと向かった。

赤坂には、制作会社スローハンドのオフィスがある。「孤独のアンサンブル」の編集のチェックをしに行くのだ（我々は試写、と呼んでいる）。

彼らのオフィスに到着すると、入り口にはアルコール消毒液が置かれていた。この二ヵ月ほどでノーマルになったグッズだ。丹念に手を消毒してからオフィスに足を踏み入れる。中はとても静かだ。人がほとんどいないのだろう。

松村に企画の相談をメールで持ちかけたのが十三日だったから、二週間が経ったところだ。オフィスの奥にある編集室にいたディレクターの松村と広瀬に挨拶の声をかけたときに、実は企画が動き出して以来初めて顔を合わせたのだ、ということに気づいた。そうだ、ずっと電話とメール、リモートでやり取りをしていたのだった。テレビ番組の制作は、みんなで顔を突き合わせての会議がどうしても多くなる、そう思い込んできたが、対面しないままで進行していく新しいやり方でも、ちゃんと試写までたどり着くことができる、ということは新鮮な驚きだった。リモート中心の番組制作の、ニューノーマルなスタイルが作られようとしていた。

ただ、編集チェックについては、顔を合わせて作業したほうがよいだろうという見解は松村たちと一致していた。撮影した映像データを見ながら、かなり細かく、このカットを少し伸ばせないか、インタビューで別の話はないのか、など直接的なやり取りをする可能性が高かったからだ。ことに今回は映像だけでなく、音声もきわめて重要になる。七名のトッププレイヤーたちの奏でた「音楽」をどうフィーチャーしていくか、それはネットを介してではなく、直接ディレクターとプロデューサーで話しながら進める必要があると考えたのだった。放送まであと一週間しかない、というスクランブルな状態だったこともある。

その代わり、お互いに濃厚接触者にならないよう、最大限の配慮をした。体調管理や消毒、マスクの着用はもちろんだが、それなりの広さのある編集室を用い、部屋の窓、扉は全部開放し、さらにオフィスの入り口も開けておき、常に外気と換気がなされるような状態にした。筆者が座る椅子や机も、あらかじめ消毒してもらっていた。部屋に入るのは松村、広瀬と筆者の三名のみ。お互いに二メートルの距離を空けて離れて座る。考えられうる感染対策を徹底して行った。

窓からは風が入り、四月末とはいえそれなりに冷えるので、あらかじめ用意してきたパーカを羽織り、その上にアウターのブルゾンを着たままで試写に臨んだ。

誰一人存在しない夜の東京

筆者が七人のオーケストラのトッププレイヤーたちの演奏とインタビューを聞いたのは、このときが初めてだった。彼らが外に出られず、自宅でたった一人過ごしている日々を語る言葉を聞き、胸が強く締めつけられた。そして彼らの「孤独の音楽」に、釘付けになった。七人がみな、それぞれのアプローチで、孤独にアンサンブルをしている姿、そして湧き上がってくる音楽の強さ。編集はまだ粗い段階だったが、心打つ番組になると確信を持った。

そしてその試写の際に、やはり初めて見たのが、「夜の東京」だった。

この映像は衝撃的だった。

東京が、あまりにも、静かなのだ。

走る車の中から見た映像には、まず、対向車がまったく映らない。街を車が走っていないのだ。

オフィス街も、繁華街も、明かりは消えている。

人が、まったくいない。

一方で、マンションの窓からは、明かりがたくさん漏れ出ている。

外出自粛の夜、東京は、美しいまでに静謐《せいひつ》だったのだ。

こんな東京は、誰も見たことがなかった。

いつも見ているはずの東京が、まったく違う姿に、静けさの街に、変貌していたのである。

四月の車窓から見た「無人の銀座」

明かりのついた部屋のどこかで、音楽家たちは孤独の音楽を奏でている。

そして、明かりのついたたくさんの部屋で、多くの人たちが孤独と向き合っているのだ。

これらの「夜の東京」の映像は、七人の孤独の演奏とインタビューの狭間に入れることで、想像以上の大きな訴求効果をもたらすに違いない、そう思えた。

実はこの試写の時点では、N響の篠崎がバイオリンで弾いたハイドンの「弦楽四重奏曲第七七番」と、都響の広田がオーボエで吹いたグノーの「アヴェ・マリア」は、演奏している映像をそのまま見せようと全員が考えていた。だが、夜の東京の映像を見て、方向転換しようと決めた。

これらの二曲のときの映像はすべて、「夜の東京」だけにする、という決断だった。

つまり、篠崎も広田もまったく登場しないで、夜の東京の映像だけにする、ということである。

まず、篠崎のバイオリンで奏でたハイドンで、編集をしてみた。

かつてのオーストリア帝国国歌、そして今はドイツ国歌として歌われるこの曲の、ある種の威厳あるメロディーが流れ始めたとき、映像は銀座を映し出していた。銀座通りを北へ進んでいくと、まもなく時計台のある和光と、銀座三越が見えてくる。四丁目の交差点だ。しかし、人は誰もいない。

さらに進むと、奥のほうに横断歩道を渡る人の影が見えてくる。人がいた、とほっとしたのも束の間、ここに映った二人は、工事現場の労働者だということがわかってくる。外出自粛の中で、外で働くことを余儀なくされている人たちがいるのだ。

本来なら、国民全員で一緒に歌うこの曲が、厳かに、バイオリン一本だけで奏でられていく。そして映し出されている映像も、人の気配がまったくしない、静謐そのものの世界だ。

映像は渋谷の井の頭通りを映し出している。千歳会館前から三叉路の交番を横目に進んでいくが、誰一人、人の姿を見ることはない。

新宿駅南口もそうだ。ルミネの明かりは消え、道路も出前のバイクが一台通り過ぎていくだけだ。

歌舞伎町からガード下へ抜けようとすると、人がほとんど乗っていない電車が交差しているのが見える。道の左右には、まったく人の出てこない街で客を待つしかないタクシーが侘《わび》しくテールランプを灯している。

東京駅の丸の内側は、オフィスビルの明かりがなくなるとこんなに暗いのかと驚くばかりだ。やがて、唯一ライトアップされていた東京駅の明かりが消されていくのが映し出される。

クライスラーの編曲は、たった一本のバイオリンをこれでもかと駆使して音を溢れさせていくが、それゆえに無人の東京の静けさが際立っていくのだ。孤独を引き立たせる音楽。これもまた、篠崎のいう音楽の力なのだろう。

そして、オーボエの広田が奏でる、伴奏のない孤独な「アヴェ・マリア」。

隅田川沿いを走る首都高から見下ろすと、橋が見える。幅がぜいたくなほど広いこの橋を通っているのは、たった一台の車だけだ。そして、遠くに見える東京の街並みは、不気味なほど暗い。

東京駅近くも、オフィスビルは暗く、どこにビルがあるのかもわからないほどだ。しかし、そんな中で、あるフロアだけ明かりがついている。緊急事態宣言のもとでも、どうしてもオフィスで夜遅くまで働かなければならない人たちがいるのだ。

品川のほうへ首都高を南に走っても、車がすれ違うことがまったくない。わきの高層マンションの明かりだけがまぶしい。

逆に芝のほうへ向かっていくと、久しぶりに車が追い抜いていく。運送用のトラックだ。外出自粛中であっても、さまざまな物資を運ぶ運輸産業は、休むことが許されない。

そして最後、遠くの真っ暗なビル群の中に見えてきたのは、ニッコリ笑った顔を浮かび上がらせたとあるビルのライトアップだった。夜に働くエッセンシャルワーカーや医療従事者への感謝だろうか。

オーボエのみのアヴェ・マリアは、伴奏がない分、メロディーの継ぎ目のところはブレスで間があく。その狭間の、まったく無音のときも、映像はそのまま無人の東京の夜を映し出している。静けさに包まれていることが、いっそう実感される。

「アヴェ・マリア」は、祈りの曲だ。その祈りが、東京の孤独の夜景に、響き渡っていく。

二人の演奏は、東京の夜の映像を通じて、「誰もが孤独なのだ」ということを、強く浮かび上がらせた。それは逆に言えば、みな「孤独」という共通項でつながっている、ということをも意味しているはずだ。

そう、「孤独だけれど、一人ぼっちじゃない」のである。

「孤独だけれど、一人ぼっちじゃない」

この「孤独だけれど、一人ぼっちじゃない」というフレーズは、とても重要に思えた。

七人の「孤独の音楽」も、きわめて孤独な演奏の中に、仲間が、聴衆が、人々が、どこかしら存在していたり、存在していることを求めたりしているものだった。だからこその「孤独のアンサンブル」だったともいえるだろう。

「孤独だけれど、一人ぼっちじゃない」という言葉は、孤独と向き合いながら番組を見てくださる方々へのメッセージにそのままなるはずだ、そう思った。

であれば、番組の冒頭で、そのことをしっかりと伝わるようにすべきだろう。

そこで、松村、広瀬と、番組のオープニングの構築を急いだ。

まず三人が共通認識として思ったのは、「この番組にナレーションはいらない」ということだった。

七人の音楽があまりに雄弁だからだ。そして、彼らが外出自粛の中で語ってくれた言葉はきわめて強い。さらには、自宅での映像自体が、そのままコロナ禍における孤独な営みの記録であり情報になってもいる。東京の夜景は、ひときわ孤独の音楽を引き立たせ、また音楽が孤独な東京の暮らしを引き立たせている。潔く、一切のナレーションを排除した。効果音も一つも入れなかった。

そのかわり、テロップの文字を出すことで意味づけをしっかりさせよう、そう考えた。

文言は、企画書を書いた直後に素案を作ってあった。それをカスタマイズさせていったのだ。

「外出自粛の夜に

自宅で孤独と向き合っている　あなたへ
オーケストラの演奏家たちも　いま　孤独の中にいます
演奏会はことごとく中止となり
聴衆も仲間もいない　防音室で　ただ音楽に向かう日々です

オーケストラ　孤独のアンサンブル

在京オーケストラのトッププレーヤー七名が
たった一人だけで　奏でる音楽
耳をすませてください

孤独だけれど　一人ぼっちじゃない」

これらのテロップ計一〇枚を、東京の無の夜景に、そして七名の孤独の演奏のシーンに、重ねていった。

冒頭からタイトルが出るまでの「音」は、チェロの長谷川彰子が音出しの練習をしている、そのときの音をそのまま使った。

松村と広瀬が、急ピッチで編集の仕上げをした。そして、すべてが完成したのは五月三日夜。翌四日に無事、ＮＨＫへ納品・登録を行うことができた。

五日のオンエアに、ギリギリ間に合った。企画から完成まで、正味三週間だった。

そして、オンエア

五月五日。反響はすさまじかった。オンエア直後から、SNS上では共感の輪がどんどん広がっていった。ツイッターに投稿されたものの中から、抜粋して紹介したい。


「冒頭の矢部さんの演奏から切なくて泣ける」

「いつものテレビなのに、音が立体的に聞こえる。心に染みる音楽です」

「いい音だなあ。孤独なのにオーケストラが聴こえてくるよう」

「花のワルツ、クラリネットだけだけれど、オケが聴こえてきた気がした」

「オーケストラの楽器奏者一人一人が家で独奏してくれる。できることなら、たくさんたくさん拍手を届けたい。一つの楽器からオケが聴こえる」

「孤独のアンサンブルが泣ける」

「矢部達哉さんの音に涙が……。そして演奏が終わって「じゃ、ありがとうございました」と録画スイッチをポチっとするのがまたなんとも……」

「この状況である今だから、奏者の方も聴き手である自分も、音楽を介した接点という「場」を切実に欲しているんだろうなって思ったり」

「ああ〜〜〜、コンサート聴きてぇ〜〜〜」

「世の中に不要不急のものはない。音楽が不要不急になるということは絶対あり得ない」

「まったく人気のない都心を車で撮っているバックの映像が良い」

「季節が変わってしまって、窓から優しい風が入ってくる。奏者一人の音楽とともに」

「アメイジンググレイス心に染みる。東京の夜の映像もよかった」

…………


多くの反響を見て思ったのは、やはり世の中の方々はみな「孤独」にさいなまれていたのだ、ということだ。そして、「孤独」であることでお互いを「共感」できることに、気づいてくれたのではないか、ということだった。まさに「孤独だけれど、一人ぼっちじゃない」のである。

矢部達哉からのメール

放送後、番組のトップバッターを務めてくれた矢部達哉から、丁重なお礼のメールが届いた。

「改めてこの番組に参加させて頂けた事の幸運に感謝するばかりです。

都心や首都高の閑散として（それを見る機会もなかったので）、また不謹慎かも知れませんが東京が静謐な美しさを湛えた都市にもなり得ることを観られたのも新鮮でした。

日頃、外に向かっているエネルギーがすべて屋内にとどまっている姿を見て、そのエネルギーが良い方向に向かえば皆で立ち直って行くのも不可能ではないと思わされましたし、戦前・戦後にあった価値観の大転換に近い形で、このコロナ前後には大きな変化が（すでに）始まっていると感じますが、もし経済発展や武力を競うより、人々が宥和的で寛容な世界を望むときには、音楽はこれまでと違う意味を持って響くに違いないと確信しています。

その為に音楽家達は「コロナ前のように元通りに……」と願うより、新しい世界でどのように音楽を届けるべきかを心を入れ替えて考える時に来ていると思います。

それをする為には、やはり何がなんでも生き残って使命を果たさなくてはいけないと覚悟を決めなくては……と思いました。

今日の放送を拝見して、それを心に誓いました。

本当に有難うございました」


矢部からその後聞いたのは、ともに音楽家である矢部の妻と息子が、「孤独のアンサンブル」を魅入られたように観て、それればかりか録画したものを何度も何度も観ている、という話だった。「音楽を生業にしていても、やはり音を渇望していたのだと知りました」という矢部の言葉が胸に刺さった。

第4章　五月、かすかな希望の光

続く緊急事態宣言

二〇二〇年五月五日に放送したBS1スペシャル「孤独のアンサンブル」は大きな反響を呼んだ。

一方、新型コロナウイルスの国内での新規感染者数は、五日の時点で一日一二〇人。まだまだ予断を許さないが、四月の上旬・中旬に比べると多少落ち着いてきて、徐々に新規の感染者数は減りつつあるようだった。ステイホームの努力が、反映されてきているのかもしれない。そんな気配も生じていた。

とはいえ、五月二日には国内の累計の死亡者数が五〇〇人を超え、五月三日には、国内の感染者数が累計で一万五〇〇〇人を超えた。

そして「孤独のアンサンブル」を放送した同じ五月五日、政府はそれまで五月六日を期限としてきた全国の緊急事態宣言を五月末日まで延長することを正式に決定した。

人々の自粛生活、「孤独」はまだまだ続くことになる。ある程度は織り込み済みだったとはいえ、多くの人たちの気持ちは再び重く沈まざるを得なかったと思う。

ちなみに筆者がこれを記している二〇二一年一月六日の時点で、全国の感染者数はわずか一日で六〇〇〇人を突破した。五月三日での感染者数一万五〇〇〇人超えは累計なので、いかに年末からの「第三波」が大きなものだったかがわかる。逆に言えば、五月の段階でみなが共有していた切実な緊迫感や必死の対応が、今や全体的にすっかり緩んでしまったということも強く感じる。

同じ五月五日、専門家会議は、新たな感染者数が限定的となった地域について、感染拡大を長期的に防ぐための「新しい生活様式」の実践例を示した。私たちの生活に、ニューノーマルをインストールする必要を説いたのだ。

まず〈三つの基本〉として、①身体的距離の確保、②マスクの着用、③手洗いを徹底することがうたわれ、その上で、かなり具体的な提示がなされた。

例えば、

- 人との間隔はできるだけ二メートル（最低一メートル）空ける
- 会話をする際には、できるだけ真正面を避ける
- 遊びに行くなら屋内より屋外を選ぶ
- 外出時、屋内のときや会話のときには症状がなくてもマスクを着用

など。

他にもかなり細かな実践として、例えば、

- トイレは、蓋を閉めてから汚物を流す
- ハンドドライヤーは使用をやめる
- 休憩スペースのテーブルや椅子などは定期的に消毒する
- テーブル、椅子の背もたれ、ドアノブ、電気のスイッチ、電話、キーボード、タブレット、タッチパネル、レジ、蛇口、手すり・つり革、エレベーターのボタンなどには特に注意する

といったものが挙げられた。

マスクや在宅勤務、リモートのようにすでに定着が進んだものもある。また電子決済のように、コ

ロナ禍をきっかけにして当たり前のニューノーマルになっていったものも多い。

緊急事態宣言と外出自粛、そして新しい生活様式、これらが今後のコロナ感染防止にどう効いてくるのか、不安とともに見守りながら、多くの人たちが自宅にこもり続けていた。

オーケストラの緊急事態はさらに深刻化

オーケストラも、苦難の道のりが続いていた。

N響は、四月の定期公演を当初は無観客として、海外から来られない外国人指揮者のかわりに日本人指揮者を立てて実施し、テレビ収録も行おうとしていたが、オーケストラや出演者、スタッフの安全を第一に考え中止に。そしてその後、六月までの定期公演と七月までのオーチャード定期のすべて、六月の調布国際音楽祭、七月・八月のコンサート、そして九月の歌劇「カルメン」の公演などを中止することとした。

NHK「クラシック音楽館」を担当する山田や宮崎は、放送枠で紹介できるコンサートがなくなっていくことにも頭を悩ませていた。

都響も、まだ二四歳ながらオスロ・フィルの首席指揮者、そしてパリ管弦楽団の次期音楽監督になるフィンランドの俊英クラウス・マケラ指揮によるコンサートや、日本の若手トップ・山田和樹指揮による三善晃の「反戦三部作」の公演などが中止に。さらに夏に東京文化会館で大野和士の指揮で行う予定だった目玉公演・ワーグナーの超大作「ニュルンベルクのマイスタージンガー」も五月八日に中止を発表している。

他のオーケストラも、状況を見ながら開催の可能性を探りつつも、結局は直前に中止のお知らせをせざるを得ない、というような対応が続いていた。

東京シティ・フィルは、楽団員募集のオーディションの延期を余儀なくされてもいた。こうした影響は運営にボディブローのように響いてくるだろう。

その東京シティ・フィルもそうだが、日本フィル、東京交響楽団、新日フィルなど、多くのオーケストラが募金やサポートを積極的に募っていた。

緊急事態宣言が延長され、コンサート再開のメドも立たない。そもそも仲間たちと練習で集うことすらできない。オーケストラの一人一人にとって、孤独をかみしめざるを得ない現状は、あまりにも厳しいものだった。

新日フィルは、五月半ば、七月の主催公演について「現時点では通常通りの開催を目指している」旨の告知を出した。もう手をこまぬいてはいられない、ということなのだろう。

ただし、万一に備えて具体的な対応をとる、とした。例えばこのようなことが書かれている。

- 七月の演奏会では、空席を「自由席」として、現在チケットをご購入いただいている皆様の移動可能な席とします。
- 従来開放していない三階席も開放し移動可能席といたします。

また、演奏者についても、次のように書かれている。

- 弦楽器一・五メートル管楽器は二メートルを目安に間隔を拡げます。
- 金管楽器の吹き出し口には不織布を装着します。
- 管楽器の唾（水分）は使い捨ての吸水の良い紙や布（要洗浄）で処理します。
- 奏者はマスク、ゴーグルを装着いたします。

これはあくまで五月十五日時点での想定として書かれているが、とにかく考えられうる対応をとことん行って、何とかコンサートの実現を図ろうという涙ぐましい努力がにじみでている。

続編の制作へ

こうしたオーケストラの状況と、そして多くの方々が自宅で孤独と向き合い続けていることを考え、双方への何らかの支えとなるためにも、我々は「孤独のアンサンブル」をさらにもう一回制作すべきなのではないか、そう感じていた。

放送の二日後。筆者は急ぎBS1の編集長に、前作への忌憚《きたん》のない意見を聞きつつ、相談をした。編集長も前作を見て「心が揺さぶられた」との感想をくれた。そして、続編の制作についても基本的にGOの意向を示してくれた。

ただし、いくつかの条件があった。一つは、五月三十一日まで延長された緊急事態宣言のあいだに放送すること。

この時点で、最大でも三週間強しかない。果たして間に合うのか、とは思うものの、番組はタイミングが本当に大切だ。たしかに緊急事態宣言のあいだに放送するからこそ意味があるのはテレビ屋として理解できる。そして、前作も、わずか三週間で作っているのだ。きっと何とかなるに違いない。そう思うことにした。

そしてもう一つのオーダーは、放送のタイミングから考えると、もう少しで自粛が明けるかもしれない、という光がわずかながら射し込む感じも出てくるとよいのではないか。孤独だけではない、なんらかのさらなる意味づけがほしい、ということだった。

これも非常に重要な視点だと思った。しかし、孤独だけでない新たな意味づけとは、いったい何だろうか。

さっそくディレクターの松村と電話で話した。

二人の話の中で出てきたのが、「希望」ということだった。

オーケストラのトッププレイヤーが、孤独の音楽を奏でる。その「孤独のアンサンブル」の先に生まれてくるのは、「希望」なのではないか。いくら孤独であっても、一人ぼっちではない。その気持ちを共有すれば、いつかまた一緒に集うことができるはず。まさに孤独が、希望を育んでいくはずである。そうした希望を、視聴者の方々とシェアしたい。そう感じたのだった。

「オーケストラ・孤独のアンサンブル　～希望編」

番組のタイトルも、このとき決めた。

そして、大急ぎで制作に取りかかった。


実際、世の中にもかすかな希望は感じられてきていた。

五月七日には、三月三十日以来久しぶりに国内の感染者数が一〇〇人を下回った。緊急事態宣言で外出自粛をしてきたことで感染拡大が抑えられてきている、その効果を感じるニュースになった。その後も一日の感染者数は、増減はあるものの、明らかに減少傾向にあった。

さらに五月十四日。北海道、東京、神奈川、大阪など八都道府県を除いた三九県で、緊急事態宣言が解除された。

夏の全国高校野球大会が戦後初めて中止されることが決まったり、大相撲の五月場所が休止になったりしたものの、五月二十一日には今度は関西の緊急事態宣言も解除された。

前作を踏まえて、筆者としてはどうしても実現したいことがいくつかあった。まず、前回登場していない楽器をなるべくフィーチャーすること。特に、ホルン、フルート、ファゴットは是非とも入れたいと考えていた。

また、前回は五つのオーケストラの方々にご出演いただいたが、まだまだ他の楽団にもぜひ出てほしいという思いも強かった。地方にあるオーケストラにも何とか声をかけられないか、とも思っていた。

だが、メンバーの選定にあたって、すぐに懸案が発生した。

それは、緊急事態宣言下でのロケの制約である。その時点ではまだ、東京都から外に出てロケに行くことは自粛していた。県を跨《また》いでの移動は感染拡大のリスクになるということ、特に感染者が多い東京から地方へ行くこと自体、リスクになるということが問われていた。いろいろ考えたけれども、東京以外の地域のオーケストラのメンバーに出演をお願いすることは現実的に無理、という結論に達した。忸怩《じくじ》たる思いだった。

こうしたもろもろの状況を踏まえ、再び「クラシック音楽館」のデスク・宮崎と、メンバーの選定についてどうしたものかといろいろ相談した。

地方は無理でも、せめて東京周辺のなるべく多くのオーケストラに声をかけること、楽器のバリエーションも増やしていくこと、また男女や年齢層のバリエーションも考えること、それらのパズルを必死に解いて、以下の七名の方々に声をかけることにした（五十音順）。

NHK交響楽団　オーボエ&イングリッシュホルン奏者　池田昭子
東京シティ・フィルハーモニック管弦楽団　副首席ファゴット奏者　石井野乃香
神奈川フィルハーモニー管弦楽団　首席ソロ・コンサートマスター　石田泰尚
東京フィルハーモニー交響楽団　首席フルート奏者　神田勇哉
日本フィルハーモニー交響楽団　ソロ・チェロ奏者　菊地知也
東京都交響楽団　首席トランペット奏者　高橋　敦
読売日本交響楽団　首席ホルン奏者　日橋辰朗

各オーケストラの事務局の方々は、今回もきわめて協力的だった。あっという間に各メンバーの方々のご了解をとりつけ、全員のOKが出るのにわずか数日しかかからなかった。

地方オケを入れることは叶わなかったが、前作と合わせ、オーケストラの数としては九つになった。これだけのオケの協力が得られたことは感激だった。メンバーも、神奈川フィルのコンマス・石田泰尚をはじめ、きわめて強力である。全員が快諾してくれたことに心から感謝した。

そして、交渉の途上で、思いがけずさらにもう一人、メンバーが増えることになった。

東京フィルの首席フルート奏者の神田が、妻と一緒に出演することを承知してくれたのである。実は神田の妻も音楽家である。NHK交響楽団のフルート奏者、梶川真歩だ。「孤独のアンサンブル」に、まさかの夫婦の出演が実現することになったのである。

計八名による、「孤独のアンサンブル　～希望編」の収録がスタートすることとなった。

8　神奈川フィルハーモニー管弦楽団　首席ソロ・コンサートマスター　石田泰尚

「希望編」でもバイオリンは少なくとも一方には演奏してもらいたい。筆者が真っ先に頭に思い浮かべたのが神奈川フィルのコンマス、石田泰尚だった。そして考えれば考えるほど、石田しかいない、そう思った。

石田は、現在のクラシック界における「スター」の一人だ。短く刈り込んだ髪、細長い眼鏡の奥の切れ長の目、クールすぎる口元。ヨウジヤマモトの服に身を包む姿は、まるで伝説のロックスターのようだ。

男性のみの〈硬派弦楽アンサンブル〉、その名も「石田組」を率いてもいる。自身の風貌も相まって、「石田組長」ないしは「組長」とも呼ばれている。

実際、石田組はクラシックだけでなく、ディープ・パープルやツェッペリンやストーンズがレパートリーだったりもする。ロックなのだ。

「タクシー乗ったりするときに運転手さんに聞かれますね、ご職業なんですかみたいな。よくでもないけど、たまに聞かれますね」

石田はこう答えるそうだ。

「いや、だから、こう見えてバイオリニストですって言うとびっくりされますけど」

そんな石田だが、バイオリンで奏でる音は、猛烈に繊細だ。研ぎ澄まされた音だけが生まれてくる。まさにバイオリンを弾くために生まれてきたような男なのだ。

国立音楽大学を首席で卒業。在学中から在京オーケストラのゲストコンサートマスターを務めてきた。卒業後、新星日本交響楽団（現・東京フィルハーモニー交響楽団）のコンサートマスターを務め、その後二〇〇一年には神奈川フィルのソロ・コンサートマスターに就任。以来神奈川フィルの顔としてオケを牽引してきた。二〇二〇年の春からは京都市交響楽団の特別客演コンサートマスターも兼務している。石田組やバイオリンソロ、デュオなどでも活躍、今最も注目を集めるコンサートマスターの一人である。

五月中旬、ディレクターの松村が訪れたのは、ニュータウンの一角にある団地の一階だ。

「実家です、はい」

もちろん、帰省しているわけではない。

「住んでますね、はい。生まれたのは川崎なんですけど、小学校四年のときに、この街ができまして、それからずっとここに住んでます」

昭和のレトロ感が漂う街の、団地住まい。バイオリンのトッププレイヤーというイメージとかなりギャップがある。ロックスター的な空気感ともまた、ギャップがある。

練習もずっとこの家で。演奏会に行くときもここから通っているという。

「住みやすいですね」

石田はいつも短めの言葉で返してくる。一人暮らしもいっとき考えたことはあったけれど、実行に移すことはしなかったそうだ。

「たぶんこの家が好きというか、なんか、街自体がすごい住みやすいので」

プロのバイオリニストとして、防音室のついたマンションに住みたいなんて思ったりはしないのだろうか。

「思わないですね」

即答だった。

「なんでバイオリン？　なんでですかね。最初に習い始めたのがバイオリンで、そのまま今まで来ちゃったみたいなところもありますし、でもやっぱり、なんですかね。美しい音色ですかね。あと繊細さだったり、時には強い音だったり。いろいろです」

石田にはバイオリン以外に何かやりたいことなどないのだろうか。例えば料理を作ったりしないのかと聞いてみると、

「僕、バイオリン以外、何もできないんで」

短い返事が返ってきた。


神奈川フィルは二月二十二日に神奈川県立音楽堂でコンサートを開いて以来、観客を入れての演奏会ができていない。石田も三ヵ月近く、音楽活動がストップしてしまっている。

朝はちょっと遅めで一〇時か一一時に起床。バイオリンは毎日欠かさず二〜三時間練習しているという。

「寝て起きて練習して、テレビ見まくって、で、たまに家の近く散歩してみたいな、そんな一日です

ね。

テレビは、お笑いとかですね。ダウンタウンさんとか好きなんで、お笑いとか。あとはサスペンスドラマとかですね。あと、「相棒」の再放送とか見てますね」

石田が今いちばん望んでいることは何なのだろうか。

「早くコンサートやりたい。今はもう、それしか考えてないですね」

そこからは、石田はどんな質問をしても、とことん同じことを語るのだった。こんな具合である。

「もうとにかく舞台で弾きたいですね」

「舞台の上で弾いて、お客さんの前で早く弾きたい気持ちです」

「やっぱ、お客さんの喜んでる姿とか、拍手とかもそうですけど、そういうのがいちばんやっぱり音楽家にとって大好物なんで、もうやっぱり、もうとにかくお客さんの前で弾きたいですね。

音楽家に限らないと思いますけど、スポーツ選手もそうですけど、やっぱり歓声とかうれしいじゃないですか。で、やっぱりお客さんあっての僕たちなので、はい」

「舞台で弾いてて、お客さんと一体感じゃないですけど、一つ

石田泰尚（神奈川フィルハーモニー管弦楽団 首席ソロ・コンサートマスター）

になる瞬間というのが本当にたまにあってですね、それがもうたまらないので。だからそのために日々練習して努力してます」

松村が思わず、石田さんってお客様ファーストですよね、と言うと、

「それはもう、絶対にそうです」

と返してくる。

ただ、これだけ長く休止期間が続き、音楽が不要なもの、というふうに思われたりしていないだろうか、という質問に対してだけは、ちょっと不安な心情をのぞかせたのだった。

「今、演奏できない状態がずっと続いてて、確かに、ひょっとしたら自分の仕事って必要なのかなとは思いますね。

思ったことはあります。思ったことはありますけど……、でもやっぱり、自分の演奏してるのを聴いたり見たりして、やっぱ元気になったっていうお客さんたちもいるので、だからやっぱりそういうのを思うと必要なんだと思いますね、音楽は」

自分自身を納得させるように、音楽は必要なのだ、と言葉を紡ぐ。

コロナ禍が終わってこんな未来が来てほしい、と思うことは何だろう、と聞いてみた。しばらく考え込む。

「未来。うーん。どうなんだろうな。あれなんですよね、本当に徐々に、本当、普通に戻ってほしいというか、こういう状況なので、少しずつ演奏会が増えるといいかなっていう気持ちですかね」

最後は必ず、演奏会をしたいという自身の強い思いに行き着くのだった。

「それが自分の仕事というか職業なので。もう何回も言ってますけども、とにかく人前で早く弾くこ

としか考えてないですね」

石田さん、もしかして、インタビューよりも、早く演奏をさせてくれっていう気持ちですか？

「そうですね」

どこまでも、音楽がすべての人なのだ。


希望を込めた、「孤独の音楽」。石田が選んだ曲は、山田耕筰《こうさく》が作曲した「からたちの花」だった。なんとも渋い選曲だ。「孤独のアンサンブル」で初めて日本人が作曲した音楽を披露することになる。どんな思いでこの曲を選んだのだろう。

「自分も好きなんですけども、やはり日本を代表する作曲家の山田耕筰さんの名曲を、希望を込めて弾きたいと思いました。美しくて、なんか日本的なメロディー、もちろんね、日本人が作曲してるわけですけど」

リビングが、そのまま演奏場所となる。石田の父が揃えたという趣味の良い刺繍の入ったシックな深い翠のソファセットが置かれている。後ろにはダイニングテーブル。さらにその後ろには、プレートや器などが重ねられたこげ茶色の食器棚。ソファの前に敷かれたふんわりしたほどよい大きさのベージュ色の絨毯の上に、石田が立つ。

両手で持ったバイオリンを見るかのように、下の方へ視線を下ろしたままの石田。

剣士のような、鋭さを放つ。

そしてバイオリンを構えると、一呼吸おいて、弓を動かした。

鋭いのではなかった。

とても優しい音があふれてきた。

繊細な、心のひだに触れるような音だ。

日本人なら誰もが思い描く郷愁の風景が、一気に目の前に広がっていく。


この数ヵ月、外に出なくなった私たち日本人。「孤独」は、ごく当たり前にあったはずの、身近なありふれた日本の風景までも、いつの間にか忘れさせてしまっていたのではないか。そして、その忘れられてしまった景色を、バイオリンの音が、私たちの目の前にありありと蘇らせてくれている。いつかまたこういう景色が見られるようにと。

石田らしい孤独のアンサンブル、そして石田らしい希望の音楽だった。

「画面越しですけども、本当に何かが伝わったらうれしいかなと思います」

そして最後もひと言、こういった。

「舞台、めっちゃ立ちたいですね」

このあと石田はもう一曲、ピアソラの曲を演奏した。その話はまた後ほど触れたいと思う。

9　NHK交響楽団　オーボエ&イングリッシュホルン奏者　池田昭子

「うちは小学校二年生の子どもがいて、学校に行けないので、ちゃんと時間割みたいに一時間目はこれ、二時間目はこれ、というように毎日毎日それをこなす宿題が出ているので、家でそれを息子と一緒にやったり、ご飯を食べたり。やっと夕方ぐらいからちょっと時間ができて練習したりとか、そういう、意外と忙しい毎日を過ごしています」

五月は多くの学校がまだ休校状態にあった。子どもの学校が休校になってしまったときの、親の大変さについて池田は話し出した。

「宿題も、先週ぐらいまではそんなにたくさんは出ていなかったんですけど、五月の中頃から急に学校にあたかも行っているかのような宿題が出るようになって、結構しっかりやらないと間に合わないぞっていう感じですね。

それに、子どもも飽きてきちゃってて。最初は私と一緒に勉強するのが新鮮で楽しんでやっていたんですけど、やっぱりどんどん飽きてきちゃうんで、いろいろ創意工夫をしながら頑張っています」

ちょっとびっくりするようなやり方に、あれこれトライしていた。

「もう家の中でやるのもあれなので、ベランダに机を出して青空の下でお勉強したりするとちょっと気分が変わって、「やるやる！」みたいな感じになります。あとは、テント張ったりして」

そんな池田だが、コロナ禍の前はまったく違う状況だった。なにしろＮＨＫ交響楽団はシーズンに入れば毎週二回のコンサートが開かれる。平日のコンサートは夜の公演だから、終演も二一時を回るのが当たり前だ。さらには土日の公演も多いし、また定期演奏会以外にもいろいろとコンサートが入る。おのずと、家族の時間が限られる。

「ふつうに学校に行っていたときは、やっぱりこちらも本番があったり結構コンサートが続いたり、自分自身も練習、リハーサルがあって、みたいな感じで忙しくて、宿題は学童保育でやってきてもらったりしてたので、ほとんど見てませんでした。

ある意味、今の時間っていうのはすごい新鮮ではあります。

意外と一年生、二年生とかでも自分でしっかりできる部分があるんだなって思う反面、あ、こんなことがわからないのかって思うこともあります。

簡単な言葉がわからなくて、「え？ これってどういう意味？」って聞かれて、今度は自分には、簡単な言葉をどういうふうに説明すればいいんだろうっていうことがあって。それで、国語辞典を一緒に調べて、こういうふうに説明すればいいのかとか、なんかそういう発見をしています」


池田昭子は宮崎県生まれ。中一のとき吹奏楽部でオーボエを始め、その後、東京藝術大学へ。在学中には日本管打楽器コンクールのオーボエ部門第一位に輝くなどしている。一九九七年に東京交響楽団に入団、オーケストラの活動を始めた。その後、文化庁の在外研修員としてミュンヘンにあるリヒャルト・シュトラウス音楽院に留学もしている。そして二〇〇四年にNHK交響楽団に入団。N響ではオーボエ以外にイングリッシュホルンを担当することも多く、しばしばコンサートでソロを披露している。室内楽などでも活躍、ファンのあいだでは「しょこたん」とも呼ばれているようだ。ちなみに、前作「孤独のアンサンブル」に出演していた都響の首席オーボエ奏者・広田智之は、池田の師の一人である。

池田は、「孤独のアンサンブル」の放送を見ていたという。「クラシック音楽館」の宮崎に、感激した旨の連絡をくれたのだそうだ。今回の出演も、喜んで引き受けてくれた。

これまで登場してきた出演者たちは、外出自粛で時間を持て余している人が多かったが、母親・妻としての役割をこなす池田は、むしろ練習にかけられる時間は短くなったという。

「練習は毎日、平均二時間できればいいかなっていう感じですね。

基礎練習を、ふだんできないようなところまで結構たっぷりやっています。いつもはやっぱりコンサートをこなす、この日までにこの曲を仕上げなきゃいけない、ということが優先されて、深いところまで基礎練習を掘り下げることがなかなか難しかったんですけれども、それを何か追われることなく丹念にできる時間として捉えてます。

池田昭子（NHK交響楽団 オーボエ&イングリッシュホルン奏者）

ただ、ずっと家の中の狭いところで吹いているので、広くて残響のあるホールで演奏したときに、実際どんなふうに響くかっていうのが体感できなくて、成果がどれほどのものかはまだわからないです」
一人でずっと練習していると、オーケストラの仲間のことや、聴衆のことを考えたりするものだろうか。
「今はあんまり考えないようにしています。考えないわけじゃないですけど。N響は、世界で活躍する一流の指揮者やソリストがたくさん共演してくださるんですけど、そういう方たちも、ああ、今おうちで何してるのかなとか、こういう時間をどういうふうに過ごしてるのかなとか、そんなことを考えます。みんな平等に家にいるわけじゃないですか、世界で」

全世界、誰もが同じようにコロナの危機の中にいる。それは、音楽家も、我々市民もみな、同じなのだ。

今、池田はどんなことに希望を感じているのだろうか。

「コロナでなくても戦争や疫病など、世界的な危機っていうのは何回もあったと思うんですけど、それにもめげずオーケストラやクラシック音楽っていうのはここまで発展し続けているわけで、すごく大きな流れで考えればそんなに悲観的になることではないのかなと思うんです。

だから私自身は、やはりオーケストラの一員として、個人の頭の中にある、表現しようと思う音楽を、きちんと音楽として皆さんの心に届けられるように、エネルギーをしっかりためなきゃいけないなと思ってます」

池田にとっての希望、それはクラシック音楽そのもの、だった。クラシック音楽が持っている底力のようなものへの強い信頼。それが希望につながっているのだ。音楽家だからこそ、それを信じることができているのだろうと思った。

今回、池田はイングリッシュホルンを演奏してくれることになっていた。オーケストラの中では、オーボエ奏者がイングリッシュホルンに持ち替えて演奏することが通例になっている。この二つは兄弟のような楽器で、オーボエがソプラノリコーダーだとしたら、イングリッシュホルンはアルトリコーダーのような音域の違いがある。池田は日本のイングリッシュホルン奏者の第一人者として知られている。

イングリッシュホルンは、オーケストラの中でもソロで活躍することがとても多い。いちばん有名なのは、ドボルザークの交響曲第九番「新世界より」の第二楽章のメロディー、あの「遠き山に日は落ちて」だろう。独特の哀愁ある音色は、管弦楽曲の中で折々に存在感を発揮する。

池田が選んだ、希望のための「孤独の音楽」。それは、ワーグナーが作曲した楽劇「トリスタンとイゾルデ」の第三幕の前奏曲だった。オペラの曲であるにもかかわらず、イングリッシュホルンだけが舞台上で演奏するようにとスコアに書かれている。「新世界より」以上のイングリッシュホルンの見せ場中の見せ場である。

だが、池田がこの曲を選んだ最大の理由。それは別のところにあった。

N響はもともと、四月二日と五日に、上野の春の風物詩である「東京・春・音楽祭」で、まさにこの「トリスタンとイゾルデ」の公演を予定していたのだが、それが新型コロナウイルスの感染拡大によって中止になってしまった。池田は、二～三月のN響のヨーロッパ公演にも、「トリスタンとイゾルデ」の分厚いスコアを持参してこの曲の勉強を続けていたのは先述の通りだ。池田にとってオペラで演奏するのは初めてのチャレンジである。尋常ならざる気合いを入れて臨もうとしていた上演だったのだ。

オペラは、オーケストラだけでなく、歌い手、合唱、舞台の人たちなど、数百人レベルで作っていく。それだけの上演スタッフと、そして数千人の観客とともに作り上げた空間で、池田のイングリッシュホルンの調べが響くはずだった。それが実現できなくなったことの重みを、たった一人の孤独の演奏に込めるのだ。

にこやかに話をしてきた池田の顔が、演奏を前にして、ぐっと深く集中したような表情に変わった。

イングリッシュホルンを構え、すっと息を吸い込むや否や、小さいけれども強い音が奏でられる。短調で始まった調べが、ゆらゆらと音程を変えながら進んでいく。

ワーグナーの紡いだメロディーはなんとも不安定で、どこに連れていかれるかわからない怖さがある。

池田の奏でる伴奏なしのイングリッシュホルンが、より不安感と孤立感を生じさせていく。それは、私たちが直面していた、コロナ禍の先行きが見えないことへの不安と孤独に揺れ動く気持ちと、きわめてシンクロしているように感じられた。

でも、その不安と孤独をみなで共有することで、その先に希望が見えてくるかもしれない、そんなふうにも聴こえる演奏だった。

池田自身は演奏後、このように語っている。

「久しぶりに緊張しました。家にいるのに、コンサートで吹いているかのような緊張感でした」

遠ざかっていた、本番の感触が蘇ってきたのだ。

最後に、テレビを見ている方々へのメッセージを語ってくれた。

「今日の演奏を聴いていただいたことで、このワーグナーの世界を一瞬、たった三分間でしたけど、共有させていただけていたら本望です。

クラシックのコンサートは、今すぐの再開は難しいかもしれませんけれども、自由にコンサートできるようになったときにはぜひ会場にお運びいただいて、私たちが奏でる音の振動を体で感じていただけたらうれしいです」

10　東京都交響楽団　首席トランペット奏者　高橋　敦

稀代のトランペッター、高橋敦。彼の名を知らない人でも、「ドラゴンクエスト」の序曲の冒頭に鳴り響くトランペットの音なら聴いたことがあるだろう。あの音は、高橋が吹いている。

「他のメンバーとの連絡ですか？　取ってますよ。電話したりLINEしたり。それこそ昨晩トランペットセクションとリモート飲み会したばかりです。四時間ぐらいしてました。盛り上がりました」

都響のトランペットのメンバーとの、当時流行り始めたばかりのリモート飲み会のことを、ちょっとうれしそうに話す。

オーケストラの人たちの「新しい日常」も、なんだか我々と大差ないような気がしてくる。

「いや、もう普通の人間ですから。ぜんぜん変わりませんよ」

高橋は富山県出身。小学校五年生のとき、管楽器クラブに入った。そのときたまたま人が足りなかったのがトランペットだったらしい。それが、その後三七年間に及ぶトランペットと高橋の運命の糸になった。中学・高校と吹奏楽部で過ごし、地元の洗足学園魚津短期大学の管楽器科へ。そしてトランペットへの情熱を認めた親御さんが東京へと出してくれた。洗足学園大学を卒業してプロの道へ進むこととなる。第六五回日本音楽コンクールと、第一三回日本管打楽器コンクールそれぞれのトランペット部門で第一位に輝く。一九九六年、新星日本交響楽団（のちに東京フィルハーモニー交響楽団と合併）に入団し、その三年後の一九九九年には、東京都交響楽団の首席トランペット奏者に就任した。都響の顔の一人であり、ソリストやブラスアンサンブルなどでも活躍。日本のトランペット界を牽引し続けている。

都響のコンサートも中止が続き、あらゆる音楽活動が途切れていたが、五月になってからは母校の大学などでの学生へのレッスンがリモートながら始まったという。午前中は今後ブラスアンサンブルなどで演奏予定の曲のアレンジをしたりして過ごし、午後はリモートレッスンの時間にあてている。それなりに自分のスケジュールが埋まってきている感じもあるようだ。

外出自粛の中、高橋は意外な「演奏活動」のことを教えてくれた。

「山形にすごく歴史の古い、清源寺さんというお寺があるんですけども、そこで毎年コンサートをやっているんですね。そのコンサートのお礼に、いつも山形の名産品、素晴らしいお米とかをいただくんです。ただ、今回はこんな状態なのでコンサートはやってないんだけども、お元気ですかと、先日つや姫が届きまして。

でもコンサートもやってないのに、ただいただくのも悪いなと思ってですね。

それで、この部屋で、ポップスの曲を何曲か演奏したビデオを作って、お礼に送ったりしました。自分らしいお礼かなと思って作ってみたんですけどね、喜んでいただけて良かったなと思っています。やっぱり、演奏すること以外はできないので」

観客を前にしてのコンサートは、かれこれ二ヵ月半もできていない。小学校時代の吹奏楽のときですら、そんなことはなかったという。最初はこれほど長引くことになるとは予想だにしていなかった。

ひたすら自宅で過ごす日々について、こんなエピソードも話してくれた。

「三月に初めてもう何もなくなってしまって、練習しようと思っても目標がないですよね。だからモチベーションが上がらなくて、しばらく楽器のケースすら開けない日々が続きました。でも、このままダラダラしてるだけじゃいけないと思って、この状態を何とか打破しようと、家の掃除とか、片付けとかしたりもしました。そのうち、やっぱり楽しめるものが何かないかなと思って、ふと思いついたのが、小学校のときによくプラモデルを作ってたんですけど、いろいろインターネットでも調べてみると、今のプラモデル、すごく精巧で面白そうだなと思って、一、二個Amazonで買ってみたんです。そしたらのめり込んじゃいまして。

家族が部屋から一〇時間出てこないんで心配したっていうぐらい。あっという間に二つ買ったものは作り終わってしまって、じゃあもう少し休みがあるなら作ってみようと。どんどん増えていきまして、今は二十数体あります」

高橋が、うれしそうにプラモデルをカメラの前に突き出す。

ガンダムだ。よく見ると、細かい作業がされている。

「塗装とか、いわゆるウェザリングっていって、汚しを入れたりとか、いろいろやってます。例えば、この膝のあたりとか、わかりますか？　錆《さび》みたいに、汚しを加えたりしています」

それを見ていたディレクターの松村が気づいた。プラモデルの目が、光っているではないか。

「はい。これも光るように改造しました。中にLEDの電球を入れて」

凝り性なのだ。

「（一人あたり一〇万円支給されるという）給付金が全部こっちに流れてるんじゃないかって家族から

も言われたりしてます。給付金はまだいただいてないですけどね（笑）」

　高橋の話を聞いていると、悲観的にはならず、今の状況を受け入れて明るく過ごしているような印象がある。

「もちろん不安や心配はあります。

　やっぱり気持ちの奥底では明るくないですけどね、今のこの状況って考えると、とても笑ってはいられない。ですけれども、やっぱり前を向いて、性格の問題かな、あまり深く考えないのかもしれないですけど、今できることは何かって、いつも考えて生活しています」

　よくよく話を聞いていくうち、諦観したような言葉が出てきた。

「楽しみが、なかなか今は考えられないですね。いつこの状況から解放されるのかっていうのがわからないので。それこそ毎日とは言いませんけど、毎週のように先のコンサートがどんどん中止になっていくので。

　つい数日前にもそういう連絡が来まして。それこそ音楽祭みたいな大きなものだと、そこでしか会えない友達とか演奏仲間もいっぱいいるので、今年はそれまでにはコロナが終息して、みんなと会うことをすごく楽しみにしてたんですけども、それが叶わないということもわかって。そうですね、明るい未来はまだ遠い感じですね」

　高橋は、「ひたすら待つしかない」とも語った。

「自分で何をしようと思っても結局、受け入れてもらえない状況ではどうしようもないですから。相手がいないと音楽は成り立たないので、もうひたすらそのときを待つっていう感じです」

さらに高橋は、コンサートが再開されたときのことも、大いに気にかけていた。

「コンサートというのは、基本的には一つの密室ですよね。密室に、しかも二時間ほど二〇〇〇人以上の人たちが集まるわけですから、緊急事態宣言が解除されてもすぐには前と同じようなわけにはいかないですよね。きっと、そう。その心配はいつも感じています。

高橋敦（東京都交響楽団 首席トランペット奏者）

コンサートが再開されたとしても、コロナに対するリスクや脅威はゼロにはならないと思っているので、それをどういうふうにすれば観客の皆さんが安心して演奏会場に足を運んでくださるかということをしっかり考えたいと思います。我々もそうですけど、やっぱり音楽は安心して聴きたいと思うので、そういった環境づくりがこれからはすごく必要になってくるのかなと思っていますね」
そのためにも、今はしっかり練習をすることなのだ、とも語る。
「個人の力を下げないようにするというのは最低限で、ただやっぱり合奏の感覚とか、これはもう二ヵ月も一緒にやってないので、何かしら落ちているんじゃないかと自分では感じてますね、わからないですけども。
すぐに今まで通りの感覚が戻ってくるものなのか、しばらく一ヵ月とか二ヵ月ぐらい時間がかかるのか、今までの人生の中で経験したことないですから、そこはやっぱりちょっと始まってみないとわからないことではあるんですけど」

今は力を落とさないように、基礎的な練習をしっかりやって、来るべきときに備える。とにかくそれが大事なのだ。そしてそれは高橋の、オーケストラに対する絶対的な信頼があるからだ。

「合奏、アンサンブルっていうのは結局一人じゃ成り立たないわけです、当たり前ですけど。やっぱり一人の演奏よりも二人、三人、もしくは人数が増えることによって、より輝きを増しますし、より幅も広がりますし、魅力も増しますね。

やっぱりアンサンブルの楽しみっていうのがずっと体に染み込んでるので。

だからきっとですけども、再開できて、みんなと久しぶりに顔を合わせて一緒に音楽ができたときに、たぶん幸せだなと思う、思えるんじゃないかなと思ってます。

もしかしたら不幸中の幸いじゃないですけども、こういった苦境に置かれて、だからこそ、音楽ができるという幸せをあらためて感じることができるのかな。

その幸せとか喜びを、今、音楽会に行けなくてすごく残念な思いをされている方がたくさんおられると思うので、オーケストラが再開できたときに、今まで以上にやっぱり音楽っていいな、オーケストラっていいなって思っていただきたいと思いますね」

希望を込めた、孤独の音楽。そのために高橋が選んだのは、「春の日の花と輝く」という邦題のつけられた歌だった。

アイルランドの国民的詩人として知られるトーマス・ムーアが、今から二〇〇年ほど前、ある民謡に詩を付けた名曲である。「Believe me, if all those endearing young charms」というタイトルがついていて、詩には「大切な貴方を、私はいつまでも愛し続ける」という意味が込められている。日本では堀内敬三が訳した詩で知られていて、広く卒業のときに歌われてきた。アメリカのハーバード大学ではまた別の詩がつけられ、学位授与式で歌われるのが伝統になっている。耳にしたことのある人も多いはずだ。


自宅の練習室で、トランペットを構える。

やがて、やわらかな音が生まれる。

なんとも郷愁を誘うメロディー。

高橋の音はやわらかいのに、強い。

決然と吹いている。

切なくもあるけれど、前を向いて進もうという気持ちが湧いてくるようだった。

今の状況を、ありのままに受け入れることが、その先にある次の未来を紡ぎ出していく。それが、希望なのではないか。高橋の孤独の音楽は、そんなふうにも聴こえた。


演奏を終えた高橋は、汗をかいていた。

「久しぶりに、カメラ越しですけど、お客さんの前で演奏しているような緊張感がありました。ここ数ヵ月演奏してなかったんで、こんなに汗をかいて、すがすがしい感じです。それが視聴者の方にも伝わることを願っています」

このあと、高橋はマーラーの交響曲第三番ニ短調の一節も吹いている。それはまたのちにご紹介したい。

11 読売日本交響楽団 首席ホルン奏者 日橋辰朗

まさか、音楽以外のトレーニングをしている話が出てくるとは思わなかった。

「僕、もともと趣味が野球で、草野球やってるので、今、コロナの影響で公園の野球場が借りられないので、家の前の壁を使ってちょっと壁当てしてみたりとかしています」

野球の自主トレというわけだ。けっこう本格的に草野球をやっていたという。

「音大の仲間たちと野球チームを作って、もう一〇年以上経つんですけど、月に二回ぐらいやってました。もうその時間がストレス解消の唯一の場所だったんで」

月に二回とは、かなりアクティブで、本気モードだ。

「音楽家はずっと座って演奏してるので、体を動かしたくなる人も多いと思います。野球やることでバランスを保っていたので、コロナでそれがなくなったのはかなりストレスですよね」

日橋辰朗は三二歳の若さで、読売日本交響楽団の首席ホルン奏者を務めている。

日橋がホルンを始めたのにも野球が関係している。野球少年だった日橋は、西武ライオンズのファン。応援に通っていた西武ドームで応援団が演奏するトランペットを聴いて、いいな、と思ったのがきっかけだという。中学校に入るとさっそく吹奏楽部へ。そこでホルンと出会った。もう二〇年になるという。

中学・高校と吹奏楽に没頭した日橋は、東京音楽大学へ進学。第二六回日本管打楽器コンクール、さらに第八〇回日本音楽コンクールのそれぞれで、ホルン部門の第一位に輝いた。日本フィルハーモニー交響楽団の首席ホルン奏者を務めたのち、二〇一五年から読響の首席奏者として活動している。オーケストラ以外にもソリストや室内楽などでも活躍している。

日橋は一軒家を新築したばかりである。他の音楽家同様、これまではコンサートの連続で多忙な日々を送ってきたが、演奏会の中止、外出自粛によって、図らずもその新築の我が家から外に出ず、一日中ずっと過ごす毎日になった。

「時間ができたっていうわけではないんですけど、仕事以外はやっぱり子どもと一緒にいる時間がかなりウエートを占めてますね。練習以外はもうずっと子どもと遊んでるっていう感じです」

日橋は四人家族だ。子どもの話になると、ただでさえ柔和な顔がさらににこやかになる。

「はい、四歳と一歳で男の子二人です。やんちゃ盛りで。楽しいです」

一日のスケジュールを聞いてみた。

「朝、起きて、朝ご飯食べて、午前中に一回練習して、昼ご飯を食べて、子どもと遊ぶか、また練習させてもらうか。その日の一日の雰囲気によって変わるんですけど。今、仕事がないので意識的に長く練習をさせてもらっています。

家族に協力してもらって練習できる時間を確保させてもらって、五～六時間ですかね。午前中と午後に一回ずつ吹ければいいかなっていう感じで」

練習を「する」のではなく、「させてもらっている」と答えるのが印象に残る。コロナ禍の在宅勤務とは、こういう感覚なのだ。

ただ、一日五〜六時間の練習というのは、これまで聞いてきた音楽家たちの中でも多い部類だ。

「やっぱり吹いてないと口回りの筋肉とか衰えてくるのが怖いので、意識的に、もう無理ってぐらいまで毎日、吹くようにはしてます。

今はコロナでたくさんコンサートが中止になっていますので、もう何に向けて練習したらいいのかちょっとわからないので、ひたすら昔やってたエチュードとかを引っ張り出してきて、基礎練習やったりとか。ただ、人の前で吹けないっていうのがちょっと、ストレスにはなりますね」

一方で子育ての時間が増えたことで、得たことも多かったという。

「やっぱり今まで子どもとここまでずっと一緒にいることはなかったので、単純に一緒にいる時間が長くて幸せだなって思うこともあります。特に下の子は一歳なので、日に日に言葉が増えてきたりとか、成長が一日単位でわかるのがすごいうれしいですね」

そうした嬉しさとは裏腹に、不安の言葉も語り始めた。

コンサートの中止が初めて決まったとき、日橋は最初「一、二週間で終わるかな」と楽観視していたという。だが、どんどん中止が増えていく中で、今では、まだ中止が決定していない演奏会も「どうせないんだろうな」という気持ちになっているという。あきらめと不安が交錯しているのだ。

「今までずっと人前で演奏をすることが当たり前だったんですけど、いざそうした機会がなくなってみると、最初の一〜二週間かな、子どもと遊んでいても、イライラしてくることが、多くなってきたんですよね。そんなこと、今まで全然なかったんですけど」

その苦しい気持ちを救ってくれたのは、音楽だった。

「それで、うち、奥さんがピアノなんですけど、一回ちょっと一緒に演奏しようよ、って言って実際にやってみたらすごい楽しくて、「あ、音楽の力ってこういうことだったんだな」って」

コロナ禍での鬱屈した心が、妻と奏でる音楽でほどけていったのだった。音楽の力を、音楽家である日橋があらためて見出したのである。

そして夫婦での演奏は、これまでやってきたオーケストラの仕事の意味を考えるきっかけも与えてくれた。

「それまでは家で奥さんとクラシック音楽をやったり、一緒に演奏したり聴いたりっていうのはほとんどなかったんですけど、実際に子どもの前で一緒に演奏してみて、「この感覚、忘れてたな」っていうのがすごいあって、コンサートがなくなってみて、あらためて気づいたというか」

そんな夫婦の演奏を聴く贅沢を味わった観客は、二人の子どもたちだった。

「観客っていうか、わあわあ遊んでただけなんですけど、子どもは」

日橋はそのときの体験がとにかく楽しかったのだという。

「音楽は、もともと、なくても生きてはいけるものなんですよね。だから、絶対に必要なものっていうふうに言われたらちょっと、そうではないかもしれない。

でも、音楽があることによって、人が幸せになったり楽し

日橋辰朗（読売日本交響楽団 首席ホルン奏者）

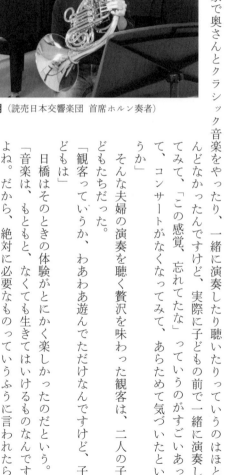

くなったりして、それで世界が変わるんだったら、音楽の役目はやっぱり素晴らしいものなんだなと思いますね」

最後に、日橋はこんなことを話した。

「今、中学生、高校生も教えているんですけれど、吹奏楽コンクールっていうのは一年でいちばん大きいイベントというか、それに向けて頑張っている学校も多いので、なくなってしまうとかわいそうですよね。

僕は吹奏楽で育って音大に入ったので。みんなの無念さが、身に染みてわかります。早く元に戻ってほしいですよね」

コロナの感染拡大は、中学校や高校の部活動にもさまざまな影響を及ぼしている。高校野球の中止などは大きく報道されるが、あらゆる部活動が似たような状況にある。毎年夏に行われる吹奏楽コンクールも、中止が決まっていた。

希望を込めて演奏する「孤独の音楽」。日橋が選んだ曲は、ワーグナーの「ジークフリートの牧歌」だった。

この曲は、ワーグナーが妻のコジマの誕生日を祝うために作曲し、ひそかに腕の良い音楽家を集めて練習させ、誕生日当日の朝、寝室の脇にある階段でサプライズの演奏を披露してコジマをいたく感激させた、というエピソードが伝わっている。前年に息子ジークフリートを産んでくれた感謝の意味も込められているという。

日橋はこのエピソードが大好きなのだそうだ。そして、自分自身の妻への思いを込め、選んだ。

「奥さんには感謝しないといけないので。毎日、大変な思いをしているので。子どももやんちゃですし」


グランドピアノが置かれた練習室。

ジーンズ姿の日橋が、やわらかく吹き始める。

朝顔の花のようなホルンのベルから、あたたかい音色が生まれてくる。

明るく、のびやかだ。

愛する人への思いがあふれる、美しい音楽だった。

ホルンを吹き終わって、唇からマウスピースを離した直後に、日橋がニコッと笑った横顔が、強く印象に残った。

日橋にとって希望というのは、まさに家族そのもののことなのだ、そう感じた。


演奏を終えた後、こんなふうに話してくれた。

「人に聴いていただくものを演奏するっていうのが久しぶりの感覚だったので、ちょっと不思議な感じというか、懐かしい感じと、久しぶりに緊張しましたね。

今は皆さん家にずっと閉じこもっていると思うので、この牧歌が持っている、自然の豊かな田園風景のような明るいイメージが視聴者の方にも届いたらいいなと思いながら吹きました。

それと、やっぱりホルンはハーモニーの楽器で、今日は一本だけの演奏でしたけれど、本当ならほかの楽器と、または複数のホルンで吹いてハーモニーを演奏するのが醍醐味《だいごみ》なので、人と一緒に演奏したいなととても思いました。その思いがいっそう強くなりましたね」

12 東京フィルハーモニー交響楽団 首席フルート奏者 神田勇哉

13 NHK交響楽団 フルート奏者 梶川真歩

音楽家の結婚相手もまた音楽家だった、というケースはままあるようだ。ここまで登場した中にも、夫婦で音楽家、という人たちが何人もいた。いわば職場結婚のようなものなのかもしれない。コロナ禍で、都響のコンマス矢部は、声楽家の妻とはなるべく音楽の話をしないようにしていたというし、読響の首席ホルン奏者日橋は、妻のピアノと一緒に演奏することで音楽の力を確信することができた。

では、夫婦が同じ楽器の奏者だったらどうなのだろう。そして、外出自粛のさなか、同じ楽器の奏者同士はどう過ごしていたのだろうか。

これから登場する二人は、ともにフルート奏者の夫婦である。

まず、夫のほうから話を聞いてみよう。

東京フィルハーモニー交響楽団で首席フルート奏者を務める、神田勇哉だ。


「オーケストラや自分の関係するコンサートは全部なくなりましたので、家にいて、ひたすら待機する日々です。

特にやることもないので、朝起きてゆっくりして、ずっとごろごろして、パソコンやスマホでネットを見たりなんかしてます。午後になると、私、今年から音楽大学の先生を始めまして、そのレッスンを集中してやるんです。レッスンに生徒さんの持ってくる曲目が、私が大学時代または高校時代に練習した曲だったりすると、これ久しぶりだなと思って、それをあらためて自分の今の音楽観で練習し直して、それで一人でいる時間を過ごしたりなんかしています」

言葉を一つ一つ丁寧に、明瞭に語る神田。ふだん自らYouTubeで演奏の動画配信をしているせいか、カメラの前ではっきりしゃべることに慣れているのだろう。

「一人でこもって練習するっていうのは、やっぱり上達に限界がありますので、一緒に仲間と演奏する、または仲間からアドバイスされる、そしていちばんは、お客さまの前で演奏する、こういう過程を経て私たちは毎日勉強させていただいているんですけれども、それがまったく抜け落ちてしまうので、自分の中でぐるぐると同じことを繰り返すだけになってしまいますね。

芸術全部がそうだと思うんですけれども、自分が正しいと思っても人にとってはまったく正しくないっていうことはいくらでもある。正解は何かというと、正解はないんですけれども、やはり自分だけの頭で考えたものはとても世界が狭いので、それを広げるためにいろんな経験をして、毎日を過ごしていくのが理想です。でも、今はそれが画面、パソコンやテレビを通したものでしか刺激を得ることができないので、そうすると同じことをぐるぐるやってるだけで、新たな刺激っていうものがなかなか見つからないですね」

外に出られないことで、自身の音楽の向上が閉ざされてしまっている、そうした危機感がにじむ。ただそのことを、神田はどこか淡々と割り切って受け止めているようにも感じられる。この孤独な状態をどう思っているのだろう。

「私たちオーケストラ奏者は会社員というよりは個人事業主なんですね。だから、こういう騒動が起きる前は、例えば三六五日スケジュール帳があったら、三六五日埋めるようにして過ごしていました。忙しくしようと思えばいくらでも予定が入ってしまうので、逆に今のように、入れたくても入れられない、ぽっかり空くっていうことは自分にとって、人生において大事な時間なんじゃないかと思います。

それで、フルートで過去のレパートリーを引っ張り出してきたり、新しいものをやったりとか、楽器を吹くっていうことだけではありますけれども、新しいことにチャレンジする時間だと思っています」

楽器さえあれば、音楽は何とかなる。楽器があることが神田のよりどころなのだろう。実際神田は、テレビを見ていても携帯を触っていても人と話していても、常に音楽のこと、フルートのことを考えているのだという。状況をつらいと考えるより、とにかくフルートと向き合うことに真摯なのである。

ただ、神田にも一つ、悩みがあった。

「私の奥さんも同じ職業ですので、練習できる部屋を共有しなきゃいけないので、今、楽器を吹きたいなと思っても、いつでも自由に吹けるってわけにはいかない。そこが悩みの種ですね」

ここからは、神田の妻・梶川真歩にご登場いただこう。梶川はNHK交響楽団のフルート奏者だ。夫婦揃って、日本のオーケストラで活躍するフルーティストなのである。

「たぶん音楽家の皆さんそうだと思うんですが、練習室がある物件自体限られてますし、練習できるお部屋っていうのはすごく貴重なんですが、やっぱり家族の中に複数人その部屋が必要な人がいるというのは、一人だけ演奏者がいる家庭よりもちょっと大変なところかなとは思います」

音楽家は家で音を出さなければいけない。周囲に迷惑がかからないように、防音をどうするかは大いなる悩みである。

神田と梶川は、音楽家向けに作られた、防音設備が施されたマンションに住んでいる。防音室で練習すれば外への音の漏れは防げても、二人ともに演奏したい場合はどうしても難しい状況が発生してしまう。

でも、神田家の場合は、そもそも二人ともフルート奏者として以前から活躍していたのだから、うまく練習室をやりくりしていたのではないか。梶川が説明する。

「今までは、二人とも家の中でずっと一日中過ごすっていうことはなかなかなかったので。私がオーケストラの職場で仕事の時間に、彼がおうちで練習したり、彼がお仕事行ってる間に私がおうちにいて練習したり、時間がずれていたので可能だったところがあります。二人でずっとおうちで仕事しないといけないとなると、結構大変ですね」

互いが多忙を極めてきた中では、案外うまく棲み分けができていた、ということだったのだ。今はどうやって解決しているのだろう。

思いがけない答えが梶川から返ってきた。

「前は押し入れというか、ウォークインクローゼットで旦那さんが練習してたんですけど、ずっとそうしてもらうわけにはいかないので」

衝撃の事実だ。妻とかち合わないよう、ウォークインクローゼットで練習させられていた神田は、

神田勇哉（東京フィルハーモニー交響楽団 首席フルート奏者）

こともなげに答える。

「楽器本来の響きはもちろん大事ですけれども、でも実際には、合奏する曲を練習することが多いので、イヤホンを着けて、音楽を流しながら練習していると、ほかのことはあんまり気にならない。ですので、狭いところでも僕は大丈夫です」

そもそも家で一緒に演奏することもまったくない。お互いの時間を見ながら、数時間ずつうまくシェアして練習しているのだという。

梶川が言う。

「もともと楽器の習得っていうのは常に一人の戦いで、自分の技術を向上させるために自分と戦っていく作業をすることなので、部屋でずっと一人で練習しててくださいって言われれば、何時間でも何日でも何ヵ月でも一人で練習していられる。だから、何とかやっていけているんだと思いますね。楽器をやっていてよかったなと思います」

音楽家は孤独に強い。そうも語ってくれた。

神田勇哉は、長野県生まれ。小学校二年生でフルートをはじめた。東京藝術大学を首席で卒業後、フランスのパリ国立地方音楽院やパリ・エコールノルマル音楽院で研鑽を積んだ。コンクールでの優勝・入賞もコンクール・ジュヌフルーティスト（フランス）で優勝するなど多数。東京シティ・フィルの首席フルート奏者を経て、二〇一五年から東京フィルハーモニー交響楽団の首席奏者を務めている。

一方の梶川真歩は愛知県生まれ。彼女も東京藝術大学を卒業後にフランスに渡り、神田と同じくパリ国立地方音楽院とパリ・エコールノルマル音楽院へ留学。これもまた神田と同じく、コンクール・ジュヌフルーティストで第一位になっている。翌年にはピッコロ部門でも二位に。他にもコンクールの入賞がたくさんある。そして今はNHK交響楽団のフルート奏者として活躍中だ。演奏中にはピッコロを担当することも多い。

梶川真歩（NHK交響楽団 フルート奏者）

二人ともフランスで学んでいるから、「人は人」というのが強くて、コロナで一緒にいる時間が長くても、お互い干渉しない、ということかもしれない、と神田は言う。

「今のところは二人で干渉し過ぎないように、家の中でも別行動してます。ご飯を食べるときだけ一緒」

梶川も続ける。

「話もびっくりするぐらいしないですね。意外とおうちでやることが多くて、本当に朝起きて夜寝るまで、二人とも淡々とそれぞれのことをしていて、でもそうやってお互いに集中することがあるので、二人とも干渉し過ぎることもなく淡々とやってます」

フルートの時間以外は、神田はローストビーフを作ったり、梶川はＤＩＹに熱中したりと、やっぱりここでも不干渉なのだ。

とはいえ、不安や心配な気持ちをお互い話したりすることもある。神田は言う。

「それぞれのオーケストラからいろんな事務的な通達が来たりなんかしたときは、どんどん先々のコンサートがなくなっていく上で不安っていうのがありました。

でも世の中を見渡してみると、例えば危険な場所で不眠不休で頑張っておられる医療関係者の方々ですとか、お客さんが来なくなってしまった外食店のように、食材が腐ったり、融資が焦げついたりなんていう、じっとしてるだけで赤字がどんどん膨らむような職種の方と比べれば、私たちはとにかくじっとしていれば安全なわけです。とにかく家でおとなしくして、終息するのを祈る。それしかできないな、なんてことは話します」

梶川もうなずきつつ、一〇年前の東日本大震災のときの経験を思い出しながら話してくれた。

「お仕事がキャンセルになったりですとか、活動自体ができなくなるっていうことは、震災のときにすでに体験してるんですが、そのときは他の場所に移動すれば良かったりとか、違うことをする選択肢がもう少し多かったと思うんです。でも今はもう、とにかく日本全国、世界中どこに行っても活動ができない状態なので、だから今、家の中でできることで、本当にいちばん生産的なことは何かって考えると、私たちはやっぱり腕を磨くしかない。

私たちが活動をすることによって、どうしても人が集まる状況を作り出してしまう。だから、私たちは今はとにかく我慢するしかないんですよね。

でも、震災のときもそうでしたけれども、コロナ禍が終わって人が元気になってきたときに、音楽がまた必要になってくると思うので、そのときのために今ある時間を使って練習して、力を蓄えておくっていうのが今できる最善のことだと思っています」

音楽が必要になるときが必ず来るはず、梶川はそれを、演奏者としてだけでなく、観客の立場としても語った。

「私は自分で音楽を演奏するのも好きなんですけど、人の演奏を聴くのもとても好きです。音楽を提供する側は、仕事でやっているからプライベートではあんまり音楽は聴きたくないという人も多くて、案外演奏家のほうが音楽の大切さっていうことに関してはドライなのかもしれないとも思うんですが、私は自分としては聴きたい側の気持ちも結構わかるのではないかと思っています。だから、必ず音楽が必要になるときが来ると考えています。

人は気晴らしをしたいとき、つらいときはやっぱり趣味のことで癒やされます。それが音楽であったり、映画であったり、テレビであったり、バレエであったり、いろんなジャンルがあると思うんですが、音楽を必要としている人たちがいるということは、絶対音楽がなくならないということなんです。私自身がそうですし」

家では一緒に演奏することはない、という神田・梶川夫妻が、番組のために、二人で一曲を披露してくれることになった。

グルックが作曲した「精霊の踊り」だ。

オペラ「オルフェオとエウリディーチェ」の中の一曲で、フルートソロの名曲である。神田が二本のフルートで吹くために自ら編曲したバージョンだ。

この曲を選んだ理由には、オペラのストーリーが密接にかかわっていた。

愛するエウリディーチェを失ったオルフェオが悲しみに暮れているのを知った神々は、オルフェオに、黄泉《よみ》の国へと向かいエウリディーチェを連れ帰ることを許す。ただし、その道中、彼女の顔を決して振り返って見ないように、というのが条件だった。だが、オルフェオは約束を破ってしまい、そのとたんエウリディーチェを失ってしまう。

今、緊急事態宣言で外へ出かけることが許されない。そうした、どうしても守らなくてはならないことと向き合わなくてはならない世の中の状況が、このオペラととてもシンクロしているのではないか。神田はそう思い、この曲を選んだのだという。


壁やカーテンやソファが白で統一された部屋に、アップライトピアノの黒だけが締まって見える。その前で、神田と梶川が、フルートを構える。

神田に、梶川がちらりと目をやる。

そして、神田の動きに合わせ、二人の演奏がスタートした。

どことなくもの悲しさのあるメロディー。

最初は神田がメロディーを吹いているが、いつの間にか梶川にバトンタッチされている。

そしてメロディーはほのかに明るくもなり、悲しみもたたえながらも、それでも後ろを向かずに、前へと進もうとする。

みなが支え合っていく、これからの未来を想像する。

演奏を終え、フルートを下すと、二人はそっと目を合わせ、うなずき合った。

梶川は演奏後、こう語った。

「今日は朝からちょっと緊張してるような感じっていうんですかね。ぴりっとした本番の感触を久しぶりに味わって、すごく楽しかったです」

神田もそうだった。

「今日は久しぶりにぴっとスイッチが入りました。この数ヵ月、家でじっとしていましたけれども、演奏が始まった途端に本当に一〇〇%集中できるということは、やっぱり楽器演奏しか自分にはないんだなと思いました。

それに、リモートもいいのですが、こうして対面でアンサンブルをやってみると、演奏している以外に何か、言葉に表せないんですけど、心の中でつながっているものがある、そういうものをあらためて確認しました」

最後に、今思うことはなにか、二人に尋ねてみた。

神田の答えはこうだった。

「例えばコロナにしても、東日本大震災にしても、それ以外にも、つらいことや悲しいことや、一方で楽しいことも、いくらでも経験すると思うんですね。そうしたときに、その起こった出来事をぜひ、忘れないように心の中にしまっておけば、必ずいずれ、感情に合った音楽が見つかって、心の奥深くまで、響いてくることがあると思います」

梶川も、今の経験と向き合うことの大切さを語ってくれた。

「つらいときは、つらいって思って聴く音楽があってもいいんじゃないかなって思います。あんまり頑張らずに、私は今の状況を、音楽のためにも受け入れていきたいと思っています」

14

東京シティ・フィルハーモニック管弦楽団　副首席ファゴット奏者　石井野乃香

「これは豚肉とタマネギとモヤシのポン酢炒め。でも結構簡単です。

あと、これは、小松菜となんかの煮浸し」

タブレットをスライドさせながら、これまで挑戦してきた料理の写真を見せてくれた。石井は最近、料理を始めたのだという。

「こんな感じで、初心者で。フレンチトーストとか。

これはサバの味噌煮です。でも塩サバを買ってしまったので、ちょっとしょっぱかった」

自分でも失敗が面白いのか、笑みが少しこぼれる。

次はシチューだ。

「これシチューなんですけど、ブロッコリーも煮込み過ぎて粉々で」

たしかにニンジンしか見えない。

「これはマグロの漬け丼。

これは牛肉とトマトの、なんか炒めたやつ」

外出自粛の期間、これまでオーケストラの活動でなかなか家にいることのなかった石井は、料理を頑張ることにしたのだった。

「今までは本当、卵料理しかできないって感じだったんで。外出自粛になって、今は家族で日ごとに当番制でやってて。今日も当番です」

何を作るのか聞いてみると、

「え？　まだ全然考えてないいんですけど。

この前、豆腐ハンバーグを作ったんですけど、今日も母からそれが食べたいと言われたので、豆腐ハンバーグ作るかなと思います」

好評なんですね、というと、

「意外と」

とはにかむ。

「でも私以外、家族全員、料理が上手なので。頑張ります」

石井野乃香は、「孤独のアンサンブル」に参加してくれた音楽家の中の最若手である。

ファゴットは、一二歳で始めた。吹奏楽部に入り、クラリネットかなにかをやりたいと思っていたら、顧問の先生から、自分の知らない楽器をやるようにと言われてしまったのだという。それがファゴットとの出会いだった。

「その日はもう嫌で、すごい嫌で泣いてましたけど。でも始めて一週間ぐらいで結構好きになって」

ファゴットの魅力に取りつかれた石井はその後、東京藝術大学に入学。二〇一八年に東京シティ・フィルハーモニック管弦楽団に入団。ファゴットの副首席奏者を務めている。

「ファゴットはいろんな表情を持ってて、ひょうきんな一面から、とっても哀愁のある音色だって表現できるし、音域も三オクターブ以上と広いので、伴奏に回ったりすることも多いし、あとはオーケストラの中だといろんな作曲家がいいソロを書いてくれているので、とても魅力的な楽器だなと思います」

石井は両親と妹、家族四人で暮らしている。実家暮らしだ。練習をするのは、石井の部屋。防音室ではないので、練習は夜八時半ぐらいまでに済ませているそうだ。
「最近は、散歩に行って練習はもうしないという日もあるし、三〜四時間練習する日もあるし、という感じ。あとはリードを作ったり、料理をしたり、あと体力が落ちないように踊ったりしてます」

どうやら妹と一緒に、YouTubeでダイエット動画を見ながら踊っているらしい。

石井野乃香（東京シティ・フィルハーモニック管弦楽団 副首席ファゴット奏者）

練習はというと、基礎練習だったり、オーケストラの中で出てくるファゴットソロや難しい部分を抜粋した教材をさらっているという。
「やっぱりオーケストラは早くやりたいですけど、クラシック音楽は作曲家がいて聴いている人がいて、その間にいるのが演奏家かなと思うので、作曲家のメッセージを生き返らせて聴衆の皆さんにそれを伝えるために勉強しなきゃいけないし、自分の引き出しを増やしていかないといけないので、そういうことを意識しながらふだんから練習するようにしてますね」

今このように孤独に練習を続けるしかない状況を、石井はどう感じているのだろうか。

「いつまで続くのかというのは本当に不安ですけど、今はまだ、そのうちまたできるようになるんだろうと思ってます。ただ、実際考え始めると落ち込みます。

でも、音楽家だけが大変なのではないので、耐えるしかないかなとは思いますけれど」

耐えるしかない。——ここまではなんとなく若者らしい楽し気な感じに見えていたが、実のところは努めて楽しくふるまっていたのかもしれない。

「東京シティ・フィルでも今、応援募金を立ち上げていて、多くのご協力をいただいていると聞いているので本当に感謝しています。シティ・フィルのお客さんのあたたかさは舞台にいても伝わってくるので、私はシティ・フィルのお客さんが大好きです。だから、また早く素敵な時間を一緒に過ごしたいなと思いますね」

そのコンサート活動をしばらくできない状態が続く。今のこうした状況の中で、音楽とはいったいどういう存在だと感じているのだろうか。

「音楽は、自分にとっては生きる活力になっているものなんですけど、人によっては、それがたぶんスポーツだったり、おいしいものを食べることだったり、映画を観ることだったり、さまざまだと思うので、その一つとして、自分にできることとして精いっぱいやりたいと思っています。

私にとっては落ち込むこともだいたい音楽のことが多いですし、でも明日からも頑張ろうと思えるのも音楽のおかげだったことが多いので、本当に音楽に力をもらっていると感じます」

音楽に力をもらってきたという石井。コロナが終息してコンサートを再開できる日が来たら、その日はどんな演奏ができるだろうか。

「どんな演奏だろう。いや、まず私はもうみんなに会えただけでも喜びが爆発するんじゃないかって思います。

もともとのんびりした性格で、今、家にいて勉強して練習して、他のことも含めて自分のペースでしていて、そこまで苦でもないんですけど、緊張感もないし幸福感もないので、やっぱり早くみんなに会いたいし、早くオーケストラもやりたいです。

オーケストラ、大好きなので。オーケストラで吹いているときは本当に幸せだなと思います」

石井は、今年はヨーロッパへ行ってファゴットの先生を探してレッスンを受けようと考えていた。将来の留学のためだ。

そのためにドイツ語の勉強も始めた。ヨーロッパで発展してきたクラシック音楽を感覚的に理解するのには語学が大事だというのもある。だが、コロナ禍は石井の留学の夢も先延ばしにしたのだ。

希望を込めた「孤独の音楽」として石井が選んだのは、チャイコフスキーだった。石井の大好きな作曲家だ。

ちょうど前年に、東京シティ・フィルでロシア公演に行った際、街の楽譜屋でたまたま見つけたのが、チャイコフスキーの「ノクターン」だったという。もともとピアノ用に書かれた小品集（op.19）の中の曲なのだが、それをファゴット用にアレンジした楽譜だったという。

「見つけたときはうれしかったです。即購入しました。今日やっと演奏する機会ができました」

本当はピアノ伴奏が入るのだが、今日は無伴奏で演奏する。

外から光がこぼれてくる、石井の部屋。

壁側の茶色いアップライトのピアノの上にはぬいぐるみが四個。

反対側の机の上には、ファゴットのリードを作るための道具が並べられている。

その前に立ち、長いファゴットを持った石井が、カメラの前で深々と頭を下げた。

そして、一気に大きく息を吸い込み、吹き始めた。

哀し気なメロディーが立ち上る。

ファゴットの音色が、その哀しみをさらにかきたてていく。

だが一方で、美しくもある。

希望は、哀しみや切なさの先に見いだせるはず。

石井の思いが込められた、心に染みるチャイコフスキーだ。

やがて、目をつぶりながら、石井の吹く息が止まった。

静けさがずっと残っていくような、終わり方だった。


吹き終わった直後、真っ先に石井から発せられた言葉は、重かった。

「やっぱり一人だと寂しいです。はい」

他の音楽家たちが感じてきたような、久しぶりに演奏できた充実感やうれしさ、欠かせない緊張感、そういったものではなく、石井がとにかくいちばん最初に感じたことは「寂しさ」だった。

「演奏中に思い浮かんだこと。いろいろあるんですけど、今までお客さんの前でオーケストラのみんなと演奏できたのはすごい幸せなことなんだなと思いました。一人で吹いてみて、それをあらためて、思いました」

それでも最後に、こんなことを語ってくれた。

「音楽家として、私なんて本当にまだまだなんですけど、でも一人でも、今日の音楽を聴いて癒やされる人がいたらうれしいなと思います」

若きファゴット奏者・石井の、チャイコフスキーを通じての切なる願いだった。

15 日本フィルハーモニー交響楽団 ソロ・チェロ奏者 菊地知也

これが、チェロを始めてもう半世紀、五〇年にもなろうというベテランの、余裕とも言うべきものなのだろうか。

「演奏会がなくなったのが三月の最初で、もう結構な時間が経ちます。その間ほとんど家で過ごしてますけれども、意外にやることがあって飽きることがないというか、いろんなことができています」

具体的にはどんなことなのだろう。

「もちろんまずは掃除ですね、家の片付け、いろんなものを片付けました。

自分は料理ができないので、本当は料理を勉強しなきゃいけないんですけれども、そこはまだできていません。もうちょっと頑張んなきゃいけないと思っています」

ふだんは、料理は妻にまかせっぱなしの菊地である。だが、こんなときだからこそ料理を学んでおきたいという。

「家内が病気になったときに手助けできるようなことができればいいなと思ってます」

愛妻家なのだ。

菊地知也は、日本フィルハーモニー交響楽団のソロ・チェロ奏者を務める、日本のチェロ界の重鎮である。

東京藝術大学の付属高校から藝大へ進学。第六〇回日本音楽コンクール第一位、第四回日本室内楽コンクール第一位、第一回全日本ビバホールチェロコンクール第一位など数々の受賞歴がきら星のようだ。日本フィルハーモニー交響楽団で長年活躍していて、ソロ・チェロ奏者を務めている。他にもソリストとしてオーケストラと共演したり、さまざまな室内楽のアンサンブルに参加したり、各地の芸術祭に参加するなど、幅広く活躍している。日本チェロ協会の理事でもある。

そんな菊地が、チェロ以外のことをいろいろやっているという。

「練習はもちろんしているんですけれども、ふだん、長い時間をかけて見ることができなかったオペラを観たりとか、邦・洋問わず映画を見たりとか、ドキュメンタリー番組を見たりとか、一昨年から猫を飼い始めているので動物に興味があって、動物のドキュメンタリーを見たりとかはしてます。

特に長大なオペラ、ワーグナーとかは、ふだんの生活の中ではなかなか落ち着いて見ることができなかったので、この機会にちょっとゆっくり見ようと思いました」

そうした時間の使い途として、菊地がとても良かったと挙げてくれたのが、

「散歩ですね。ずっと家にいると運動不足になってしまうので。ここは大きな公園が近いので、そこ

まで散歩しに行って、一時間ぐらいですかね。

ここは都会のほうとはちょっと違って、土の匂いとか木の匂いとか、そういうものを感じられるのがいいなと思ってます」

今までは忙しすぎて、そんなことを感じる余裕もなかった。オーケストラにいる人たちは、みんな似たようなものだろう、という。

「以前、イタリアの演奏家が、「いちばん最初の出だしのところは、窓を開けて外の空気が、山の風がすーっと爽やかに吹いてきて、鳥の声がさえずってってっていう、そういうのをイメージして始めてください」って言ったんです。そのときに我々は、みんな窓開けたら環七とか幹線道路だから、そんなのイメージできないとか言ったりしたんですけど(笑)。

でもそう言われただけで全然、音が変わったりするんですよね。だからそういうイメージってとても大切だと思います」

オーケストラのトッププレイヤーとして、長年休むこともなく、本当に多忙な毎日を送ってきた菊地。掃除にしても、映画やテレビ番組を観ることにしても、散歩にしても、単に時間ができたからということではなく、より良い音楽を生み出していくためには日々の生活を感性豊かに過ごすことが大事なはずなのに、それがあまり出来ないままにきたことを省みて、新たな思いでさまざまなことにトライしている、ということなのだ。どこまでも、音楽に対して、真面目なのだ。

それゆえに菊地は、コンサートが開けていないことを重く受け止めていた。

「演奏会というのはやっぱりお客さんがいて成り立つものです。

演奏家もお客さんに対して演奏していくものですので、お客さんが同じ場所にいる空気感といいますか、お客さんからの反応も演奏に影響しますし、お客さんと、言葉ではないですけれども常に対話している感じがあって、こう弾いたらこういう反応が返ってくるとか、そういう空気みたいなものをいつも感じながら演奏している部分があるので、それがないっていうのがやっぱり寂しいです。こういう状態になって、お客さんの大切さを再認識しているところです」

そして、外に出られず自宅で黙々と練習ばかりする時間がどんどん長くなっていくことで、自身の感覚が変化していくのを人一倍気にかけていた。

「寂しいというか、どう言ったらいいでしょうね。音楽家っていうのは、お客さんにも育てられているっていう意識がありますね。練習はもちろん自分一人でするものなんですけども、演奏会で人に聴いてもらって、空気を感じて、それでまた新たな世界を作っていけるっていう部分があると思うので、自分の部屋だけでやっていると、ちょっと狭いといいますか、感覚も狭くなってしまうような気がしています」

「感覚が狭くなる」という、トッププレイヤーでしか語れない言葉で、外出自粛の技術的な影響の懸念を話すのだった。

菊地は、オーケストラの少数の仲間とはたまにLINEでつながっているそうだ。早く集まりたい、というような話になるが、しかし事態はむしろ難しくなっているという話もあれこれ出てくるという。

菊地本人は、今の感染状況とコンサートの開催条件を考えると、実

菊地知也（日本フィルハーモニー交響楽団 ソロ・チェロ奏者）

際に再開できるのは九月までかかるのではないかと考えていると話した。それもあくまでも「希望です」と言う。世の中がだんだん元に戻っていっても、コンサートは観客も演奏者も人がたくさん集まってなされるものだから、再開されるのもいちばん最後だろう、と覚悟していた。

ただ、ホールで生の音楽を聴いてもらう価値は今、むしろ高まっているに違いないとも語る。

「今リモートでいろいろできるような世の中ですけれども、絵を見るとか音楽を聴くとか、芸術といわれる分野は、もちろんネットでも体験することはできますけれども、やっぱり今、逆に生の大切さがみんなにちょっと意識として芽生えてきているんではないかと、僕は思っています。

生だからこそ感じられるものっていうのは全然違いますよね。もちろん絵にしても、大きさだったりとかでこぼこ感だったりとか、色彩ももちろんそうですけど、画面で見る絵と本物はまったく違います。それと同じで、音楽も、生の演奏の音には、スピーカーから出てくる音にはないものがいっぱい含まれているので、そういう音を聴きに、生の演奏を聴きに来ていただければなと思います」

希望を込めて演奏する、孤独の音楽。菊地が選んだのは、J・S・バッハの無伴奏チェロ組曲第一番から「アルマンド」だった。

バッハが、たった一本のチェロだけのために書いた曲。とことん孤独と向き合うからこそ、そこに希望が育まれるはず、そんな思いがあった。

それに、この曲はト長調で書かれている。響きやすく、明るく感じる調性で、元気を与えられるのではないかと考えて選んだという。菊地自身もこの曲を弾くと元気をもらえるのだそうだ。

ちなみに新日本フィルの首席チェロ奏者・長谷川彰子が演奏したのもやはりバッハの無伴奏チェロ

組曲だった。長谷川は第三番の中の一曲を演奏したのだが、第三番はハ長調。やはり明るい調性である。人間の声に近いとも言われるチェロから奏でられる明るい音色は、孤独のアンサンブルだからこそ求められたのかもしれない。


二〇世紀を代表するフランスの画家の一人ラウル・デュフィの描いた、その名も「オーケストラ」というタイトルの、オレンジの明るい絵が壁にかけられているのが後ろに見える。

その前には茶色いグランドピアノ。

菊地はさらにその前に置かれた椅子に座る。

短く、切るような息を吐くと、目をつぶった。

伸びやかなチェロの音が響く。

バッハの、静謐でストイックな、美しいメロディー。

菊地の左手の太い指がしっかりと弦を押さえ、ふくよかに振動が広がる。

ほとんど単音だけが流れるように続いていく。

バッハの、祈りを捧げるような敬虔な音楽。

孤独であっても、今を真摯《しんし》に生きていけば、その先には必ず、明るい希望があるはず。

それを信じるような、演奏だった。

観客のいない、孤独な演奏を終えた菊地は、率直な気持ちを語った。

「やはりお客さんに向かって演奏するということが、演奏家を育てます。ふだん聴きに来てくださっているお客さまに本当に感謝を、あらためて感謝を感じました。
またぜひ、会場に足をお運びください。よろしくお願いいたします。ありがとうございました」

かすかな希望の光

八人全員の演奏を収録し終えたのは五月十九日のことだった。三十一日の放送まで、あと一二日しかない。

すでに新型コロナウイルスによる死亡者数は、世界全体で三〇万人を超えていた。コロナは地球全体で猛威をふるっている。

二十日には、四月の訪日外国人旅行者が前年同月比の九九・九％減となったことが発表された。東京オリンピック・パラリンピックが開かれるはずだった年としては衝撃的な数字である。

だが、日本国内のコロナの感染状況に目をやると、新たな感染者数はおおむね減少の傾向をたどっていた。例えば音楽収録の終わった十九日は一日の感染者数は全国で二七名。四月十一日に七二〇名の感染者を記録したのがピークで、ここ数日は全国合わせて五〇人以下にとどまっている。緊急事態宣言、外出自粛を続けたことで、感染爆発は免れ、徐々に事態が収束していくかのように感じられた。

二十一日には関西の緊急事態宣言も解除された。残るは東京・神奈川・埼玉・千葉の一都三県と北海道だけとなり、二十五日にも専門家の意見を聞いて解除の可能性も考えていくことが発表されたのだった。宣言の期間として設定されていた「三十一日まで」、というのが一週間近く早まる可能性が出てきたのだ。

かすかな希望の光が、射し込んでいるかのようだった。

その二十一日、筆者は再び赤坂にある制作会社スローハンドのオフィスへと向かっていた。試写である。

電車の窓は相変わらず開いている。この季節には、それが心地よい。

ディレクターの松村と広瀬の二人に会うのは、前作が完成した五月四日以来だった。わずか二週間の間に、オンエアがあり、続編の企画を立て、それを遂行し、撮影も終え、そして編集に入っている。緊急事態宣言のさなかゆえに静かに、しかしダイナミックに制作は進んでいた。

東京の風景、闇から希望へ

前作の「孤独のアンサンブル」に欠かせなかった映像。それは「無人の東京の夜景」だった。静かで、美しすぎる、誰もいない東京の夜。しかし家の中では、みなが孤独なときを過ごしている。それがありありと浮かび上がってくる映像だった。

今作はどうするか。キーワードは「希望」だった。とにかく「希望」を感じられるようにしよう。そうして出てきたプランが、「夜の闇から、明るい希望の光へ」、というものだった。

それをどう映像で表していけるか。松村たちがカメラマンの高橋秀典といろいろと思案してくれた。

試写が始まった。

トップバッターは、神奈川フィルのコンマス、石田泰尚だ。

鋭く繊細であたたかな「からたちの花」。

その研ぎ澄まされた演奏の直後、映し出されたのは、夜の東京タワーだった。

ライトアップされた東京タワーへ向かう道路を車で走ると、人は誰も歩いておらず、はるか彼方に車の明かりがいくつか見えるのみである。孤独な夜の東京だ。

そこに、石田のバイオリンの哀しい音色が聴こえてくる。

アルゼンチンの作曲家でバンドネオン奏者としても知られる、ピアソラだ。

彼が、死んだ父のために書いた曲、「アディオス・ノニーノ」。

アルゼンチンからニューヨークに出て音楽で生きる道を探っていたピアソラは、旅先で父の死を知らされる。しかし暮らしは貧しく、アルゼンチンに戻る金もない。失意の中で書いた、あまりにも切ない曲だ。

石田はこの曲を、新型コロナウイルスで亡くなったすべての犠牲者のために、捧げたのだった。

誰もいない東京の夜景をスローモーションで走っていく車からの映像が、ピアソラの音楽に込めた石田の哀悼の思いを伝えていく。

石田がバイオリンに感情をぶつけるように演奏する映像をカットバックして、夜の東京のドライブショットが再び映し出される。

明かりの消えたオフィスビル。マンションには、人々が息をひそめて時が過ぎるのを待っている。寂寥感がただよう。

演奏し終わっても、石田は相手の死と向き合う剣士のように、止まったまま動かない。

二番手は、N響のイングリッシュホルン奏者、池田昭子である。

彼女が吹くのは「トリスタンとイゾルデ」だ。

不安定で、どこまでもさまよい続けていく、もの悲し気な音楽。

行き場のない気持ちが交錯する。

演奏の途中、真っ暗な高速道路のトンネルの映像に切り替わる。そしてトンネルを抜け出ると、かすかに、朝が近づいているかのような、ほのかなオレンジの色味を帯びた暗い空が見えてくる。

オペラの劇中では、重傷を負い瀕死のトリスタンは、このイングリッシュホルンの音色でようやく目を覚ますのだ。

空がかすかに見えると、すぐに映像は池田へと戻る。

そして、ほのかに顔を紅潮させながら、最後の一音を吹き切るのだった。


三番手は、都響のトランペッター・高橋敦だ。

「春の日の花と輝く」のメロディーを、トランペットはあたたかさをにじませて、奏でていく。

吹き終わった直後、映像が切り替わった。

映し出されたのは、レインボーブリッジだ。

まだ日の出前。空は青とオレンジのほのかなグラデーションに包まれている。

その空へ向かって、ほとんど車の姿のないレインボーブリッジを進んでいくと、再びトランペットの音が響いてきた。

マーラーだ。交響曲第三番ニ短調の第三楽章。

マーラーのシンフォニーの中には、闇の中に光が射すかのような美しいメロディーがどこかしら入ってくる。

　第三楽章の中間部もそうだ。輝く明日がこれから始まるから、こちらへおいで、と呼んでいるようだ。そんな一筋の光のようなメロディーが、高橋のトランペットによって奏でられる。

　レインボーブリッジから目を海側へと移すと、これから朝を迎えようとする東京のビル群が、地平を覆う空のオレンジに溶け込んでいるのが見えてくる。

　映像は、首都高を進み、朝焼けの中にそびえる東京スカイツリーを映し出す。街は音を立てず、陽はまだ昇っていないが、きっと明るい朝が来るに違いない。空の色はそんな気配を感じさせる。

　車の往来のない首都高を進むうち、やがて太陽が、その姿を見せ始めた。まだ遠慮がちに、朝の東京にまばゆい光を放つ。その脇を、トラックが駆け抜けていく。

五月、車の往来のない首都高速道路の向こうに昇る朝日

　四番目に登場したのは、読響の首席ホルン奏者、日橋辰朗だ。ワーグナーが妻の誕生日の朝にサプライズ演奏した「ジークフリートの牧歌」を、ホルンのあたたかい音色で奏でていく。

　やがて映像は、早朝の表参道に切り替わる。

　街路樹は、新緑に覆われて、美しく蒼い。

木と、ビルとの間を、太陽の光が何度も出たり入ったりしているのが見える。

音楽の力を感じ取った日橋のホルンは、明るく、未来への希望を照らし出すかのようだ。

五番目は、東京フィルの神田勇哉とN響の梶川真歩。フルート奏者夫婦による、グルックの「精霊の踊り」である。

コロナに追われながらも、後ろを振り返らずに必死に走り続けようとするオルフェオとエウリディーチェ。その先の希望を信じる。

そしてそのあと映し出された映像は、多摩川の土手だ。奥に、コロナ禍で試合の行われなくなった等々力陸上競技場が見える。

静かに、緑に包まれた河原をスローモーションで見つめていく。

聴こえてきたのは、フルートの独奏。ヘンデルが作曲した「オンブラ・マイ・フ」だ。

神田がソロで奏でる。

木陰が愛しく、優しく、心地よい、という歌詞だ。

木や草が茂る土手で、光を浴びながら、キャッチボールやサッカーに興じる人々の姿が見える。

しかし、大人数ではない。どこか遠慮がちに、騒がずに遊んでいるようだ。

そして、みんなマスクをしている。

神田のフルートは、静かに穏やかに、物憂げな優しさをたたえている。

六番目は、東京シティ・フィルの副首席ファゴット奏者、石井野乃香だ。

チャイコフスキーの感傷的なメロディーが、石井の自宅の部屋に響く。

やがて切り替わった映像は、渋谷駅前のスクランブル交差点だ。

朝の光に包まれた渋谷駅。車の姿はなく、空気も澄んでいる気配がする。

そして車が進むと、交差点の青信号を待つ人々がいた。

日本の雑踏の象徴であるあのスクランブル交差点に、わずか六人しかいない。

でも、これが一ヵ月前だったら、誰もいなかったかもしれない。


最後は、日本フィルのソロ・チェロ奏者、菊地知也のバッハだ。

チェロの敬虔なる独奏。

そして、映像は、東京・お茶の水、聖橋の上から見下ろす駅の風景に変わる。

朝の光を浴びて、中央線と、総武線、それに丸ノ内線が御茶ノ水駅を行き交うのが見える。

しかし、ホームには、誰一人として姿が見えない。

さらに映像は、東京駅の前へと切り替わり、丸の内南口前へと進む車から見える朝の景色を映し出す。

信号が青に変わった瞬間、東京駅側で待っていた人々が、横断歩道を歩いて渡っていく。みな、マスクを着けている。

外出自粛、リモートでの在宅勤務が求められる中、会社へと通う人たち。

男性も女性もいる。新型コロナウイルスに感染するかもしれない不安と隣り合わせで電車に乗り、丸の内のオフィスまで向かうのだ。

自粛で家にこもること、自粛でも会社で働くこと。いずれにしても、あるがままを受け入れたその先に、希望がある。チェロの奏でる音が、そう告げているかのようだった。

番組全編の時間経過の中で、車から見た東京の風景は、哀しみをたたえた夜の闇から、明るさを放つ朝の光へと変わっていく。

それこそが、希望なのだ。明けない夜はないのだ。

孤独は、希望を育んでいく

五月二十五日、残っていた一都三県と北海道の緊急事態宣言もついに解除になった。四月七日の宣言開始以来、およそ一ヵ月半ぶりのことだった。もともとの宣言の期間は三十一日までだったから、それが六日も早まって解除になったことは、ずいぶんと嬉しいニュースとなった。

ただ、感染拡大のリスクはゼロにすることはできない、として、引き続き「三密」を避けることや、人と人とのあいだのソーシャルディスタンスを確保すること、マスクの着用や手指の消毒など、基本的な感染対策の継続の徹底が叫ばれた。その上で、段階的に緩和をしていくことが発表された。

同じ日、プロ野球の開幕が六月十九日に決定された。ただし当面は無観客試合にする、という発表だった。

このことがまさに象徴するように、緊急事態宣言が解除されたからといって、かつての日常がそのまま戻るわけではない。感染対策に厳しく気を配る、ニューノーマルな日常がやってくることになった。しかしそれでも、明るい希望が、皆の心に灯ったのは確かだった。

番組は、まだ完成していない。

最後に残った宿題は、番組のオープニングだった。

冒頭は、ほのかに明るくなっていく東京の風景を編集で並べていくことにした。

緊急事態宣言が解除されればやってくる、新たな日常。それをようやく迎えられるかもしれない、という「希望」を、視聴者に感じてほしい、という率直な思いだった。

七組八名のオーケストラのトッププレイヤーたちによる孤独の音楽を続けて聴いて強く感じたのは、孤独があるからこそ、その先に希望があるということだった。もっと踏み込んで言えば、孤独こそが、希望を育てていく、ということだ。

「孤独は、希望を育んでいく」。

この言葉を大切に、オープニングのテロップの文言を構築していった。

菊地が音出しするチェロに合わせ、朝の東京と、そして演奏する音楽家たちの映像をつなぎ、そのカットに乗せて、以下のテロップを静かに提示していった。

「緊急事態宣言が解除されても
人と集うことは不自由なままです

オーケストラの演奏家たちも
みなさんと同じように

ずっと孤独と向き合ってきました
コンサートの再開を待ちわびながら
いまも一人　自宅で練習を続ける日々です
孤独は　希望を育んでいきます
オーケストラのトッププレーヤーたちが
たった一人で奏でる音楽
希望を　感じてください

オーケストラ
孤独のアンサンブル
希望編」
ＮＨＫでの番組の登録が終わったのは、放送前日、五月三十日のことだった。
今回も、ギリギリで間に合った。

「希望編」オンエア

五月三十一日日曜夜九時。ＢＳ１で「オーケストラ・孤独のアンサンブル　～希望編」の放送が始まった。

ツイッターでは、リアルタイムで大きな反響が沸いていた。


「魂浄化されるわ。安らかに眠れそう」

「この番組で映す都内の風景、何年後かに見て、「あー、あの時は」って思うのかしら」

「奏者の想いが音の中にひしひしと伝わってきて見るのがツラい。でもキチンと受け止めて見ます。再開できる日を待っています」

「マーラーだぁ……これは泣く」

「無音の首都高の映像が余計滲《し》みる」

「オーケストラ団員にして名手の皆さん。音の美しさが際立つ。でも孤独。今だけだからね、きっとね！」

「泣けてくる。人生に音楽は不可欠なものなんだよなあ」

「番組を観ながら本当に、これまでの日々の有難みを感じ、明日への希望が湧いてきました」

「素晴らしい番組……演奏は言うまでもなく、緊急事態宣言下の東京の果てしなく静かな映像にもしびれます」

「ソロで聴いていると、何か想像の翼が広がる気がします」

「これは良い番組だ。コロナが終わっても続けてほしい。早くコンサートホールでオケが聴けることを祈っています」

「孤独のアンサンブル、刺さる……」

…………

ネット上の反響を拾い上げ終わると、日付が変わり、もう六月一日になっていた。

今から振り返れば、日本中の人々の気持ちがこの一年でいちばん安堵していたときだったのかもしれない。

五月三十一日の感染者数は、全国で三五名。少なくとも日本では、コロナ感染は収束の方向へ進んでいるようだった。まさに希望を見いだせる、そんな時だったのだと思う。

結果的に、五月末から六月初めにかけてが、二〇二一年の今に至るまでの感染者数のボトムとなった。

第5章　六月、「明日へのアンサンブル」への道

宣言「解除」後の新しい日常

六月八日に発表された、全国での一日の感染者数は二一名。この数字は、新型コロナウイルスの感染が拡大していった三月後半以降で最小の数字だった。

街にも人出が少しずつ戻ってきているようだった。緊急事態宣言解除を受け、それまで休業や食品売り場のみの営業にとどめてきた大手デパートも、五月中のうちに営業を全面的に再開した。飲食店の休業要請も緩和されて、例えば東京都では営業時間短縮要請を夜八時までから段階的に戻し、その際の最初のステップとして、二時間後ろ倒しして夜一〇時までに変更になった。スターバックスは、東京や神奈川などで休業を続けてきた店舗を、緊急事態宣言の解除直後、ソーシャルディスタンスを保てるようレジ待ち用の列や客席を配置した上で再開。マクドナルドは緊急事態宣言が解除されたところで、店内の客席の利用を再び可能にした。

学校への通学を再開するところも増えてきた。電車通学を伴う私立の学校などでも、できるだけ密を避けるために、始業の時間を後ろにずらしたり、授業時間を短くして登校する時間を生徒によって午前と午後に分けるなど、学校によってもいろいろな工夫を凝らしていた。

一方で、東京商工リサーチによると、国内でコロナ禍による経営破綻の件数が、六月に判明した分が初めて一〇〇件を超えたという。勤務先の減収で生活が厳しくなった人たちの声も一層聞こえるようになった。先行きへの不安や、人と会う機会がほとんどなくなってしまったことで精神的に不安定になる人も増えただろう。メンタルケアの必要性も語られるようになっていった。

さらに忘れてはならないのが海外の状況だ。六月八日には世界中での死亡者数が四〇万人を突破した。一時期は医療崩壊も生じたとされるイタリアやスペインなど、ヨーロッパ諸国もこの頃には新たな感染者数はおしなべてかなり減ってきてはいたものの、アメリカでは五月は一日二万人程度で横ばい、さらに六月に入ってからは感染者数が増加の一途をたどった。アジアではインド、南米でもブラジルといった国が感染者数をどんどん増やしていった。十九日には、世界中での一日あたりの感染者数が一五万人を超えた。WHOのテドロス事務局長は「パンデミックは加速していて、世界は危険な新しい局面に入った」とも発言している。

こうして振り返ってみると、何ともデリケートな時期だったのだなと思う。緊急事態宣言が明けたことへのうれしさ、喜びと、だが状況はそう簡単ではない、という狭間にいたのだ。実際、六月二日には東京都が初めて「東京アラート」を発した。再び東京で悪化の兆候がある、として、レインボーブリッジや新宿の都庁舎を赤くライトアップして都民に警戒を呼びかけたりもしている。だが六月十一日にはそれも解除された。

六月十九日には、東京・神奈川・埼玉・千葉・北海道については都道府県を跨ぐ移動を慎重に行うよう求めていた方針を、政府は「新たな感染は一部の自治体にとどまっている」として、全国で緩和した。さらには、接待を伴う飲食業などの業種も、コロナ感染防止のガイドラインを守ることを前提に、休業要請を撤廃した。

緩和はされたが、念入りな自制を伴う。自由を得たのではない。元に戻ったわけでもない。一人一人が大きなジレンマを抱え込みながら生きるしかなかった。そんな六月だった。
オーケストラも、その渦の中にいた。

ベルリン・フィルとウィーン・フィルのコンサート再開

コンサートの中止が続いてきたオーケストラ。緊急事態宣言が解除されても、そのまますぐに演奏会を開けるようになったわけではなかった。観客もオーケストラも、どちらも密な状態になってしまうのがコンサートの宿命だからだ。

緊急事態宣言がすべて解除された五月二十五日当日、政府は、イベント開催制限の段階的な緩和の目安を発表した。コロナ感染の状況を見て、ステップを踏みながらコンサートやイベントなどの開催の制限を緩和していこう、というものである。

最初のステップとして、まずは収容人数の五〇％以内、人数は一〇〇〇人に限る、ということになった。しかしオーケストラにとっては、経済的なことを考えると、人数一〇〇〇人という制約の中で観客を入れて演奏会を開催するのはなかなかに難しい。

次のステップはうまくいけば六月十九日。そのときは、収容率はやはり五〇％以内だが、人数の上限は一〇〇〇人までと増えることになる。演奏会の再開も視野に入ってくるだろう。

この頃、クラシック界では、再開に備えて、演奏することによるコロナの感染リスクがどの程度になるものなのか、具体的な数値を知りたいという空気が強くなっていた。

例えば、ヨーロッパでは、オランダの合唱団で大規模なクラスターが発生。日本でも、とある県の合唱団でやはりクラスターが発生している。息を大きく吸ったり吐いたりすることが求められる声楽では、通常の会話よりも、歌声によって生じる飛沫などを通じてウイルスが広がり感染が拡大してしまうリスクが高いのではないか、と考えられた。そのため合唱や声楽はより一層の対策が必要と考えられていく（のちにクラシック音楽公演運営推進協議会によるガイドラインには、前後二メートル、左右一メートルという最低限の目安などが記された）。

また、オーケストラの場合、特に管楽器を吹くことによる感染拡大がどの程度のものなのかが関心を集めていた。

世界中のオーケストラが真っ先に参考にしたのが、最高峰のオーケストラ、ベルリン・フィルハーモニー管弦楽団だ。

ベルリン・フィルは三月十二日に無観客のコンサートをライブ配信したのちコンサートを開けなくなっていたが、五月一日、首席指揮者キリル・ペトレンコの指揮により復活。このときも無観客だったが、驚いたのはその編成で、あのベルリン・フィルが、最大一五名の小さな室内アンサンブルで登場したのである。通常なら一〇〇人規模のマーラーの交響曲第四番を、室内アンサンブル版に編曲されたものを用いてメインプログラムに据えた。ステージの上に奏者たちがポツンポツンとソーシャルディスタンスをとって座っている、見たこともない光景。常に超満員だったフィルハーモニー大ホールには観客は誰もいない。しかし、今こそ音楽が必要なときだ、少ない人数であってもとにかく演奏を届けるのだ、というベルリン・フィルの心意気と素晴らしい音楽に、感動の輪が広がった。

このとき弦楽器同士は一・五メートル、管楽器は五メートルの距離を空けて演奏した。その後、ベルリンの専門家たちが実験を行い、管楽器は二メートルの距離を空けることが提唱された。通常なら一メートルぐらいの距離感だから、これはかなりスカスカである。しかし、これがその後のオーケストラの一つの指標になった。先述した、五月の段階で新日本フィルが演奏会の告知に書いていた団員間の距離についての数字も、これに準拠している。

もう一つの大きな動きを生み出したのが、ベルリン・フィルと並ぶ世界の最高峰のオーケストラ、ウィーン・フィルハーモニー管弦楽団だ。ウィーン・フィルは六月五日、あのニューイヤーコンサートを開いた本拠地である、ウィーン楽友協会の「黄金のホール」に集まっていた。観客を入れてのコンサートを三ヵ月ぶりに再開したのである。

実は五月の段階で、ウィーン・フィルは専門家とともに実験を行っていた。演奏によってどこまで飛沫が拡散するのかを検証しようというのである。その結果、弦楽器などでは五〇センチ、管楽器の場合、最も広がったフルートでも七五センチだったという。これなら、距離を空けずとも演奏ができる、そう判断したのだった。ウィーン・フィルのサウンドを生み出している黄金のホールのステージはあまり広くはない。距離を空けてしまうと、ウィーン・フィルの音でなくなってしまう。それゆえ、今まで通りの密度で演奏をすることにこだわり、検証実験でそれを可能と判断したのだった。さらに楽団員には抗体検査やPCR検査を行っている。

その結果、オーストリア政府は、一〇〇人までの室内イベントの再開を許可したのだ。

バレンボイムが指揮したのは、ベートーヴェンの交響曲第五番ハ短調。冒頭の「運命が扉をたたく」音であまりにも有名な、あのシンフォニーだ。難聴を抱えていたベートーヴェンが生み出した傑作は、困難を乗り越えた先に、喜びを解き放ったような明るいハ長調の第四楽章が待っている。コロナに苦しむ全世界に勇気を与える演奏だった。

ベルリン・フィルとウィーン・フィルという二大巨頭が、それぞれの形で演奏会を再開したことは、多くのオーケストラに勇気とエネルギーを与えた。

緊急事態宣言が明けると、国内でも多くのオーケストラが独自に、演奏会再開の道をより具体的に探っていった。そして、感染を防ぐための演奏の仕方について実際に試してみよう、という動きが活発化していった。

「ソーシャルディスタンス・アンサンブル」

日本フィルハーモニー交響楽団の例を見てみよう。

六月十日、日フィルはサントリーホールと一緒に「とっておきアフタヌーン」という、トーク付きで親しみやすいスタイルの企画を公演するはずだった。だが、コロナの感染拡大の影響によって、コンサートは五月半ば、中止が決定していた。

一九八六年にクラシック専用のホールとして東京・赤坂に開館して以来、サントリーホールは日本のクラシックの殿堂ともいえる存在だ。そのサントリーホール自体が、大ホールでは観客を入れてのコンサートを二月末以来開いていない。

だが、緊急事態宣言が解除され、サントリーホールの休業要請も解かれたことから、本来行うはずだった「とっておきアフタヌーン」を違う形で開こうということになった。無観客での有料の動画配信だ。

ただし、金管・木管・打楽器の参加はなく、弦楽器のみ二一名でのコンサートとなった。練習では指揮者の広上淳一も含め、全員がマスクを着用。本番のときは広上だけはマスクを着けて臨んだ。演奏者同士の距離も、ソーシャルディスタンスとして認知されていた二メートルを確保する形をとった。その名も「日本フィルハーモニー交響楽団ソーシャルディスタンス・アンサンブル」という名称をつけての演奏会である。日フィルのメンバーにとっては、二一名とはいえ三ヵ月以上も会っていなかった団員同士の再会の場でもあった。

「孤独のアンサンブル ～希望編」のラストに素晴らしいバッハを奏でてくれた日フィルのソロ・チェロ奏者、菊地知也もこのソーシャルディスタンス・アンサンブルに参加していた。このときのNHKのニュース映像には、菊地が本当にうれしそうな顔をしているのが映っている。

サントリーホールにとっても、三ヵ月ぶりに響き渡る、弦のアンサンブルとなったのだった。

都響の試演会

日フィルが動画配信で久々の演奏会を実施した翌日の六月十一日と翌々日の十二日。東京・上野の東京文化会館で、東京都交響楽団が「試演会」を開くことになったと、コンマスの矢部が知らせてくれた。

都響はこの直前の六月八日、夏に予定されていたヨーロッパ公演の中止を発表している。クラシックの本場であるヨーロッパでの公演は格別の意義があったはずで、矢部をはじめオーケストラのメンバーの忸怩たる思いは想像に余りある。

それにしても「試演会」とは聞きなれない言葉である。なんのことかと聞いてみると、距離を離れての演奏がどのようなものになるのか、音楽監督の大野和士とオーケストラのメンバーたちが集まって実際にステージの上でみんなで試しに演奏してみる、ということだった。感染症学などの専門家も参加して、コロナの感染リスクを下げるための方策を探るという。

そしてこのとき併せて行われたのが、検証実験だった。環境化学の専門家に協力を仰ぎ、楽器を演奏した際にどこまで飛沫や微粒子が飛ぶのかを確かめよう、というのである。ウィーン・フィルが行ったのと同じようなことを、都響でも実際に確認するのだ。

このときの様子を、「孤独のアンサンブル」に参加してくれていた都響のコンマス・矢部と、オーボエの広田、トランペットの高橋にあとで直接聞いたのだが、三人ともみな、とにもかくにも「安心した」という。

楽器からの飛沫は、思いのほか飛んでいなかったのである。検証の結果は「今回測定した一〇種の楽器すべてにおいて、通常の演奏時に、「人の日常会話よりも顕著に多く飛沫を放出する」とは考えにくい」と報告されている。特に広田や高橋ら管楽器の演奏者にとって、ウィーン・フィルの話は伝聞でしかないが、今回の試演会で実際に自ら実験に参加し、映像的に飛沫の様子も確認したので、リアルに安心感を抱くことができたのだろう。これは演奏する人間にとっては、とても大きなことだったのではないかと思う。恐れや不安から解放されて音楽に没入できることは、きわめて意味ある価値があったに違いない。

都響の試演会では、そうしたデータの裏付けと、専門家からの医学的なアドバイスも受けながら、メンバー同士が演奏する際の距離を詰めていった。

矢部たちの話を聞いていると、演奏者同士の距離は、一〇センチ違うだけで、アンサンブルの音の合わせ方も変わってきてしまうきわめて繊細なものらしい。広田によれば、以前、オーケストラの練習場所の出入口にいちばん近いところにホルンがいて、たまたまそこから練習を見ていたら、指揮者のタクトに反応するタイミングが、ホルンの奏者たちは自分の感覚よりもずいぶん早くて、指揮棒を振り下ろすや否や反応することにびっくりしたことがあったという。ふだん、オーボエとホルンでは指揮者との距離が違う。ホルンのほうが遠いうえに、ホルンは朝顔部分が後ろを向いていて、反響板に跳ね返った音を前へ飛ばすために、さらに音が運ばれる距離が長くなる。それでホルンは遅れまいと早く出ようとするのだ。おそらくプロの耳にしかわからないような、○・○何秒の違いの世界なのだろう。だが、それがアンサンブルにとってはきわめて肝心だ、ということなのだ。

だから、奏者同士は出来る限り近づきたいと思うし、どうしても近づけないのであれば、その○・○何秒のズレをみんなで共有し補い合って解決しなければならない、と考えるのだ。

新型コロナウイルスは世の中にソーシャルディスタンスというものを作ってしまったわけだが、それは音楽家にとっては、アンサンブルを奏でるための精密な耳にダイレクトな影響を与えるものでもある。つまりオーケストラのメンバーたちは、ソーシャルディスタンスに則《のっと》った、新たな音楽の響きの世界の中に放り込まれているのだ。コロナ前とコロナ後では、音楽の位相がその意味でも異なってしまいかねない。その位相の違いを正し、できるだけ違いを大きくしないように、きわめてデリケートな調整が必要になってくる。

もし演奏会が再開されたとしても、その位相の違いを認め、調整していく緻密な作業がオーケストラには伴う。音楽家たちはそうしたこれまでにない大変さと向き合うことが必須になっていた。

コンサートの再開と「新しい日常」

都響の試演会初日の十一日。クラシック音楽公演運営推進協議会が「クラシック音楽公演における新型コロナウイルス感染拡大予防ガイドライン」を策定・公表した。コンサートを開催するにあたって、感染予防策をどのようにとっていくかのガイドラインを示したのだ。これでさまざまなオーケストラにも目安ができ、コンサート再開への大きな糸口ができた。

さらに都響試演会の二日目の十二日。令和二年度の第二次補正予算の中に、「文化芸術活動への緊急総合支援パッケージ」が文化庁によって組まれ、五六〇億円が計上された。フリーランスの実演家などへの支援や、団体の活動継続や収益力強化事業への支援が盛り込まれた。

芸術の分野では音楽やアートなど、フリーランスで活動している人がとても多い。だがコロナ禍でコンサートやイベント、展覧会などが中止になってしまうと、ことにフリーランスの人たちは完全に収入が絶たれることになり、影響がきわめて大きい。そうした人たちへの支援は、文化の火を消さないためにもきわめて重要だ。

また、動画コンテンツの配信や、劇場でのさまざまな感染予防対策、コロナで失われつつあるアートキャラバンの実現や子どもたちの文化芸術体験の創出といったことが、新たな予算配賦の対象になった。

さらに、中止になったコンサートのチケットを払い戻さず、そのまま寄付をする、という選択を選べば、寄付金控除という税優遇を受けることもできる制度も導入された。払い戻さずに「寄付」することで、自分が贔屓《ひいき》にしている団体を経済的に支援し、さらに税の支払いの控除が発生する、という仕組みだ。

計上された予算は、あらゆる芸術分野を支援するためのトータルのものなので、金額としてはそこまで大きいものではないのかもしれないし、また支援が認められるかどうか、そもそも申請が可能かどうかなど難しい側面もあると聞いた。ただ、経済的な支援策が打ち出されたこと自体は大いに意味あることだった。

六月十三日。京都フィルハーモニー室内合奏団が、観客一〇〇名ながら、コンサートを開催。指揮者を入れず、少人数の室内楽で行った。

そして六月十九日には、イベントの開催についての制限のさらなる緩和が行われることとなった。ステップが進み、収容率五〇%以内、人数一〇〇〇人までのコンサートが開けるようになる。

さっそく六月二十日には大阪にある日本センチュリー交響楽団が、延期になっていた定期演奏会を開催。

六月二十一日、東京フィルハーモニーが渋谷のBunkamuraオーチャードホールでコンサートを開催。指揮者をロシアから渡航できないプレトニョフから日本人の渡邉一正に変更し、曲目も替え、休憩なしの一時間のプログラムで臨んだ。

東京交響楽団は二十日、二十一日のコンサートは中止したものの、六月二十四日、川崎市の支援で、ニコニコ生放送による無観客ライブ配信のコンサートを開催。二十六日にはサントリーホールで観客を入れての定期演奏会を実施している。

六月二十六日、東京シティ・フィルもコンサートを開いたのだが、当初は観客を入れての実施を目指したものの、オーケストラの検証会の結果などをみて、まずは無観客でのライブ配信を行うこととなった。

このあたり、オーケストラによってさまざまな判断のもとに演奏会を開いていったことがわかる。

その一方で、NHK交響楽団や東京都交響楽団、読売日本交響楽団などは六月の時点ではまだコンサートを開くことができていない。もともと予定していたコンサートのタイミングなどとの兼ね合いもあったとも思うが、オーケストラごとの考え方も影響しているだろう。

筆者はこの頃、とあるオーケストラのリハーサルの様子を見せていただいている。そのとき印象的だったことの一つが、ステージマネージャーが常に携帯している「棒」だった。奏者間の距離をすぐに測れるように、一・五メートル、あるいは二メートルの木の棒を持っては、椅子の位置を調整していくのだ。これもクラシック界でのニューノーマルなのだろう。演奏するオーケストラの団員だけでなく、ステージマネージャーや事務局のスタッフなどの、これまでとはまったく違うことに細やかに気を配りながら演奏会を整えていく苦労を実感したのだった。

「明日へのアンサンブル」への道

この頃、「孤独のアンサンブル」と続編の「希望編」は再放送が何度もオンエアされていた。

一方で、状況の変化も生じていた。緊急事態宣言が解除され、コンサート開催の制限も段階的に緩和されてきている。多くのオーケストラで観客を入れたコンサートを再開したり、無観客での動画配信を行ったり、そうでなくても試演会を行ってもいる。少なくとも、家で一人こもるしかなかった「孤独」の状態からは脱している。

だが、まったく手放しで喜ぶことができないのも、厳然とした事実である。元に戻ったわけではないからだ。オーケストラの奏者同士はソーシャルディスタンスが必要で、ステージに乗ることのできる人数も限られる。大編成のマーラーの交響曲のような楽曲を演奏するわけにはいかないから、レパートリーも限られてくる。「新しい日常」は、かなり窮屈だし厳しい。観客も、人数は収容キャパシティの五〇％以内に限られるなど、正常には程遠い。そもそも常連客だった人たちの中には、感染を恐れ、ホールはおろか街に出るのもはばかられる、という考えの人もたくさんいる。

不自由さと向き合わざるを得ないオーケストラ、そして観客。自粛の解除と制限の緩和は嬉しい反面、自由にならないもどかしさとつらさはかえって強い。

さらにこの強烈なしんどさは、クラシック界のことだけではない。今、日本で暮らしている人たちがみな、自分たちのコミュニティの中で同じようなつらさや苦しさを抱えている。

そうしたすべての人たちに、何とか元気や勇気や希望を届けることはできないものか。そのことを、ずっと考え続けていた。

「孤独のアンサンブル」の次のフェーズである。「孤独」の次にできることはなんなのか。

それは、「つながる」ことだ、と思った。

「孤独のアンサンブル」に参加してくれた音楽家たちは、オーケストラの数では九つ、人数では一五名になる。いずれも日本を代表するトップオブトップのプレイヤーたちである。この音楽家たちが、一堂に会する。そんな夢のアンサンブルを実現させることはできないか。

ふだんは決して交わることのないメンバーが、オーケストラの枠を超えて、集い、つながる。きら星のようなトップ奏者たちばかりであり、何よりも彼らに共通するのは「孤独の音楽」を体験してきたということだ。外出自粛のとき、孤独の演奏と向き合ってきた音楽家同士だからこそ、きっと通じ合える何かがあるはずだ。

「明日へのアンサンブル」である。

クラシック界の「アベンジャーズ」を作る

この構想を真っ先に、ディレクターの松村に話すと、即座に、

「それは、「アベンジャーズ」を作る、ということですね。やりましょう！」

心強い返事が返ってきた。

だが、そのハードルはかなり高かった。

まず大きなハードルは、音楽家全員がこのプロジェクトに賛同してくれるかどうか、ということだった。孤独の音楽を奏でた音楽家たちだからこそ、集う意味がある、そう筆者たちは思っていたわけだが、しかし孤独の時期は過ぎ、もう仲間たちとも集っている、そのように言われる可能性もあった。

次のハードルは、彼ら全員のスケジュールがピッタリ合うときなどあるのだろうか、ということだった。自粛が解除されれば、彼らには演奏活動や学生へのレッスンなど、忙しい日々が戻ってくる。そんなときに、全員が揃うようなスケジュールを組むことなど果たして可能なのだろうか。

さらに、彼らにいったいどんな曲を演奏してもらえばよいのか、それを整えることも大きなハードルだった。

BS1の編成からも注文があった。編集長いわく、「希望編」は、美しい音色と美しく切ない風景の組み合わせの妙に感心した。トータルとして新しいチャレンジに挑んだ意味ある放送だった。ただその一方で、クラシック好きな人には満足度が高くても、そうでない人たちには知らない曲が多く、遠く感じたところがあるのではないか。もし次を目指すのであれば、クラシックを知らない多くの人

でも共感できるような知られた曲を選び、視聴の「深さ」と「広さ」を両立させてほしい。それはつまり、ジャーナルな姿勢とポピュラリティを共存させてほしいということだ。

視聴の質を求めると、どうしても間口は狭くなりがちだ。その世界に関心のある人にとっては非常に興味深くても、その分多くの一般の人たちは距離を感じてしまう。意味はとてもよくわかるが、そのこと自体がきわめて高いハードルでもあった。

「いびつ」を受け入れること

どれもが大変なハードルだと思ったが、筆者にとって実は、それらと比べてもさらにやっかいなハードルと感じていたことがある。

もし運良く「孤独」のメンバー全員が集まったとしても、楽器構成がどうにもいびつなのである。バイオリンが3、チェロが2、弦楽器はそれだけ。ビオラも、コントラバスもいない。それに対して、管楽器はオーボエ2、フルート2、クラリネット1、ファゴット1、トランペット2、トロンボーン1、ホルン1という布陣。これだと管楽器の音圧が強すぎて、いかにも弦楽器と管楽器のバランスが悪い。通常であれば、これらの管楽器に対抗するには弦楽器が最低でも二〇人ほどは必要であろう。しかも弦楽器自体がきわめてアンバランスである。さらにはティンパニなどの打楽器もない。つまり通常のオーケストラから考えると、きわめて「いびつ」となってしまうのである。

この問題を解決するいちばんシンプルな策。それは、いびつさを解消するために楽器を増やす、ということだろう。まず足りないビオラやコントラバスの人たちに参加をお願いする。またバイオリンやチェロの人数も増やしてバランスをとる。ホルンも足したほうがいいだろう。打楽器も、ティンパニなどをお願いする。そのように考えるのが自然である。

だが、これは直感的に「違う」のではないかと思っていた。そうやって他の方々に参加をお願いしていけばバランスはとれるが、それだと通常のオーケストラとなんら変わりはなくなってしまう。そこまでしてやる意味は果たしてあるのだろうか。

さらに、「孤独の音楽」と向き合った人であるということも重要だと思った。「孤独のアンサンブル」が支持されたのは、やはり「孤独の音楽」への共感があったからであろう。ふだんオーケストラで仲間たちと一緒に音楽を奏でている音楽家たちが、たった一人、自宅で孤独と向き合う中で、音楽を作っていく。このようにして奏でることのできた音楽だからこそ、感動を呼んだのだ。単に一人で自宅で練習していた、ということとは違って、孤独なときに、人のために届ける音楽を演奏した、ということを共有していることに意味があると思った。

だから、この問題に関しては、筆者の答えは何度考えても一つしかなかった。「いびつさをそのまま受け入れる」、ということである。いびつな編成のままで、アンサンブルをするべきだというのが結論だった。

いびつさを受け入れるのは、「仕方なく」するのではない。

「不自由さに抗わず、不自由さをそのまま受け入れる」ということは、緊急事態宣言解除後の日本人すべてにとって、とても意味のあることなのではないか。不自由な状況に異を唱えるのではなく、あるがままに受け入れるところから、前を向くことができるのではないか。むしろ、あえて積極的にいびつさを受け入れていくことにこそ、今を生きていくための大きな価値がある、そう思ったのだった。その意思を伝えるためには、いびつなアンサンブルを貫いていくことが肝要なのだ。

腹は決まった。

クラシック界のタブー？

「孤独のアンサンブル」に参加してくれた音楽家による、リアルなアンサンブル。この「明日へのアンサンブル」の構想を、クラシックの世界の人たちはどのように思うものなのだろう。そもそもクラシック界の流儀のようなものを知らない筆者にとっては、いろいろなオーケストラの人たちが所属団体を超えて集まる、ということが許されることなのかどうかもよくわからなかった。

そこでまず、NHK「クラシック音楽館」の宮崎に、尋ねてみた。

「えー、マジですか？　本当に？　それはすごい」

驚きの声を上げる。

「そんな発想、全然思いつきませんでした。でも、すごく意味のある企画だと思います」

宮崎が言うには、クラシック専門の制作者である自分としては、ふだんはN響はじめそれぞれのオーケストラとお付き合いさせていただいているので、個々のオーケストラとの仕事しか考えないようなところがあって、各オケのトッププレイヤーたちが一堂に会するという発想はまったくなかった、でもそのアンサンブルはすごく聴いてみたいし、生み出される音楽は本当に今このときしか聴けない素晴らしいものになるのではないか、と。彼のようにクラシックに造詣の深い人間が素晴らしいと言うのだから、やる価値は必ずあるはずだ。

そのときに宮崎がまず心配したのは、

「皆さんのスケジュールが合うといいですね……」

ということだった。これは当人たちに聞いてみないとわからない。

そしてこう言った。

「いやあ、あのコンマス三人が揃い踏みするだけでも事件ですよ。うまくいくといいですよね」

N響の篠崎史紀。都響の矢部達哉。神奈川フィルの石田泰尚。

日本が世界に誇る、三人のコンサートマスターである。

それぞれが、ソリストとしても著名であり、まさに今の日本のクラシック界をリードしている存在である。

これまで、この三人が揃って演奏したことは、ない。

このコロナ禍のときにあって、もしも三人の競演が実現したら、それだけでも人々にとっては大きな希望になるはずだ。まして、そこに他のトッププレイヤーたちも加わってくれたら、まさにアベンジャーズである。

でも、この三人の揃い踏みが実現していないのはなぜなのだろう。こっそりクラシック関係者に聞いてみたときには、「そんな恐ろしいこと、いったい誰が三人に聞くんですか」というようなことを言われたりもした。まさかタブーというわけでもあるまいが。

そもそもコンサートマスターは常にオーケストラを引っ張り束ねる役割の人なのだから、今回の「明日へのアンサンブル」の企画を進めるためには、三人が深く理解して賛同してくれない限り、他のメンバーも同意してくれないであろう。

これはもう、三人に直接ぶつけるしかない。

ただ、実は、神奈川フィルの石田には、「希望編」のロケのとき、もしもの可能性として、松村が

ちらりと水を向けていた。そのとき石田は、

「まろさん、矢部さんとご一緒できるならとてもうれしい」

と話してくれていた。まだ「明日へのアンサンブル」がどうなるものかもわかっていないときながら、石田の心根を松村がさりげなく聞き出していたことは大きかった。

あとは、篠崎と、矢部の思いがどうなのか、である。

矢部とのZOOMミーティング

六月二十二日。都響のコンマス・矢部と打ち合わせすることになった。この日はZOOMミーティングである。数ヵ月前は「ZOOMってなんですか?」と聞いていた矢部だが、すっかりテレワークにも慣れてきたらしい。

矢部は都響の試演会を終え、仲間と再び音楽を奏でるときを持つことができ、またコンサートの再開にも手ごたえを感じていたのか、明るさをいくぶん取り戻しているようにも見えた。ただ、矢部と話をするといつでも、自分のことよりもクラシック界全体のことを案じているのが伝わってくる。

「コンサートを開けなくなって、クラシック界に生じてしまった焼け野原は、今もどんどん広がり続けてしまっている、そう思っています」

と、ため息をつくのだった。

緊急事態宣言が解除され、コンサートの再開も見えてきた状況ではあるが、一方で以前のように戻れるわけではない、というのも矢部は重々自覚していた。こうしている間にも、多くの音楽家たちやオーケストラが苦境に立たされ、きわめて重篤な状態になっているのではないか。そしてこれまでホ

ールで音楽を聴くことを楽しみにしてきた人たちが離れていってしまい、日本各地にせっかく根付いてきたクラシック音楽文化が失われてしまうのではないか。それは何十年にも及ぶ文化の蓄積の崩壊なのではないか、と深刻に捉えていた。

それゆえに、矢部は「明日へのアンサンブル」の企画をとても喜んでくれた。

音楽家たち、オーケストラの人たち、そして観客に、音楽を通して勇気と元気と希望を届けたい。その思いを汲んでくれたのだった。

特に矢部が賛同してくれたのが、メンバーの楽器構成の「いびつさ」についてだった。

「最初にこのお話を聞いたときには、楽器も偏っていてバランスも悪いし、いったいどうすればいいのだろうか、他の人にお願いしてどなたかに入っていただくほうがいいのではないか、などという考えも浮かびました。

でも、補えば補うほどふつうのアンサンブルと変わりなくなってしまうし、どうしたらいいのかと思っていたのですが、たしかに「いびつ」なのをそのまま受け入れる、ということにすごく意味があると思いました。

僕たちも試演会をやってみて、オーケストラの配置をなるべく従来に近い形にはしているけれど、どうしても元の通りの近さにまではいかないんですよね。でも、そうした不自由さを受け入れていかなければいけない。だから今回のアンサンブルも、そうしたいびつさをもっと前向きに捉えることで、何か新しい音楽を作れるのではないかと思いましたし、多くの人たちに希望を与えられるのではないかとも感じました。とてもいいと思います」

クラシック界、そして世の中全体に広がってしまっている「いびつさ」。それをともあれ受け止め、受け入れて、できうる限り進んでいく。そうしたメッセージを発することができると感じ取ってくれたのだった。

初対面同士も多い十数名の新たなアンサンブルとなることについても、全面的に賛成してくれた。

「どの方もみな、超一流の人たちですし、どんな演奏になるのか今からワクワクします。皆さん、スケジュールが合うといいですよね。

それに、コンマス三人、まろさんと石田君と僕とが揃ったら、それだけでもなんだか面白そうじゃないですか。映像的にも面白そうだし、みんなびっくりするんじゃないですかね。たくさんの方々に喜んでいただけると思いますし、僕自身もとても楽しみです！」

矢部はウエルカムだった。

もう一つ、矢部が気にかけていたのが、「どんな曲を演奏するのか？」ということだった。「孤独のアンサンブル」のときには選曲はすべて、音楽家にゆだねられていた。しかし今回はアンサンブルである。所属するオーケストラも異なるし、人と気軽に会うわけにはいかない状況の中では、メンバー同士で相談するわけにもいかないだろう。これはもはや、我々番組側で選曲していくしかないのかもしれない、筆者たちはそんなふうにも考えるようになっていた。

編成から、なるべく知られた曲を選び、より多くの人たちにも伝わるようにしてほしい、というリクエストがあったのは先述の通りである。一方で、クラシックの専門家からしたら、できるだけクラシックの土俵で演奏したいと思うだろう。そのあたりの塩梅が、なかなか難しい。

そこで、筆者が考えていた選曲の方向性は、次のようなものだった。

まず、できるだけ多くの人たちが知っている曲を、ただしポップスに寄りすぎない形で選ぶ。クラシックファンでも満足できる、だけれども知られている曲を選ぶこと。

何よりも、それぞれの曲が、コロナ禍のこのときに演奏される意味があること。番組を観てくれている視聴者に対して、メッセージが明確で、元気や勇気や希望を届けられる曲であること。

非常に難しいチョイスだが、腹案はあった。

矢部には、その時点での選曲の方向性について、こちらの考えを伝えた。曲目のイメージも、例えばこんな曲ならどうだろう、と聞いてみたところ、「いいと思う」という返事だった。

あとで聞いてみたら、そのときに筆者が例として出した曲目に、矢部はいたく安心したらしい。これなら、単なる寄せ集めの企画ものではない、ということが伝わるはずだ、と感じてくれたのだった。

懐疑的だったまろさん

翌二十三日。今度は新宿のとある場所で、まろさんこと、NHK交響楽団の第一コンサートマスター・篠崎史紀と会うことになった。

換気の良い広い場所で松村と二人で待っていると、やがて篠崎が愛用のバイオリンケースを抱えて、にこやかに現れた。

この時点で、N響はまだ活動を再開していなかった。在京のオーケストラの中でも、N響がいちばん慎重な対応をしていた。一方で篠崎は最近、音楽大学でのレッスンをオンラインで始めているんだ、と楽しそうに話をしてくれた。

「学生たちに、音楽する喜びをどんな形でもいいから表現してごらん、といったら、馬の被り物を頭から被ってバイオリンを弾いている動画を送ってきてくれた学生がいてね」

と笑いながら、

「面白いでしょ。でも、こういうのって大事だよね」

と続ける。コロナで今もなおずっと家に閉じこもり、大学に通うこともできず、篠崎のような第一線の音楽家から直接対面でのレッスンを受けることのできないままの音大生たちの、とてもしんどい精神状態を考えているのだ。オンラインでのレッスンは、音もダイレクトでなくなるから、教える側も教わる側も本当に大変そうだし、教えてもらう側も今までのようには学べないもどかしさやつらさをずっと抱えて日々を過ごしているわけである。

「だからね、ぼくは教え子には二四時間いつでも電話してくれていいよ、って言ってるんだよね。起きていれば電話に出るから。迷っているときはとにかく聞いたほうがいいんだよ」

自慢のオールバックの髪型や、N響のコンサートでは指揮者にいちばん近いところで端正にバイオリンを弾きこなしている姿に、失礼ながらどこか怖そうなイメージがある篠崎だが、こうして話を聞いてみると、前途ある若者を思う愛情あふれる先生なのだということがよくわかる。

「孤独のアンサンブル」についても、オンエアを見てくれて、うれしい感想を述べてくれた。

「ロケに来てもらったときには、無人の状態で相手も見えないまま、ただインタビューに答えて、ただ演奏して、いったいどうなるんだ、こんなもんで番組になるのか、とすごく疑問だったんだよね。でもオンエアを見てびっくりしたんだけど、ほー、こうやって番組にするのか、無人の東京と孤独の演奏が組み合わさって、外出自粛になっていたコロナ禍の心情も浮かび上がってきて、芸術になっていたよね」

本物の芸術家から、番組のことを「芸術」と言われるなんて、こんなにうれしいことはない。

だが、今回の「明日へのアンサンブル」の企画については、どうやら少々懐疑的だったようだ。

「四月のときはたしかに孤独だったけれど、もう他のオーケストラはずいぶんと動き始めているし、N響も七月になったらコンサートを開くことで進んでいる。リモートでの合奏もかなりいろんなところでやっているし、今さらアンサンブルで集まる意義はあまりないんじゃないかな」

わざわざ会う時間を作ってくれた上で、率直に考えを言ってくれる篠崎は、とてもフェアだなと思った。あとはこちらの思いのたけをぶつけるしかない。

筆者が篠崎に話したのは、今回のアンサンブルの音楽を演奏する意味についてだった。

今、たしかに音楽は戻りつつある。世の中から欠落してしまっていた生の音楽が、再び「音楽がある」状態になろうとしている。でもそれは、あえて言うと、「音楽がある」ことだけを示しているのかもしれない。もっと音楽そのものに、コロナ禍で苦しんできた人たちのための明確なメッセージを込められないかと思う。例えば、ミュージアムに行きたくても行けなかった人、今も行けない人はたくさんいる。映画に行きたくても行けなかった人も。そういう人たちにこそ届けたい、芯のあるメッセージを込めた選曲で、今だからこそ意味のある音楽を生み出してもらえないだろうか。

じっと聞いていた篠崎は、まずひと言こういった。

「それは新しいね」

篠崎の目が明るくなったように見えたのだが、やがてその認識は間違っていなかったことがわかる。

「新しくもあり、サロンのようでもある。サロンの音楽の試みを、今やろうというのが新しい。それは面白いかもしれない」

インテリらしい篠崎独特の言いまわしだが、乗って喋ってくれているのがわかる。

サロン、というのは、かつてヨーロッパの王侯貴族が、文人や学者、芸術家などを集めて知的な会話を楽しんでいた集いのことを指す。そこで演奏された音楽が、サロン音楽である。音楽が今のようにたくさんの観客を集めるコンサートのような形で演奏され、一般大衆に開かれた存在になるはるか前には、音楽はむしろ限られた人だけに向けられ、ある意味で閉じられた中で演奏されていた、ともいえる。そして、そこに集った、音楽家以外の、さまざまな知的な人物たちとともにカルチャーが醸成されていく中で、新たな音楽も生まれていった。なるほど、サロンのように音楽を生み出していく。それが今回の「明日へのアンサンブル」の意味になるというのだ。

楽器編成も、いびつなほうがいいと思っている、というと、

「絶対にそのほうがいい。形を取り繕うのではなく、サロンに集まった人たちが、その場で知的に音楽を作り上げていくことが大事なんだ。ビオラやコントラバスがいなくたって、それでいいじゃないか。むしろその制約の中でアンサンブルをして音楽を作っていくほうが面白いよ」

篠崎の顔はいつの間にか、ニコニコ、ワクワクというふうになっていた。

「あとはスケジュールだな」

やる気モードになった篠崎はものすごくスピーディーだった。さっそく、七月後半から八月上旬にかけて、自分の空いているところはここだ、と具体的に日程の候補日を教えてくれた。選曲も大筋の方向性には賛同してくれ、楽しみにしている、とも言ってくれた。

「サントリーホールでやりたいね。ワクワクするね」

「孤独の音楽」を奏でてくれた十数名のアンサンブル、そして篠崎・矢部・石田の競演の姿が見えてきた。

あとは残りのメンバーにお声がけをするのみだ。

なにしろ、「孤独のアンサンブル」と続編の「希望編」に出演した音楽家一五名の所属は、九つものオーケストラに分かれている。バラバラなのだ。皆さんが賛同してくれるか、日程が合うか、心配は尽きないが、とにかく急いで連絡を取った。

まず各奏者が所属するそれぞれのオーケストラには、「クラシック音楽館」の宮崎が電光石火で話をし、合計九つのオーケストラの事務局すべてが、快諾してくれた。

ディレクターの松村は、釣り仲間としてすっかり仲良くなっている東京都交響楽団の首席オーボエ奏者・広田智之に、釣りの話ついでに今回の「明日へのアンサンブル」企画の話をしてみたところ、ぜひやろう、という返事がすぐに返ってきたという。ただし編成がいびつなのが心配だが、とも相談してみると、

「木管のことはまかせて。何とかするから大丈夫」

猛烈に頼りがいのある言葉をもらうことができたのだった。

最終的に、「孤独のアンサンブル」のメンバー一五名のうち、七月末に出産を控えていた新日本フィルの首席チェロ奏者・長谷川彰子と、その期間のスケジュール調整ができなかった東京フィルの副首席トロンボーン奏者・辻姫子はどうしても参加が叶わなかったが、それ以外の一三名は全員快諾してくれた。皆さん、「ぜひやりたい!」という返事だったという。

ついに、「クラシック界のアベンジャーズ」が本当に実現してしまうではないか。

直ちに、収録の日程調整を進めていった。

アベンジャーズ全員が揃う日にちなど、果たして本当にあるのだろうか。

広瀬とプロデューサーの佐藤を中心に、七月二十日〜八月十日までの二十二日間の中で、日程調整を一気に進めてくれた。

一三名が「ほぼ揃う」ことは何とかなりそうだという。それは、七月二十七日と三十一日の二日だけ。ただし時間帯によって、人数が増減する。

たった一ヵ月前の連絡にもかかわらず、何とか「ほぼ揃う」日にちが二日間とれたことは大変ありがたかった。これは逆に言えば、コロナ禍で仕事がキャンセルになっているからこそ何とか実現できたことでもある。

そして一三名が「全員揃う」ときを見いだすことができた。

七月二十七日の夜七時から九時まで。

三週間あまりの中で、このたった二時間だけだった。

そしてこの二時間がまるでシンデレラのような、夢の二時間となるのだった。

第6章　七月、そして一三人が揃った

選曲のパズル

七月を迎えた。

一三人のメンバーが「ほぼ揃う」ことのできる収録日は、七月二十七日と三十一日の二日間。つまり、あと四週間ほどしかない。

とにもかくにも真っ先にしなくてはいけないのが、選曲と、それらの編曲、さらにはホール探しだった。

番組はBS1スペシャルなので四九分である。冒頭部分やインタビューなどの分なども考えると、演奏に使える時間はおそらく三〇~三五分ほどだろう。そうすると、仮に五分ぐらいの曲を並べたとしても六~七曲ほど、ということになる。少ないわけではないが、番組全体がうまく流れるような構成にする必要がある。

さらに考慮しなくてはいけなかったのは、曲によって楽器の編成が変わることだった。

そもそも、一三人全員が揃うことのできる時間は、二十七日の夜七時から九時の二時間。全員によるリハーサルも含めた時間が、わずか二時間しかない。この時間内に演奏できるのは、せいぜい二曲だろう。つまり一曲一時間しか割けない。

ということは、残りの曲はどのみちフルメンバーではないのだから、逆に楽器編成を曲ごとに変えていくほうがバリエーションも豊かになるのではないか。例えば、管楽器のみの吹奏楽編成の演奏があってもよいし、弦楽器だけの演奏があってもいいだろう。ふだん見たこともない編成だっていいはずだ。それは曲の性質とアレンジによることになる。もっと言えば、一三人としてのいびつさもあれば、それ以外のいびつさがあってもよいはずである。

一三人のメンバーはそれぞれに時間の制約があるため、○日の□時に収録をするとしたら、そこに参加できるのは△人のメンバーだけになる、といったことも考える必要があった。二十七日と三十一日の二日間の中で、どこの時間帯になんの曲の収録を置くか、ということによって、その曲の編成自体も制約を受けることになるわけである。難しい。

また松村や広瀬とは、演奏してもらう場所についてもいろいろと議論していた。演奏するのはステージの上、というのは既成概念でしかない。必ずしもすべてステージの上で演奏しなくてもよいのではないか。ロビーや、客席など、いろいろな場所の可能性を探ってみるのも面白い。これも一つの「いびつさ」であり、不自由さを受け入れる、ということでもある。一方で、コロナ禍のこのようなときだからこそ、誰もいない客席での演奏などにチャレンジすることもできる、とも考えた。ふだんだったら客席で演奏することなどそうできないからだ。

ただ、演奏場所のバリエーションを作れば作るほど、撮影・録音のセッティングがかかってしまうことにもなる。機材の移動や組み直しだけでも大変な労力と時間がかかるのである。結局、技術陣とも相談し、収録場所はステージ以外には客席だけとして、三曲を撮ることにした。

ステージと客席の二ヵ所だけだとしても、曲によって編成が変わり、配置も変われば、その都度カメラや録音などの細やかなセッティング時間もかかってくる。ただ演奏しているところを撮影すればよい、というわけにもいかないのである。何より、きわめて丁寧なコロナ感染対策も必須だ。

曲と曲の間のセッティングにも時間がかかるし、その合間には音楽家たちへのインタビューや座談会も撮影しなくてはならない。その中で、七曲を撮り切るには、スケジュールを緻密に立ててきちんと進めていくしかない。実のところかなりタイトにならざるを得ないことがわかってきたのだった。

つまり選曲は、それらの条件をどれもクリアできるように考えることが要求されていた。

そして、クラシックファンも、一般の方々もどちらも共感を抱いてくれる曲であること。クラシックに依りながらも、多くの方々にとってもなじみのある曲であること。さらには一曲一曲を、コロナ禍で不自由を強いられてきた具体的に思い浮かぶ方々のために捧げることによって、世の中に広く共感を得られるよう位置づけること。これらすべてを考慮に入れて、選曲するしかなかった。

もはや、パズルとしか言いようがない。

松村に相談すると、

「これは村松さんが自分で選ぶしかないですよ」

とこともなげに返答された。

それは、クラシックのこともよく知っていながら、そうではない一般の人たちの感覚も併せ持っている人でないと無理でしょう、ということだった。例えば「クラシック音楽館」の宮崎だと前者になるし、松村たちは後者になる。でも両方の感覚を持っているのは村松さんしかいないじゃないですか。逃げるわけじゃなく、そう思いますよ、と言うのである。

そう言われると、確かにそうかもしれない、とも思った。単に昔からクラシックが大好き、ということだけでなく、総合テレビのバラエティ番組やドキュメンタリーなどをあれこれと作ることで世の中の人々の感覚を常に意識してきた、という自身の立ち位置は、こういうときにこそ大事になるかもしれない。さらには、今このときにこそ、この音楽・この演奏を聴かせるべき、という「ジャーナルな視点」をしっかりと織り込んでいく必要もある。

これは仕方あるまい。急ぎ、稚拙ながら必死に試案を思いめぐらした。そして恐る恐る、矢部や篠崎に軽く当ててみると、思いがけず好反応だったので、これで行くしかない、と腹をくった。それは次のようなラインナップだった。

①「プロムナード」

一曲目は、ロシアの作曲家・ムソルグスキーが作曲した組曲「展覧会の絵」の最初に演奏される、「プロムナード」である。

もともとはピアノの曲だが、フランスの作曲家・ラヴェルが色彩豊かに編曲を施した、オーケストラ版のほうが圧倒的に有名だろう。多くの人たちはトランペットのファンファーレのような独特なソロで始まるラヴェルのオーケストラ版を必ず耳にしたことがあるはずだ。

組曲の始まりを告げる曲として、番組のトップを切るのにもふさわしい、そう考えた。ただ実のところ、この曲を選んだのには、別の大きな理由があった。

緊急事態宣言、外出自粛によって、私たちが行くことができなくなったのは、音楽のコンサートだけではない。いろいろなところへ出向くことに制約を受けてきたはずである。その代表ともいえるのが、「ミュージアム」だ。

美術館や博物館、それに水族館や動物園など、ミュージアムは当然のことながら人々がたくさん集まるし、だからこそミュージアムとしての意味があるわけなのだが、密になりやすいこともあり、緊急事態宣言が出る前からほとんどのところが休業を余儀なくされた。六月からは再開したところもあるが、事前予約制にしたり、入場制限を厳密に設けたりして、感染対策を徹底している。それゆえに、ミュージアムは以前のように気軽に観に行けるところではなくなってしまった。

また、ミュージアムだけでなく、ディズニーランドやユニバーサルスタジオなど、テーマパークに行きたくても行けなかった人たちもたくさんいたはずである。

コロナ禍で、ミュージアムやテーマパークに行きたくても行けなかった人々、出かける楽しみを奪われてしまった人々に向けて演奏できる曲がないものか。思い至ったのが、「展覧会の絵」の「プロムナード」だった。

そもそも「展覧会の絵」は、ムソルグスキーが友人の画家・建築家であったハルトマンの急死に伴って開かれた遺作展におもむき、そこで見た絵の印象を一つ一つ曲にして組曲にしたものである。だから「古城」「カタコンベ」など絵のタイトルが曲名になっている。その中で「プロムナード」は冒頭だけでなく曲の合間に何回か入り込み、展覧会を歩いて進むさまを表している。

つまり「プロムナード」を演奏するということは、見に行くことのできない展覧会を、歩いて回っているところを夢想していることになる。そうして、行きたくても行けなかった人々に、いつかまた展覧会を観に行って会場を歩き回ってほしい、そうした思いが伝われば、と思ったのである。

この曲は当然のことながら、トランペットが必須だ。都響の高橋、N響の長谷川。そして、もう一人の金管楽器奏者である、読響のホルン、日橋が支える。さらにクラリネットの東響、吉野とファゴットの東京シティ・フィル、石井の木管楽器がやわらかく包む。この管楽器五人で演奏してもらうのがよいと考えた。

②「ニュー・シネマ・パラダイス」

コロナ禍、外出自粛によって、私たちが気軽に行くことができなくなったもの。「映画」もその一つだ。映画だけではない。演劇やミュージカル、歌舞伎、落語など、さまざまな娯楽へ出向くことができなくなった。そうした人たちに向けて奏でる音楽が必要だ、そう思った。

このとき、真っ先に思い浮かんだのが、「ニュー・シネマ・パラダイス」である。イタリアの名匠、ジュゼッペ・トルナトーレ監督による、映画と映画を愛する人々への愛がぎっしりと詰まった映画である。主人公の映画監督が数十年ぶりに故郷に戻ってくる。そして、かつて少年時代に街の映画技師とともに過ごした映画との日々と、青春時代の愛と別れを思い起こすのだ。感傷的で甘酸っぱいこの名作の素晴らしさを決定づけているのが、エンニオ・モリコーネによる音楽だ。中でも「メインテーマ」と「愛のテーマ」は、その曲が流れれば誰しも涙腺が緩む、本当に甘美でセンチメンタルな曲である。

「ニュー・シネマ・パラダイス」は、まさに「映画のための映画」である。この曲を、映画や娯楽に行きたくても行けなかったすべての人たちに捧げたい。そう思ったのだった。

この曲では、視聴者の人たちと一緒に、かつて映画をふつうに見ることのできた日々を思い起こし、郷愁と感傷に浸りたい。そのためにも、篠崎・矢部・石田のコンマス三名のバイオリンと、日フィル・菊地のチェロによる弦楽器の切ない響き、そして泣きと甘美さを奏でる都響・広田のオーボエ、N響・池田のイングリッシュホルン、東京フィル・神田のフルート、そして日橋のホルンも加わった八人での演奏を聴きたいと思った。

③「ケ・セラ・セラ」

「ケ・セラ・セラ」とは、「なるようになる」という意味だと言われる。アメリカの女優・歌手ドリス・デイが歌った曲として有名だ。その昔、NHKで「ママは太陽」という邦題で彼女自身が出演していたテレビ番組「ドリス・デイ・ショー」のオープニングテーマ曲として聴いたことがある人もいるかもしれない。ペギー葉山や雪村いずみらがカバーもしている。多くの人がこのメロディーを聴いたことがあるだろうし、ドリス・デイの明るい歌声と笑顔を思い起こすに違いない。そして、「ケ・セラ・セラ」という不思議な語感の響きもきっと耳に残っているだろう。

ケ・セラ・セラ、つまり「なるようになる」という意味合いは、このコロナ禍の不自由な時代にあって、とても大事なワードのように感じる。どれだけつらい状態だとしても、それを、なるようになる、という気持ちで前を向く、そうした姿勢がとても大切なのではないかと思ったのだ。投げやりな「なるようになる」ではなくて、今あることを受け入れて前を見据えていく、という意味の「なるようになる」である。

しかしながら、筆者がこの曲をどうしても選びたいと思ったのには、別の理由があった。

この曲は、サスペンス映画の神様アルフレッド・ヒッチコック監督の代表作の一つ、「知りすぎていた男」の劇中曲である。この映画の主演女優であり、映画の中で「ケ・セラ・セラ」を歌っていたのがドリス・デイだった。彼女はこの曲で、アカデミー賞の歌唱賞を受賞している。

映画の中でのドリス・デイは元歌手の設定。かわいい息子に、折に触れて「ケ・セラ・セラ」を歌って聴かせていて、母子の絆の象徴のような曲として位置づけられている。その息子が事件に巻き込まれ、誘拐されてしまう。ドリス・デイと夫役のジェームズ・スチュアートが必死に捜索し、息子が監禁されているのがとある国の大使館だと突き止める。その大使館でドリス・デイは元歌手として歓迎を受け、歌を披露することになる。彼女はどこかの部屋にいるはずの息子に向けて、母が来たことを知らせるために、必死に「ケ・セラ・セラ」を歌うのである。むしろ「なるようにならない」状況の中で、「なるようになる」、と歌い続けるのだ。やがて息子が遠くから歌声に口笛で合わせるのが聞こえてきて、そうして息子は救出される、というストーリーなのである。

この大使館のシーンでドリス・デイが歌う「ケ・セラ・セラ」は、耳なじみのあるカラッとした楽しいイメージとはまったく違う。切迫感と緊張感を漂わせ、それでも周囲には明るくふるまいながら歌う。この声がどうにか届いてほしい、という切望がにじみ出た歌声である。

この歌声こそが、今コロナで困難と向き合っているすべての人々にとって意味のあるものだ、そう思ったのだ。

この曲は、「木管のことはまかせて」と言ってくれた都響のオーボエ・広田を中心に、木管六名とチェロを加えた七名で演奏してもらいたいと思った。

ドリス・デイは一年前の二〇一九年五月、新型コロナウイルスのことを知る前に九七歳で亡くなっている。彼女へのオマージュでもある。

④「花のワルツ」

最初に放送した「孤独のアンサンブル」の中でも、鮮烈なインパクトがあったのが、東京交響楽団の吉野亜希菜がたった一本のクラリネットで演奏した、チャイコフスキーのバレエ組曲「くるみ割り人形」からの「花のワルツ」だった。

吉野が狭い防音室の中に一人こもり、あらゆる楽器のパートをクラリネットだけでとにかく演奏する姿は、アンサンブルのできない状況をありありと浮かび上がらせた。同時に、吉野が必死に演奏する音楽は、孤独と向き合っていた多くの視聴者に感動と勇気を与えるものになった。

そして吉野が最後、「早くみんなと一緒に演奏したい」と発した、いたく実感のこもった言葉に、心が大きく動かされた。それゆえに、この「花のワルツ」は、どうしても一三人全員のアンサンブルでやりたかったのである。

たった一人から、今度は一三人になる。メンバー全員で一緒に音楽を作り出すことがどれだけ素晴らしいことか。まさに「孤独」から「明日」へとフェーズを変えるために。それが多くの視聴者に、必ず新たな勇気を与えてくれるに違いない、そう思ったのだった。

⑤「威風堂々」

五曲目は、イギリスを代表する作曲家エルガーの「威風堂々」第一番ニ長調。

運動会や、スポーツ、そして大人数が集まるイベントや集会などでしばしば演奏される、おなじみの曲だ。元気の出る、そして威厳と気品のある行進曲である。

そうしたスポーツイベントやあらゆる集会も、コロナ禍、そして緊急事態宣言で相次いで中止になり、開催できなくなった。プロ野球も、サッカーも、ラグビーも、大相撲も、そしてオリンピック・パラリンピックも。

それらの楽しみを失った人たちへ捧げる曲として、「威風堂々」第一番ほど、ふさわしい曲はないのではないかと思った。

この曲は、中学生や高校生たちが吹奏楽で演奏することも多い。読響の日橋が語った通り、今年はコロナで、全国吹奏楽コンクールも各都道府県の吹奏楽コンクールもすべて中止になってしまった。高校野球で夏の甲子園が中止になったように、青春を賭けていた場がなくなってしまったのである。だから、そんな彼らの心にも届くように、この曲は独自の吹奏楽バージョンで演奏してもらいたい、そう願った。

⑥コンマス三人だけの演奏

今回の「明日へのアンサンブル」でどうしても実現させたかったのが、コンマス三人だけの演奏である。

篠崎、矢部、石田の三人が揃い踏みして演奏するのは初めてのことだ。その貴重な機会をとことん大切にしたいと思った。

この時点で、筆者の中では候補を三曲に絞っていた。しかし、どうしても決めきれなかった。最終的にどの曲を選んだのか、それはあとで話をすることにしたい。

⑦「キエフの大きな門」

最後の七曲目は、終曲として、当然のことながら一三人全員によるアンサンブルであってほしい。それにふさわしい曲が必要だった。

そして、最後は必ず、「明日」を感じられるようにしたい。番組を観た人が明日へ向かって一歩を踏み出せる気持ちになってもらいたい。そのことも強く思っていた。

いわゆる「フィナーレ」だったり、「大団円」だったりするような曲はいろいろあるものだ。例えばベートーヴェンで言えば「第九」の第四楽章の「歓喜の歌」などがまさにそうである。あるいはシベリウスの「フィンランディア」の最後のところや、ストラヴィンスキーの「火の鳥」終曲なども華々しい。それらは大抵、すべてに打ち勝った勝利の宣言のような、あるいは明るい未来が開けていると誇示するかのような、徹底的にポジティブなものであり、平時であれば気持ちを高揚させてくれるうれしい音楽となるはずである。

だが、今はコロナ禍のさなかである。緊急事態宣言は解除されたとはいえ、私たちの日常はかつてのものとはまったく違っている。もとには戻らないかもしれない。今の現実を受け入れて、前を向いて進むしかない。それは気分を高揚させたり、大いなる喜びにあふれたり、というようなことでは決してない。

そんなときに、どんなフィナーレがふさわしいのか。明日を感じてもらえるような終曲とはいったいなんなのか。

そうした中で選んだのが、再びムソルグスキーの「展覧会の絵」から、終曲の「キエフの大きな門」。この曲は、荘厳に、強く力をたぎらせて終わっていく。盛り上がりは大きいが、どこか厳粛である。何かに打ち勝つようなイメージではない。うれしさを分かち合うような感じでもない。祈りのような、切ない希求のような、そんな音楽だ。

それは、「展覧会の絵」という組曲の性質から来ている。先述したように、ムソルグスキーの友人、画家で建築家のハルトマンが三九歳の若さで突然亡くなり、半年後に開かれたハルトマンの遺作展に足を運んだムソルグスキーは、そこで見た絵の印象を一つ一つ楽曲にしていった。最後の「キエフの大きな門」は、建築家でもあったハルトマンが、キエフに作られる凱旋門のコンペに応募した門を絵にしたものだ。ハルトマン本人は亡くなり、この門も実現することはなかった。二重の意味で叶わなかった大きな門なのである。

つまりこの曲は、亡くなった友人を弔う、鎮魂の意味合いがきわめて強いのである。その喪失感と必死に向き合い、それを乗り越えようとするための決意の曲でもあるのだ。

だからこそ、コロナ禍の今、演奏する意味があると思ったのである。七月初めの時点で、新型コロナウイルスの感染者数は世界で一〇〇〇万人を超え、死者は五〇万人を超えていた。日本でも死者は累計で一〇〇〇人近くまで増えてきていた。こうした方々への鎮魂、そして、コロナ禍という未曽有の災難と必死に向き合っていくこと。そうすることで、何とか「明日」を見いだし、希求していくこと。今だからこそ、それらが必要なのではないか。そのための選曲だった。

展覧会の会場から外に出たとき、少しでも光射すような「明日」を感じたい。そんな終わり方ができたらうれしいと思った。

編曲、どうする

こうして七曲の候補を一気に詰めていった。

とはいえ、この時点では、ただ夢想していたにすぎない。月末の収録に向けて、すべての楽曲をそれぞれの楽器編成に編曲してくれる人を大急ぎで見つける必要があった。

すると、たまたま矢部が、とある作曲家と話をする機会があり、幸運にも、その作曲家の方が、心から信頼している作曲・編曲家を紹介してくれたのである。その人物は、山下康介。大林宣彦監督の映画「転校生」や遺作「海辺の映画館」など、たくさんの映画の音楽を手掛け、またテレビドラマでも「花より男子」「クロサギ」やアニメ「ちはやふる」、スーパー戦隊シリーズに至るまで数えきれない音楽を作曲、担当している。ゲーム音楽でも、「信長の野望」では筆者も多々お世話になった。NHKの「名曲アルバム」や、テレビ朝日の「題名のない音楽会」などでも多くの編曲をしている。日本を代表する作曲家・編曲家である。

七月三日には、我々制作スタッフとミーティングをする運びとなった。

ドキドキしながら七曲の構想を説明すると、曲についても編成についてもおおむね賛同してくれた。収録の日取りとメンバーのスケジュールもしっかりチェックしてくださり、楽曲によって収録に参加できる人数の状況も把握した上で、楽器編成についてもアドバイスしてくれた。

特に、楽器編成の「いびつさ」については、もちろん編曲上の大変さはあることは承知の上で、いびつさが大事だという意図をむしろ積極的に捉えてくれた。

矢部や石田、広田など、多くの人たちとすでに仕事を一緒にしていたから、それぞれの演奏の特性をよく理解した上で、編曲を考えられる。だからいびつさもそのまま受け入れられるのだ。

この時点で、こちらとして考えが固まっていなかったのは、コンマス三人による演奏を、何にすべきか、ということだった。

そもそも、バイオリン三本だけで演奏する曲、というのは聴いたことがなかった。そんなこと、できるのだろうか？　それでちょっと日和《ひよ》って、バイオリン三本に、他の楽器も加えたほうが良いでしょうか、と山下に聞いてみたところ、

「いや、これは絶対、コンマス三人だけにしたほうがいいですよ。それでやってみましょうよ」

と即答だった。

やはり、篠崎、矢部、石田のコンマス三人が揃うことの価値はすごい、山下はそう感じてくれていた。

筆者が候補として考えていた楽曲は、ラフマニノフの「ヴォカリーズ」、バーバーの「弦楽のためのアダージョ」、そしてエルガーのエニグマ変奏曲から「ニムロッド」の三つだった。

どの曲も、むせび泣くような音楽だ。

アレンジのしやすさ、しにくさもあるだろう。山下は「少しだけ考えさせてほしい」と言って持ち帰った。そして翌日、

「「ニムロッド」にしましょう。バイオリン三本だけで、行けると思います」

という返事が来たのだった。

「ニムロッド」。この曲は、「威風堂々」でもおなじみのイギリスの作曲家、エルガーの名前を一躍有名にした、「エニグマ変奏曲」(変奏曲「謎」とも表記される)の中の一曲である。最初に出て来る主題を次々に変奏していくのだが、第九変奏が「ニムロッド」と呼ばれる。

それぞれの変奏曲はエルガーの友人をイメージして作曲されていて、第九変奏はエルガーの親友イェーガーの愛称であった「ニムロッド」というサブタイトルがつけられている。名品なので、単体で演奏されることも多い。

それは美しい曲である。敬虔で静謐な気持ちになる。

エルガーが意図していたわけではないが、さまざまな追悼の場でも演奏される機会が多く、イギリ

スでは戦没者追悼のために王立軍楽隊が毎年必ず演奏することでも知られている。

筆者は東日本大震災の年の六月、新日本フィルのコンサートに行った際に、イギリス人の世界的指揮者、ダニエル・ハーディングが冒頭でこの曲を指揮したのを鮮明に覚えている。震災で亡くなられた方々のための、追悼の曲だった。観客も拍手はせず、祈りを捧げた。

山下も、これをあえてバイオリン三本だけでの演奏用に編曲すれば、その美しさが際立ち、より多くの方に伝わるのではないかと考えてくれた。

再び増加するコロナ感染者数

山下と初めて顔を合わせた七月三日。この日、全国ではおよそ二ヵ月ぶりに一日の感染者数が二〇〇名を超えた。東京都ではその前日から六日連続して一〇〇名を超える感染者数を記録。小池都知事は「感染拡大要警戒」を訴え、四日には都民は不要不急の他県への移動を控えるよう要請している。同じ九日には、東京都だけで二二四名と、三ヵ月ぶりに二〇〇名を超える感染者数が報告された。同じ九日には全国で三〇〇名超、翌十日には全国で四〇〇名超の感染者数を記録した。

六月にはコロナ感染もずいぶんと落ち着きを取り戻していたように感じられていたのだが、七月に入ると再び感染者数が増加してきている。もしかすると感染の第二波が到来しているのかもしれない、とささやかれていた。

その一方で、コロナ禍での復興支援策の目玉である「Go To トラベルキャンペーン」の七月後半の実施が迫ってきていた。期待をかける人たちがいる一方で、東京との往来が増えることで地方への感染が拡大するのではないかと不安や懸念を示す自治体などもあった。

以前の暮らしへと戻す方向へシフトできるのか。逆に、感染を抑えるためには一度緩んだ空気を締め直し、再び厳しい我慢の方向へ舵を切るのか。新しい日常と向き合う中で、日本中が揺れていた。

ホールが決まった

そんな中で我々は、「明日へのアンサンブル」の収録に向けて、一気に駆け抜けていく必要があった。選曲、編曲の次は、ホールの確保である。

収録まであと三週間ほどしかない時点で、まだホールが決まっていないのはかなりリスキーである。通常だったら一年以上前から、多くのホールのスケジュールは埋まっているものだからだ。

ただ、コロナ禍で、状況は一変していた。コロナによる開催の制限を余儀なくされ、多くのホールでの公演がキャンセルされていたのである。とはいえ、六月後半からコンサートが復活し始め、ホールは再び埋まり始めていた。

今回の場合、二十七日と三十一日の二日間、同じホールでできることが望ましかった。また、コロナ感染対策上、ある程度の広さも必要である。スローハンドの佐藤たちが必死に探し、またいくつかのオーケストラの事務局も協力してくれた。最終的に、東京・目黒区にある、めぐろパーシモンホールを借りることができた。

今だからこその「ステージング」を

最大一三人によるアンサンブル。曲によっては参加人数も異なり、最小では三人の編成もある。管楽器だけのときや、そこにチェロが加わるときもあるなど、演奏する七曲のほぼすべてで参加する人数・編成が変わることになる。しかも、少々不思議な編成である。

ステージの運営上で言うと、一曲ごとに、ステージングが変わることになる。特に今回は収録なので、録音用のマイクの配置、撮影用のカメラの撮り方が、一つ一つ変わるのだ。これは実はけっこう手間がかかる。

だが、ディレクターの松村や広瀬とは、これをポジティブに考えようと話した。今、このコロナ禍だからこそそのステージングを考えるべきなのではないか、そのことが強いメッセージになるはずだ。

先述の通り、客席での演奏はぜひやろうと意見が一致していた。コロナ禍で、多くのホールでは長らく観客の来ない、無人の状態が続いてきた。そのことを思い起こすために、奏者が人のまったくいない客席側での演奏することにチャレンジしてみたいと思ったのだ。観客がいないからこそできるステージングともいえる。さらに、ステージに上がっての演奏のときにも、ステージングそのものに今だからこその意義を見いだしたい。そう思っていたとき、松村からこんな意見が飛び出した。

「円の形を作る、というのはどうですかね。スポーツでも試合前に円陣を組んだりするじゃないですか。こういうコロナのときだからこそ、みんなの気持ちが一つになる、って大事ですよね。それには円陣がいちばんいいんじゃないかと思うんですよ」

たしかにそうだと思った。今、世の中に必要なのは、心が通い合うこと、一体感を持つことなのかもしれない。

だが、そうしたフォーメーションでの演奏を、我々は見たことがない。そこには音楽的な問題があるからなのかもしれない。

さらに録音上の問題もあるだろう。対面になると楽器が全員客席側を向くわけではなくなるし、また舞台後方の奏者と手前のほうの奏者では、通常の観客席までの距離が変わってくる。

だが、これについては、音声を担当する深田晃が、大丈夫だと言ってくれた。深田はサイトウキネン・オーケストラの録音なども担当してきた、クラシック界の録音技術のエキスパートだ。

もう一つ大事な問題があった。それは、コロナ感染対策に伴い、演奏者同士の距離をどれくらい空けるか、ということである。

これはその時点でのNHKでの演奏基準に則って、隣り合う奏者の距離を二メートル空けることとした。一三人のアンサンブルの場合、円の直径はざっくり八メートルほどになる。ホールの空調の力はかなりのものがあるし、これだけの距離があれば問題ないであろうと判断した。

ただ、円形になる場合、考えねばならなかったのが、ステージの奥行きである。

幸い、パーシモンホールは、オーケストラ演奏にも対応できるよう、奥行きが深めであり、一〇メートルはとれることがわかった。それであれば、円形のフォーメーション自体は物理的には可能なようだ。


コロナ禍の今しかないステージング。松村が、さらにアイデアを出してくれた。

「カメラのベースのポジションを、逆にしませんか」

どういうことだろう。

「今、客席に誰もいない中で演奏している、ということがわかったほうがいいと思うんですよ。コロナ禍の今だからこそ、観客なしでの演奏になっていることを、あえて映像的にしっかりわかってもらうこと自体に意味があるんじゃないかと思って」

たしかに、無観客の演奏会の動画配信は、客席を映すことを好んでしているわけではない。ステージを映す際に、客席にも人がいないのがなんとなくわかったり、演奏が終わっても拍手が起こらないことでそれがわかったり、という感じだ。それをわかるような形での収録にしたほうが、今この時点での収録であることが意味を持って伝わり、ジャーナルな視点を入れられるのではないか、というのである。

「なので、ベースのカメラを、ステージのいちばん奥にもっていくのはどうかと。そちら側から演奏者の皆さんを映せば、背景が無人の客席になります。今、この状況で演奏しているのだ、ということがいちばん伝わるんじゃないかと思うんです」

これはすごい、と思った。

そんなクラシック音楽の映像は、まったく見たことがない。そもそもステージのど真ん中のいちばん奥にカメラとカメラマンがいたら、ふだんのコンサートだったら観客は気になって仕方がないだろう。クラシックでは、だから無人カメラを置いたり、舞台袖のいちばん近いほうに目立たぬように有人のカメラを置いたりもして工夫しているわけだが、観客がいないのであれば、ステージ上のど真ん中にカメラがあってもそれを気にされることはない。

何よりも、そこから撮ったときの映像自体が、今のコロナ禍の状況を象徴している。とても意味があることだと思えた。

またパーシモンホールの奥行きには十分なゆとりがあったので、円になった奏者たちが並ぶステージのいちばん奥にカメラを入れ込んでも、円形のフォーメーションに近寄りすぎず、感染対策可能な距離を空けて撮影することができそうだ。

円陣を組むフォーメーションもそうだが、クラシックにあまりなじみのないディレクターである松村だからこそ出てきた発想だ。

完全にシャッフルしたフォーメーションへ

一三名の円形のフォーメーションを組むときに、誰がどこに立つべきか。

これも難しい問題だった。

通常のオーケストラであれば、指揮者に近い手前側が弦楽器、奥が管楽器という配置である。また弦楽器は、指揮者によっても変わるが、例えばいちばん左側（下手側）から第一バイオリン、第二バイオリン、チェロ、いちばん右側（上手側）にビオラ。チェロの後方にコントラバス、という布陣になる。管楽器も、センターから下手がフルート、上手がオーボエ、二列目は下手がクラリネット、上手がファゴット、その後ろ側に金管楽器、というように、型が存在する。

今回は円形だとすれば、当然、そうした形にはならない。さらにややこしいことに、コンサートマスターが三人もいるのだ。

いろいろ悩んだが、初志に立ち戻れば、いちばん考えねばならないことは、いびつさを受け入れること、不自由さを受け入れることだ。そのためには、決められたスタイルから最も離れたことをやるのが良い。

完全にシャッフルしたフォーメーションにしよう、と決めた。

編曲の山下が、みんなプロ中のプロだから何とかなるのではないか、とアドバイスをくれたのも支えになった。

筆者が決めたシャッフルのルールは、
「同じ楽器が隣にならない」
「木管同士、金管同士、弦楽器同士も隣にならない」。
通常のオーケストラとは真逆の発想である。
とはいえ、一三名でこれを実現するのは相当に難しかった。
なおかつ、トランペットは客席側にあまりに背中を向けすぎてしまうと音が飛んでいかない、とか、ホルンは朝顔の向きをできるだけ後ろに壁がある方向にする、とか、細かいことにも気を遣った。曲によってなんとなく存在している弦楽器のリード役と管楽器のリード役ができるだけ隣り合わせになることも勘案した。
それに、曲目の中で撮ったほうが良いと思われる映像を撮影するためには、そもそもの位置取りがきわめて重要にもなる。
それらを勘案して、並び順をエイヤで決めた。
ベースのカメラから見たときにセンター方向、つまり客席にいちばん近い側から時計回りに、
石田（バイオリン・神奈川フィル）
梶川（フルート・N響）
菊地（チェロ・日本フィル）
広田（オーボエ・都響）
高橋（トランペット・都響）
石井（ファゴット・東京シティ・フィル）

篠崎（バイオリン・N響）
神田（フルート・東京フィル）
長谷川（トランペット・N響）
矢部（バイオリン・都響）
池田（イングリッシュホルン・N響）
日橋（ホルン・読響）
吉野（クラリネット・東響）
という順番にした。
これなら同じ楽器も隣り合わず、木管同士・金管同士・弦同士も隣り合わないフォーメーションになる。コンサートマスター三人もばらけ、誰かがリーダーシップをとる演奏ではなくて、全員で一体感をもって作っていくアンサンブルになっていくに違いない。
本当はもう一つ、「同じオーケストラのメンバーが隣にならない」というルールも実現させたかったのだが、都響の広田と高橋が隣り合うところだけはパーフェクトにはいかなかった。しかし、あとは同じオケのメンバーはバラバラの位置になった。
とはいえ、まだこちらが妄想して考えただけのフォーメーションである。演奏する音楽家にとってはもしかしたらかなり演奏しにくい形かもしれない。あえての困難と不自由さを受け入れてもらえるかどうか、まだ定かではなかった。

不自由さを受け入れる音楽家たち

七月六日。エンニオ・モリコーネが亡くなった、というニュースが届いた。「ニュー・シネマ・パラダイス」の作曲者だ。ただでさえ切ない曲が、さらに切なく感じられる。

山下は急ピッチで編曲作業を進めていた。一気に七曲を全部一人で編曲していくのはさすがに大変なので、「花のワルツ」と「威風堂々」については山下が信頼する作曲家・編曲家の萩森英明が担当することになった。

十日、池袋で行われた東京都交響楽団の練習の後に、コンマスの矢部とトランペットの高橋が時間を融通してくれて、二人と話をすることができた。

矢部には軽く選曲についてほのめかした感じは当ててはいたものの、曲の詳細や楽器編成について話すのはこのときが初めてである。

矢部も高橋も賛同してくれた。それぞれの曲を選んだ意味合いにも同意してくれた。

「すごく良い選曲だと思います」

矢部があたたかい言葉をかけてくれる。

高橋が心配していたのは、客席での演奏の位置のことだった。例えば二階席の左右にあるせり出したところで二本のトランペットが離れて吹くようなケースは、音が届くまでの時差が大きくなりすぎてアンサンブルとしてはきついだろう、客席でもできるだけ集まって演奏できるほうがよい、客席での演奏は、離れるとしても、一〇メートルぐらいまでにしておいたほうがいいだろう、という具体的なアドバイスももらった。

最初の「展覧会の絵」の「プロムナード」は、五人での演奏になる。五人が一列に並んだときには左右で八メートル開いての演奏になるが、それぐらいが限界ではないか、でも「プロムナード」の演奏はそれであれば可能だと思う、とも言ってくれた。

そして、一三人の円形フォーメーションの話をした。

矢部も、高橋も、「大丈夫」と言い切った。

「すごく面白いチャレンジだし、むしろワクワクします」

矢部は練習後で疲れているにもかかわらず、そのように言ってくれた。そして、矢部も高橋も揃って、

「もちろん、やったことはないフォーメーションですけど、それにお互いの距離はどうしてもあるけれど、これだけのメンバーが揃っているんだから、絶対にできますよ」

とまで言ってくれたのだった。

このミーティングの翌々日の十二日。矢部と高橋のオーケストラである東京都交響楽団は主催公演としては五ヵ月ぶりとなるコンサートを、サントリーホールで開いた。もともと予定していた海外の指揮者が来られなくなり、音楽監督の大野和士が指揮を務め、メインの曲目もレスピーギの交響詩「ローマの祭り」から、楽器編成が小さくて済むプロコフィエフの交響曲第一番「古典交響曲」に替え、トータルの演奏時間も短くした上での演奏会だった。観客数は五〇%以下という制限がかかっていたとはいえ、都響にとって、また矢部や高橋らにとってもうれしい再開となった。

ちょうど同じ頃、七月十一日から十三日にかけて、クラシック音楽公演運営推進協議会などによる「#コロナ下の音楽文化を前に進めるプロジェクト」が、「クラシック音楽演奏・鑑賞にともなう飛沫

感染リスク検証実験」を行った。感染症の専門医などの専門家、N響・名古屋フィル・東京佼成ウィンドオーケストラ・声楽家などの実演家の方々、そしてヤマハ、新日本空調、NHKなどが協力し合い、詳細な実験をしたのである。これには「クラシック音楽館」の宮崎も一肌脱いでいて、内容は番組でも紹介されている。実験結果は後日報告書にまとめられ、多くの音楽団体の指針として活用されていった。

七月十七日、NHK交響楽団のコンサートが無観客ながら再開された。FMで生放送し、また収録も行い、後日オンエアされるものだ。こちらも三月初めのヨーロッパ公演以来、四ヵ月半ぶりの公演である。

クラシック界が再生しつつあるのを感じる。ただ、N響のように無観客だったり、都響のように演奏会の時間を短くしたりするなど、元通りにはならないのも事実だ。科学的なファクトを積み重ねていかないと安心した対策もとれないし、不安は抱えたままである。

N響の本番を控えた午後、NHKホールの楽屋に篠崎を訪ねた。「明日へのアンサンブル」の選曲や編成、フォーメーションなど、篠崎はすべてを受け止めてくれた。

いびつさを受け入れること、一つ一つの曲にメッセージを込めること。そのことを理解し賛同してくれている篠崎は、あとは場を与えられればそれに従ってやるまでだ、というようなトーンで話をしてくれ、すがすがしいほどだった。

「みんなオーケストラのトップの人たちなんだから、大丈夫だよ」

ニッコリ笑うのだった。

木管はどうだろう。オーボエの都響・広田にも話をした。

「客席で演奏するのは、決まりなんだよね？」

そういう広田だったが、まかせておけ、というような、前向きな明るいトーンだった。

一三人の円形フォーメーションも、何の問題もなかった。

「これだけのメンバーなんだから、絶対に大丈夫」

やはり、矢部や高橋、篠崎と同じことを言う。

これなら本当に大丈夫だろう。そう思えた。

おそらく、先に話を聞くことのできた矢部も高橋も篠崎も広田も、単にいびつさを受け入れる、不自由さを受け入れるということだけでないのだ。あえて自制的になりながら、それでもなお、一体感をもって、最高のものを演奏することにチャレンジしようとしている。そう感じられた。

スコアが届いた

七月十三日。編曲の山下から、アレンジした楽譜の初稿がデモと一緒にメールで届いた。

まず、楽譜を開いた。

譜面のいちばん左側、ふつうであれば楽器名が書かれるところがある。例えば「Vln.1」「Vln.2」とか「Fl.2」「Trp.1」といったように表記されるのが通常だ。

だが、山下が送ってきた楽譜は、その欄は奏者の名前になっていた。譜面そのものに、「篠崎史紀」「矢部達哉」「石田泰尚」といったように名前自体が書いてあるのだ。

そのことに最初に感動した。こんなパーソナルな楽譜を見るのは初めてだ。

今このとき、コロナ禍だからこそ生まれたアンサンブル。その特別な意味をあらためて強く感じた。

中身も、素人目から見ても、素晴らしいと思った。デモを聴いた松村や広瀬も、とても喜んでいた。

とりわけ筆者がうれしいと感じたのは、「展覧会の絵」の終曲「キエフの大きな門」だ。有名なラヴェルのオーケストラ版ではなく、ムソルグスキーのピアノ原典版をもとにアレンジしている、と感じられたからだ。山下に聞くとまさにそうだった。

七月十九日には、萩森が編曲した残り二曲も届いた。

一三名のプレイヤーたちに、各パート譜が送られた。

いよいよである。

第7章　七月二十七日

梅雨の明けない中で

二〇二〇年の梅雨は長かった。東京では平年では七月二十一日には梅雨が明けるというが、なかなかカラッとした夏が来る様子がない。いつまでも収束する気配が感じられないコロナ禍に歩調を合わせているかのようだ。

七月二十七日、東急東横線の都立大学駅を降り立つ。目指すめぐろパーシモンホールは、東京都立大学の跡地にあるのだ。朝の空は今にも雨が落ちてきそうな色をしている。気温は高く、湿度もあって、マスクをつけていると少々息苦しい。目黒通りを越えて、なだらかな坂道をわずかばかり上ると、左手に緑の公園が見えてくる。その奥にあるのが、パーシモンホールである。

地下の楽屋入り口で手指のアルコール消毒を丁寧に施してから中へ入り、ステージ袖へ行くと、マスクをつけた技術陣がすでに黙々と機材準備を進めていた。近寄らず、なおかつ小声で挨拶する。いよいよ収録初日である。今日はここで、全七曲のうち五曲を収録することになっている。座談会のロケも予定しているので、かなりの撮影ボリュームだ。夜まで、長い一日になる。

ステージ袖には、進行表と、今日使用する予定の楽曲の楽譜が置かれていた。緊張と期待が高まる。ディレクターの松村が、新日本フィルの首席チェロ奏者・長谷川彰子から、数日前に無事にお子さんが生まれたというメールをもらったと教えてくれた。長谷川は出産ギリギリのタイミングにもかかわらず、最後まで「明日へのアンサンブル」に何とか参加できないかと検討してくれていた。気持ちが明るくなる、嬉しいニュースだった。

収録五日前の七月二十二日。「Go To トラベル」キャンペーンがスタートしていた。旅行代金が値引きされたり、旅行先で使えるクーポンがもらえたりする、コロナ禍における振興策だ。ニュースでは喜んで旅行に出る母娘が「ずっと家にこもっていたので、うれしいです」とコメントしていた。利用者が激減していたホテルや旅館などの宿泊業者や、観光地のさまざまな店舗や施設、旅行業者などの喜ぶ声も聞こえてくる。

その一方でコロナの感染者数は徐々に増えてきていた。同じ二十二日には国内の感染者数が七九五人と過去最多を記録。翌二十三日には九八一人とさらに最多を更新、一〇〇〇人に届きそうな勢いだった。二十三日は都内での感染者数だけでも三六六人と、これも過去最多だった。二十六日には国内のコロナ感染者数が三万人を超えている。

このような状況の中での「Go To トラベル」開始には反対の声が多かったのもたしかである。結局直前になって、東京都への旅行と、東京都からの旅行は、このキャンペーンからは除外されることとなった。

相変わらずデリケートな空気だった。だからこそ、明日に向かって希望を示すアンサンブルをすることに意味がある、そのことを強く感じていた。

女性四名が語り合う

昼過ぎ。一三人のメンバーのうち女性四名による座談会の収録からスタートした。

N響のオーボエ&イングリッシュホルン奏者の池田昭子、同じくN響のフルート奏者・梶川真歩、東京交響楽団の首席クラリネット奏者・吉野亜希菜、そして東京シティ・フィルの副首席ファゴット奏者・石井野乃香である。池田は梶川とは同じN響だが、他の二人とは初対面だった。外の公園とガラス越しにつながっている明るいホールのロビーで、それぞれが二メートルの距離を空け、座る。

話のスタートは、初めて一三人で集まる今回のアンサンブルについて、池田が梶川に聞いた。

梶川「たぶんコロナのこの時期だから皆さん集まれると思うんですけど、すごいメンバーですよね。コンマスが三人もいて」

吉野「お会いするのが初めての方も多くて、あとやっぱり、今このときじゃないとこういうふうに集まれないでしょうから、もうすごい楽しみです」

石井「私もすごい楽しみですけど、半分ぐらいはすごい緊張してます」

吉野、梶川「私もです」

話は自粛期間中の生活になる。

池田「石井さんは、番組でお料理を頑張ってらっしゃって」

石井「料理は始めましたけど、すごい失敗ばっかりしてて（笑）」

池田「それは塩サバの味噌煮のことでしょうか（笑）」

石井「そう。塩サバの味噌煮とか、シチューとかもブロッコリー粉々みたいな」

梶川「わかる（笑）」

女子トークが盛り上がる。

吉野「私はまず家の掃除をいろいろして、それが終わってもまだ全然自粛が続くので、取りあえずやりたいことをやろうと思って、ふだんわりとランニングが好きでやってるので、それをまた実行して、それでもやっぱりまだ時間があるので、そばを打ち始めて」

池田「私、番組見せていただいて、そば打ちセットを買うっていうところまでだったと思うんですけど、どうでした？」

吉野「そのあとに打ったんです。まだ全然、人さまに食べてもらえるようなレベルではないんですけど。奥が深いなと思って」

梶川「私はとにかくお掃除をして、最初のうちは料理ですかね。やっぱりもうストレスの発散がご飯にいくじゃないですか。楽しいことって思ったら料理してご飯食べることってなったんですけど、すごく運動が少ないので太ってきちゃって」

池田「私はクローゼットの中をとにかくきれいにしようと思って、ドレスを色鉛筆みたいに赤から順にグラデーションのように並べたり、そういう整理整頓をしてましたね。見えないようにしていたほこりを取り除いたり。気持ち的にもすっきりしますよね、何か一個片付くとね」

生活の中に、無理やりにでもメリハリを見つけようとしているようでもあった。

池田は小学校二年生の息子の話をしてくれた。

池田「生活の中に、あまりアクションがないじゃないですか、子どもとすごい遊べて、とても楽しいことは楽しいんですけど、その分ケンカも激しくて。ただ、今までは仕事ばかり行って、寂しい思いをさせてかわいそうだなっていうところがあって、それで逆にバランス取れたのかなって。もしかしたらこういうことがなかったら経験することもなかったかもしれないなとも思いましたね」

自粛中、音楽することへのモチベーションを保つのは大変だったのではないか。

みな、どう音楽と向き合っていたのだろうか。

石井「これまで仕事していたときは、演奏がすごい縮こまっちゃってたという感じがあって、もう練習量足りないなって痛感してたので、時間ができたことで、ちょっとリフレッシュできて、練習をたくさんすることができたのは良かったです。

あと（ファゴット用の）リードも、試したいものがいっぱいあって、長さを変えてたくさん作ってみたりして、結構モチベーションはずっと保てたかなと思いますね」

梶川「毎日練習は欠かさずやってましたね。いつでも自粛が終わったら本気でいけるようにと思って。やっぱり自分の基礎を見直したりとか、細かいところをやる時間っていうのは無限に欲しいものじゃないですか。そういう時間がゆっくり取れたのはすごく良かったと思っています。自分の持ち場を充実させることに関しては、すごく貯金ができたと思います」

状況をポジティブに受け止めていた石井と梶川に対して、吉野はちょっと違っていた。

吉野「私は最低限の基礎練習はやるようにしていたけれど、このあたりで自粛が明けるかなっていう頃に予定されていた公演の曲をさらったりしては、それがキャンセルになったり延期になったりして、ああ、またかっていう連続で……。私はふだんよりモチベーションを保つのが難しかったですね。本当は時間があるから、この曲やって、あれもやって、なんて頭では思ってたんですけど、なかなか時間があるからってできるってものでもないなって」

池田は、ちょっと違った角度で音楽と向き合うこともしていた。

「私は子どももいるし、ふだん、自分が練習したいだけ練習できるっていう環境になくて、もう必死に食らいついてるって感じだったので、この期間中に奏法をあらためて、きちんと頭の中で整理してみようと思ったんですね、今回。

どういうふうにしたらいい音が出るかということをちょっと研究してみようと思っていたとき、小田和正さんのDVDを見たら、なんでこんなに楽に、力が抜けてるのにいい声してるのかなとか」

梶川「小田和正さんから？」

池田「そう。大好きなんですけど。研究しようと思って見たわけじゃなくて、すてきだなと思って見ていたら、あ、きっとこういうふうにすると楽器にも生かせるんじゃないかなと。楽器を吹くことっていうより、そういうリセットっていうか、再起動するみたいなね」

今回、「孤独の音楽」を奏でてきた二三人のオケのトップ奏者たちが集まることになった。聞いている方々に届けたいものとはなんなのだろうか。

吉野「今回やっと一〇人以上で演奏できるので、それがうれしいという気持ちがまず伝わればいいなって。あとやっぱり聴いてる方の心が動く演奏ができればいいなと思ってます」

石井「私は、やっぱりこの前一人で吹いたときよりもすごい心が晴れ晴れしてますね。聴いてくれる方々も、みんなハッピーな気持ちになってくれたらいいなって思います」

池田「孤独の演奏のときって、おうちだったじゃないですか。一人一人、密閉されたところで、すごい暗くて閉鎖的な中で、一生懸命やったっていう感じがあるんですよね。

だけど、今回は広いところで音を重ね合わせる喜びや、解放された気持ちがあって。そのハッピー感を、これからの先が見通せる感じを、聴いてくださる方に、音だけじゃなくて、視覚的にもお届けできるんじゃないかと思っています」

吉野「やっぱりホールで吹けるのはすごいうれしいですよね」

池田「そうだよね。残響、ほぼゼロだもんね、家はね」

梶川「ゼロです、パサパサです。悲しくなっちゃう。残響があると間の取り方がすごい変わるじゃないですか。その感覚はやっぱりちょっと、おうちで練習してるとわからない。やっぱり響くと気持ちいいですよね。

初めてのメンバー同士での演奏というのはすごく緊張するものなんですけど、そのスリルの楽しさもあるし、そこが見ておられる方々に伝わればいいなと思います」

吉野「前回の放送でクラリネットを一人で吹いているときに、まさかこういうふうに皆さんとできるなんて思ってもいなかったので。本当にびっくりですし、うれしいです」

池田は、今、演奏ができるうれしさをこうまとめた。

「今回のコロナ禍で、世界で活躍する音楽家の人たちも、我々みたいなオーケストラプレイヤーも、すべての世界中の音楽家たちが演奏できなくて、ずっとおうちにいるけれど、みんなが潜在意識ではつながってるというような気がします。今はちょっと大変だけど、次に何か皆さんの前で、こんな素晴らしい音楽があるんですよってお示しできるエネルギーをためてるんだぞって思うと、なんか勇気が湧いてくるんですよね」

吉野は、今このコロナ禍において、音楽家であることの幸福を語った。

「今、自由に演奏会だったりライブに行きたくても行けない人がたくさんいると思うんですけど、これだけ世の中の人、世界中の人が音楽を求めていて、それを演奏する側でいられるってことがすごいうれしいなって思います。ふだんから感じてはいましたけど、こういう状況になったからこそ、それをできる側にいることにやっぱりすごい幸せを感じます」

最後に石井に池田が質問を投げかけたときだった。

石井が答える言葉が見つからず困っていると、池田がさりげなくフォローを入れる。

「だって言葉にできないことを音楽にしてるわけですからね、我々はね。良かったですよね、音楽家で」

たしかにそうなのだ。音楽家というのは、音楽で語ることができるからこそなのだ。その強さを感じた。

その強さは、みんなで演奏する機会があればこそ発揮できる、ということでもある。彼女たちにとっても、今回アンサンブルに挑むのは意味のあることなのだと、あらためて思えた。

「プロムナード」が鳴り響く

この日、最初に演奏する曲は、番組上でも最初の曲となる、ムソルグスキーの組曲「展覧会の絵」の「プロムナード」である。

舞台袖から、ステージへと進んでいく。しかし、そこには、誰もいない。空っぽのステージが広がるのみである。

そこから客席へと目をやると、一階席の真ん中あたりにある通路に、譜面台が五つ置かれている。一つ一つが二メートルの距離を空けて、一列に並んでいる。

ここが、演奏する場所だ。客席のど真ん中での演奏。通常ではあり得ない、コロナ禍を象徴する演奏場所である。

「展覧会の絵」より「プロムナード」　客席から高橋（左）と長谷川のトランペットが響く

それぞれの譜面台の前には、マイクと、そして三脚に据えられたデジタルカメラが置かれている。どの奏者の演奏も、音も映像も決して逃さない、という技術態勢だ。これらとは別に、二階席の左右の張り出しのところから二台のカメラが演奏を狙う。もちろんステージのど真ん中にはのちほどベース映像を撮るクレーンカメラが入ってくる予定だ。

ディレクターたち演出陣も、技術陣も、みなソーシャルディスタンスを保ちながら準備を進めている。当然のことながら、全員マスクである。ホールは換気を強化するため、演奏のとき以外はどの扉も開けておく。すべてはコロナ感染対策が最優先である。ホールで広いスペースとはいえ、人数も多い中での収録で、緊張感が絶えない。

編曲を担当した山下康介が来てくれた。収録にずっと立ち会ってくれるという。心強い。

やがて、都響の首席トランペット奏者の高橋敦が現れた。舞台袖からステージへと出て、そしてそのまま舞台の階段を下りて客席へと歩む。自然体だ。N響の首席トランペット奏者の長谷川智之、そして読響の首席ホルン奏者の日橋辰朗が続く。

そして、緊張した面持ちで、東響の首席クラリネット奏者の吉野亜希菜、東京シティ・フィルの副首席ファゴット奏者の石井野乃香が客席へと向かう。

真ん中にトランペットの高橋。その向かって右側にはやはりトランペットの長谷川、左にホルンの日橋。そのさらに左にはクラリネットの吉野。いちばん右側にはファゴットの石井。

真一文字の一列の並び。ステージ側から見ると、客席のど真ん中に、五人がこちらを向いて立っているのは壮観だ。通常のコンサートではあり得ない光景。そのままファンファーレを吹いてほしくなる。

ただ、両端の吉野と石井が、目を合わせられない位置関係になるのでやりにくそうだ。二人のポジションをほんの少しだけ前に出してもらうことにした。


まずは一回、合わせてみよう。そんな話になったのだと思う。

いきなり、高橋のトランペットが鳴った。

「プロムナード」の冒頭だ。

響く。

まさに「響く」とはこういうことだ。ホールの中に、トランペットの音が充満していく。

高橋を追いかけるように、他の四人も音を鳴らす。

生の音の圧倒的なすごさ。それがホールの中で響き、伝わり、体中が音の振動で揺さぶられる。コロナ禍になって以来、ずっと忘れていたものだ。これが、クラシックをホールで、生で聴く醍醐味なのだ。

五人の音の響きに感動が走る。まだ最初の音合わせだというのに。

何度か合わせたのち、本番となった。

高橋のトランペットが、五拍子と六拍子で続く二小節のメロディーを奏でる。

そしてすぐに五人全員がその一一拍のメロディーを追いかける。

亡くなった友人の展覧会の会場に入り、飾られた数々の絵を見渡しながら、足を踏み出していく、ムソルグスキーの思い描いたであろうイメージが広がる。

そして最後、五人が吹き終わったとき、楽器からの音は消えているのに、ホールの中にはその音の響きがふわあっと残り、拡散して、やがて消えた。


楽器を下ろすと、高橋を中心に、五人の顔に笑顔が広がる。そして、お互いに拍手でたたえ合う。彼らも、手ごたえがあったのだと思う。

舞台袖でチェックをしていたディレクターの松村からの「OKです」の声を聴くと、五人は再び楽屋へと戻っていった。「お疲れさまでした」以外に何を語るわけでもない。

その直後、フロアディレクターの江口麻衣子が、目をキラキラさせて、

「すごいですね！　ステキでしたね！　私、聴いてて感動しちゃいました」

と筆者に話しかけてきた。ここにも同じ気持ちになっている人がいた。この演奏は必ず、コロナでずっと苦しい思いをしてきた人々に、勇気と励まし、そして共感をもたらしてくれるはずだ。

「ケ・セラ・セラ」のメッセージ

「プロムナード」の収録が終わり、次の曲のセッティングへと移る。

同じ客席での収録だが、今度は七名になる。先ほどと同じ通路に三名が横並びで、そしてそこから弧を描くように、四名が両サイドの客席側に開く形を取った。客席を広々と占拠するようにして演奏する絵柄は、やはり見たことがない。今だからこそ、のフォーメーションである。

ただし、両端はかなり距離が空くので、お互いの音が聴こえづらいかもしれない。

セッティングの様子を横目に見て、その足で楽屋へと向かった。そろそろ、都響の首席オーボエ奏者、広田智之がホールに到着する頃だ。

一階にある個室の楽屋を訪ねると、白に派手なプリントのシャツの広田がすでに入っていた。

「おー、どうもどうも、よろしくお願いします」

いつものことながら、明るく迎えてくれる。

「個室だと落ち着かないなあ。二階の大部屋でみんなと一緒のほうがいいくらい」

根っから人と交わるのが好きなのだ。今回のアンサンブルをとても喜んでくれているのが伝わってくる。

その広田に、一つ相談したいことがあった。それは「ケ・セラ・セラ」の選曲の意図のことである。

「この曲って、ちょっと能天気に聴こえてしまうところがあると思うんですけど……」

と話し始めたところ、広田が間髪を入れず、

「昨日、観たんですよ、映画。アマゾンプライムで。村松さんたちがこの曲を選んだ意図について前に話してくれていたから、ちゃんと映画を観なくっちゃと思って」

広田は続ける。

「映画、ほんとに感動した。『ケ・セラ・セラ』があんなふうに使われていた、っていうのも知らな

くて。そうか、そういう意味でこの曲を選んだんだ、というのがよくわかって」

加えて、こう言ってくれた。

「みんなと演奏する前に、映画を観たこと、話してもいいですか？　映画の中で「ケ・セラ・セラ」がどう使われていて、今日どんなふうに演奏したらいいか、ってこと」

「木管はまかせて」と言ってくれていただけのことはある。心強い。


客席には、すでに多くのメンバーが集まってきていた。

東京フィルの首席フルート奏者、神田勇哉。いちばん左手前の位置に陣取り、音をさらっている。神田はいちばん最初に「ケ・セラ・セラ」のメロディーを提示する役回りだ。まさにその音を奏でる音が聴こえてきた。

とても明るく、朗らかな音色だった。それは体が小躍りしそうな、陽気でリズミカルなイメージに近かった。いわゆる「ケ・セラ・セラ」の一般的なイメージに近い。実際のアンサンブルのときにはどうなっていくのか、気になった。

メンバーが全員揃った。中央にはクラリネットの吉野。向かって左側には、日本フィルのソロ・チェロ奏者、菊地知也が位置する。今回のメンバーで唯一、座って演奏するのが菊地だ。

菊地の斜め前にはN響のフルート、梶川真歩。その一つ前に、東フィルのフルート、神田勇哉。夫婦のフルートが並ぶ。

センターの吉野の右隣りには、ファゴットの石井。そして石井の斜め前には、N響のイングリッシュホルン、池田昭子。その一つ前、いちばん手前が都響のオーボエ、広田だ。

広田はオーボエとリードケースを手に、ステージから客席へと降りながら、

「客席で、この距離でやるのは変えられないんだよね」

と自分に言い聞かせるように歩き、譜面台の前に立つ。広田のようなキャリアの持ち主でも、こうしたシチュエーションの演奏は初めてなのだ。

全員の準備が整ったところで、広田が話し始めた。

「ぼく、昨日、映画を観たんですよ。ヒッチコックの「知りすぎていた男」をアマゾンで。この「ケ・セラ・セラ」っていう曲が、映画で使われていたというのは知っていたけれど、初めて観たんです。

そうしたらね、ものすごい感動的なところに使われているんですよ。ちょっとビックリしました。ドリス・デイが歌手をしているお母さん役を演じているんですけれど、自分の子どもがどこかの国の大使館に監禁されてしまっている。それでその大使館に、ドリス・デイが出向いて行って、そこで彼女が歌を歌うんです。大使館のどこの部屋にいるかはわからないんだけど、どこかで自分の子どもが聴いているはずっていうことがお母さんはわかってて、子どもと一緒に日頃歌ってた「ケ・セラ・セラ」を、切々と歌うんです。お母さんはここにいるよって。

窮地に追い込まれた人間の、救いの手がとにかくほしい、という歌なんです。それに対して、子どもが遠くから、口笛でその歌に合わせる。それでやはりこの大使館にいることがわかる。本当に感動的なんです。

だから、この曲は、明るい能天気な感じというより、すごく切実な感じで、希望を求めるような感

「ケ・セラ・セラ」 客席に7名が並ぶフォーメーション。左手前に神田、右端に広田

じで、コロナで苦しんできた自分たちや世の中の人たちの気持ちに寄り添うイメージで、演奏できたらいいなって、思いました」

映画と、「ケ・セラ・セラ」について、きわめて端的に語る広田。その言葉一つ一つを受け止めていく他の奏者たち。一気にイメージが共有されていくのを感じる。

やがて、演奏がスタートした。

神田のフルートが、ゆっくりとメロディーを吹き始める。

さっきとは全然違う音だ。

まったく同じメロディーなのに、明朗さは消え去り、その代わり、哀しみを帯びた、切々とした音色に変わっている。何かを求めるかのような音色だ。

神田の凄さを目の当たりにした。

神田のフルートに合わせて、ファゴットも切ない音でアンサンブルしていく。

そして、神田のメロディーを、広田のオーボエが引き受ける。

ドリス・デイがまさに「ケー・セラー・セラー」と歌うところだ。

いちばん明朗に聴こえがちなメロディーが、広田のオーボエでは、泣いているかのように聴こえてくる。それをイングリッシュホルンの池田と、クラリネットの吉野が支える。

さらに菊地のチェロが続く。二人のフルートが、リズムを刻む。それを受けて、今度はクラリネットがソロを受け継ぐ。

そうして、七人全員のアンサンブルへとつながっていく。音色の中に、どこかほのかに明るさがにじんでくるのは、いつか明るい未来が訪れてほしい、という願いのようなものかもしれない。

編曲の山下は、この楽譜の冒頭に「訥々《とつとつ》と語るように」という言葉を記していた。

まさに、それを体現するかのようだった。

なるようにはならないけれど、それでもなお、なるようになるさ、と歌い上げる、七人のアンサンブル。こんな「ケ・セラ・セラ」を聴くのは初めてだった。

「威風堂々」、それぞれの思い

このあと、少しブレイクの時間となった。次の撮影は、いよいよステージ上へ移る。機材を一気にステージ側へ移動させる。

三曲目は、エルガー作曲の「威風堂々」第一番ニ長調。この曲は、木管六人全員、金管三人全員とチェロを加えた一〇人編成での演奏になる。ほぼ吹奏楽に準拠した形だが、人数のバランスや、楽器の種類などはやはり、どうしてもかなりいびつである。

そしてこの曲は、円形のフォーメーションで収録する最初のトライアルにもなる。いったいどうなるのか。期待と不安が交錯する。

一〇人分の譜面台が、それぞれ二メートル間隔で置かれていく。ぐるりと円になった。舞台のいちばん奥には、クレーンカメラが入り、円形の布陣を、客席をバックに撮影する。

一〇台のデジタルカメラが、それぞれの譜面台の前に配置された。フロアディレクターたちが、各楽器を演奏する格好をして、概ねのカメラの高さや向きを決めていく。

そして、今度は一〇本のマイクだ。音声の深田が、楽器ごとに位置取りを調整している。朝顔の形のベルが後ろを向くホルンだけは、奏者の右後ろに、マイクが置かれる。それぞれのマイクから出ているコードを、円の真ん中に向けて一つの太い線のようにまとめていく。クラシックの収録を切り開いてきたパイオニアらしい丁寧さだ。これらのマイクと、ホールの天井から下げられた三点吊りのマイクとで集音していく。

収録を前に、読売日本交響楽団の首席ホルン奏者・日橋辰朗の姿は、バッティングセンターにあった。

草野球が趣味の日橋。二月末から演奏会ができなくなったのに合わせるように、大好きな野球もできなくなっていた。「孤独の音楽」を奏でてもらったときは緊急事態宣言中で、外出もなかなかできない状態だったが、最近はバッティングセンターには通うことができるようになった。草野球チームは再開できていないが、それでもバットを握って球を打ち返していくのは、ストレス発散になっているという。マスクをしながら、ひたすら球を打ち込む。

「早く三万人が集まるスタジアムで、プロ野球を観たいですよね」

日橋は熱烈な西武ライオンズファンでもある。

「応援のトランペットを聴いて、金管楽器をやりたいと思ったので」

そんな日橋が、演奏するのを心待ちにしていた曲。それが、「威風堂々」だった。

スポーツや大人数が集まるイベントなどでもたびたび演奏される、吹奏楽でもおなじみの曲である。何よりも行進曲なので、前へと進んでいける気持ちになる。

「威風堂々」 ステージ上へ移動。背景は無人の客席

野球を愛してやまず、さらに中学・高校と吹奏楽に熱中していた日橋にとっては、とりわけとても大切な演奏になる。

スポーツも吹奏楽の部活もそうだが、チームとして一つになることが肝心だ。そうした一体感を得る場が、今、コロナによって、世の中から失われている。

人々に「一体感」を届ける。円形のフォーメーションは、そのためのものである。ソーシャルディスタンスではあっても、音楽を通じて、心を通わせ、「一体感」を共有したい。その思いを、日橋をはじめ、一〇人のトッププレイヤーたちが演奏に込めていく。


ステージ上に、一〇名が揃った。

二メートルの距離を保って、円陣を組む。ずいぶんと大きな円だが、みなが内側を向いて、お互いに目は合わせられる状態だ。

ベースのカメラにいちばん近い位置に、読響のホルン・日橋。そこから時計回りに、N響の池田、今回はオーボエだ。そして都響のトランペット・高橋、日フィルのチェロ・菊地、東フィルのフルート・神田、東京シティ・フィルのファゴット・石井、都響のオーボエ・広田、N響のフルート・梶川、N響のトランペット・長谷川、東響のクラリネット・吉野、という布陣である。

客席には山下と、この曲を編曲した萩森も合流している。

オーボエの広田が、身体をタイトに動かしたのを合図に、全員が裏拍にぴったり合わせて演奏がスタートした。

一気に音が広がっていく。

そこで奏でられたアンサンブルは、明るい元気な「威風堂々」ではなかった。

すごく陰りのある、音色だ。

威風を吹かせるのでも、堂々とするのでもない。

不自由さを抱えた今の私たちの暮らしを勇気づけるのに、やみくもな元気は必要ない、そんな音だ。

そして中間部のトリオのメロディーに差し掛かる。ファゴットだ。

ふだんの「威風堂々」なら、朗々と威厳ある音が鳴り響くはずが、ファゴットがたった一人で、哀しみを漂わせた音色を奏でていく。メロディーの風景が、まったく違って見えてくる。

その陰ったようなメロディーを、フルートの神田とクラリネットの吉野がつないでいく。

「威風堂々」では、トランペットが随所で勢いよく入ってきて元気づけていくのが通常だ。しかし今回、その威勢の良い感じはしてこない。

実はのちに編集のときに松村が、

「「威風堂々」の映像を見ていると、高橋さんの表情が死んでいるように見えるんですよ」

と言っていた。たしかに、高橋の表情はどこかくぐもっているように見える。

それではたと気づいたのだった。高橋は必死に「抑えている」のだ。爆発的になりそうなところを、こらえて、あえて抑え込むようにしている。だから表情もそう見えていたのだ。

おそらく高橋も、もう一人のトランペットの長谷川も、二人ともかなり意識をして、抑えながら吹いていた。それは、木管楽器の人数がふつうの吹奏楽よりも少なく、音量も大きくないことから、金管の音量を抑え気味にしなくてはならない、とバランスを考えてのことがあったと思うが、気持ち的に、「華やかに吹いてはいけない」思いがあったのだと感じた。

それに気づくと、高橋の表情はむしろ、不動明王のように見えてきた。

演奏の終わり際、萩森があえてスコアに書き込んでいた、ピッコロの動きのある高音。原曲にはない装飾を、N響の梶川が奏でる。

きらびやかに聴こえてくるはずのピッコロが、むしろ切ない叫びのように耳に届いた。

これほどまでに抑えの利いた「威風堂々」を、筆者は初めて聴いた。

演奏を終えたとき、トランペットの高橋と長谷川が、向き合った位置で、目を合わせた。そして、二人とも初めて笑顔になり、うなずき合うのが見えた。

抑え切ることを貫き通せたからこその、ゆるんだ笑顔だった。

舞台の上手袖に、都響のコンマス・矢部の姿を見つけた。

まだ出番でもないのに、ずいぶんと早くホールに到着していたのだ。

そしてこの「威風堂々」を聴き終えて、

「ぜんぜん大丈夫じゃないですか」

と、ほっとした声を出すのだった。

円形のフォーメーションでもこれだけの演奏ができるのだから大丈夫、という意味と、そしてもう一つ、コロナ禍の今だからこそ、こういう音楽を届けられるのだ、ということを肯定する意味の、二つが重ねられた言葉だと思った。

ついに一三人が揃った

「威風堂々」の演奏を終えたクラリネットの吉野が、上手袖から楽屋へ戻ろうとしたとき、そこで演奏を聴いていた矢部が吉野を見つけ、

「はじめまして」

と丁寧に声をかけた。

矢部と吉野はこのときが初対面だった。

「孤独のアンサンブルのときの吉野さんの演奏、拝見しました。一人で吹かれた「花のワルツ」、本当に素晴らしかったです」

「ありがとうございます」

日本を代表するコンマスからの突然の一言に、吉野は深々と頭を下げる。さらに吉野は楽屋でも、

オーボエのトップオブトップである広田に声をかけられた。

「お一人で吹かれていたじゃないですか、防音室の中で」

「ちっちゃい防音室で……」

「あれが、すごく感動的だったんですよ。たった一人で、あらゆる楽器のパートを、ずっと演奏されていて、なんかちょっと涙が出そうになって」

広田の言葉に、吉野は
「ありがとうございます」

と再び頭を下げる。

「みんなでアンサンブルをしたい、という吉野さんの思いが、どう花開くかっていうのが、今からとても楽しみです」

「孤独のアンサンブル」のとき、自宅の狭い防音室に入った吉野が、たった一人でチャイコフスキーの「花のワルツ」を演奏した「孤独の音楽」は、他のメンバーたちの心に大きな感動を残していたのだった。あらゆる楽器の音を、たった一台のクラリネットで、ひたすら吹き続けていく吉野。そして演奏が終わった後に語った、

「みんなでアンサンブルしたい、としみじみ思いました」

という言葉。

今宵は、その吉野の思いを実現させるのだ。

孤独から、アンサンブルへ。みなの思いは一つだった。

正確には、この時点ではまだ一人足りなかった。神奈川フィルハーモニー管弦楽団の第一ソロ・コンサートマスター、石田泰尚だ。

横浜でオーケストラの練習が終わり次第、パーシモンホールに駆けつける予定の石田の到着を待つ。その間に、我々スタッフは、一〇人の円形フォーメーションを、さらに広げて、一三人全員の円形へと変えた。奏者の位置取りはまたすべて変わるので、マイクとデジタルカメラのセッティングもすべて組み直し、一三台分をセットする。

一三名の円形は直径が八メートルほど。ベースのクレーンカメラをステージのいちばん奥まったところに置くと、そこから二メートル前に、一三名の奏者たちの円の端が来るような位置取りだ。先ほどの「威風堂々」のときでも大きな円だと感じたが、今回はステージいっぱいに円が広がるイメージである。やはり大きい。

一二名の奏者が、楽屋を出て、ステージへやってきた。一人一人の間隔は二メートル。ソーシャルディスタンスを保つ。ぎゅっと一つに集まりたくても、決して集まらない。ただ、内側を向いて、お互いが視界に入っている。

みな、思い思いに音をさらっていた。クラリネットの吉野の位置は、客席にいちばん近い。二歩下がるともうステージ際だ。冒頭部分の中でクラリネットに割り当てられたソロのパートを、丁寧に練習していた。まもなく一九時になろうとしていた。

石田が、バイオリンケースを抱えたまま、舞台袖に駆け込んできた。そして、愛用のバイオリンと楽譜を取り出すと、ステージへ入っていく。赤い半袖のTシャツに、黒くゆったりとした独特の布地を纏ったような衣装。足元には白いおしゃれなスニーカーがのぞく。細いメガネに、頭の剃り込み。石田組長の登場である。

石田は、一つだけ空いていた吉野の手前の場所に来て、譜面台に楽譜を置くと、吉野ら周囲の人たちに軽く会釈して、くるっと客席を向いた。そしてステージ際まで寄って、一人バイオリンを弾き始める。基本、シャイな人なのだ。

ともあれ。

一三人が、ついに揃った。

わずか二時間だけの、一三人のアンサンブルが始まる。

一三人の「花のワルツ」

「明日へのアンサンブル」のメンバー一三人には、コンサートマスターが三人。N響の篠崎、都響の矢部、神奈フィルの石田だ。つまり、バイオリンが三本、ということである。

オーケストラだったら、では三人の誰がコンマスの席に座るのか、というややこしい問題が発生しそうなところだが、今回はアンサンブルである。しかも円形フォーメーションなので、どこがコンマス席というのもないのが良いところでもある。

とはいえ、楽譜を書く上で、バイオリン三本は1、2、3の順番を決めなくてはならない。それで編曲の山下とも相談し、曲によって順番を変えよう、ということにした。

「花のワルツ」では、バイオリンの一番は石田にしていた。基本的には、演奏の始めなどはみな石田の動きを意識していくことになる。

それで並び位置も、石田とクラリネットの吉野が、隣り合わせになるようにした。必ず、二人の二ショットの映像を見たくなるだろうと考えたからだった。

音をさらっているとき、矢部が何度も石田の元へ行く。そして楽譜を見ながら話をして、うなずき合っては、そのまま篠崎のところへ行ってさらに話をし、自分のところへ戻る。バイオリンのボウイングの向きを確認したりしているのだろう。三人のポジションはまったくバラバラになっているので、話のたびに矢部は、円の中に正三角形を作るように、長い距離を移動する。

完全にシャッフルしたフォーメーション。弦楽器同士、木管楽器同士、金管楽器同士がまったく隣り合わない布陣、そして同じ楽器同士も隣り合わない配置だ。いったいどんなふうにお互いの音が聴こえてくるのか、よりセンシティブになっているのだとも思う。矢部がいろいろ確認しに歩くのも、懸念を一つ一つ丁寧に取り払おうとしているからなのだと感じた。

吉野もどことなく緊張しているように見えた。彼女の「孤独の音楽」が、一三人のアンサンブルに変わるときなのだ。吉野は自分の胸をトントントンと三回叩いた。

いちばんのベテランの篠崎はにこやかだった。そして、

「リラックス、リラックス！」

という声をかける。

みんなで「花のワルツ」を演奏するのだ、という気持ちが、ステージ上に広がっていく。

そして、ごく自然に、みなが出していた音が消えていき、ホールには張り詰めた静寂が訪れた。

相変わらず一人だけ背中を向けていた石田が、くるりと振り返る。そのまま二歩、前に出ると、やおらバイオリンを構え、息を吸った。

その石田の動きに合わせて、篠崎と矢部のバイオリン、菊地のチェロが、やわらかなハーモニーを奏で始めた。

美しい和音を伸ばしながら、石田が横の吉野をちらりと見る。それを合図にしたかのように、吉野のクラリネットが軽やかな動きのある音を乗せていく。

「くるみ割り人形」より「花のワルツ」 ステージ上に13人が揃う

そしてすぐ、原曲ではハープが奏でる、長いカデンツァのところがやってくる。

「花のワルツ」の編曲を担当した萩森英明は粋なアレンジをしていた。「孤独のアンサンブル」で吉野がひたすらクラリネット一台で吹いた、ハープのカデンツァを、いくつもの楽器で手渡ししていくのである。

それはクラリネットの吉野から始まった。

そして、吉野のバトンを受けたオーボエの広田が、三連符を連ねていく。

さらにフルートの神田が、広田からつないで、今度は五連符を連ね、石田に渡す。

ここからはバイオリンだ。

石田は矢部へパスを出す。

それを受けた矢部は、今度は篠崎へ音を託す。

篠崎は最後、たっぷりと間をとり、聴こえるか聴こえないかぐらいの小さな高音を奏でる。

ずっと、みんなが、音で会話を続けているのだ。

そして吉野のほうを見る。

みなで円陣を組み、アイコンタクトを連ね、丁寧に二小節ずつつないできた音のバトンを受け取った吉野は、息を大きく吸って、ソロを吹き始めた。

やさしく、流れるように美しい、八小節。

他の一二人が、じっと耳をすましていた。


クラリネットのソロが終わり、その残響がホールから消え去る、それをきっかけに弦楽器四本がワルツのリズムを刻み始めた。「孤独のアンサンブル」のときには、このリズムもクラリネットで刻んでいった。今はアベンジャーズのアンサンブルだ。

そのリズムに乗せて、石井のファゴットがあの有名なメロディーを吹いていく。日橋のホルンがそれを支える。それを受けるのはまた、吉野のクラリネットだ。会話に参加する人は増え、音もどんどん大きくなっていく。

そしてついに、一三人全員で奏でるアンサンブルがホール全体に響き渡る。

とても軽やかで、あたたかで、穏やかなワルツだ。

まるで一三人が一緒にワルツを踊っているかのような、ほのかな春風のような優しさが湧いてくる。

それは、ストラヴィンスキーの「春の祭典」のような爆発的な喜びを表すものではない。寒さの中にかすかな太陽の光が感じられて、明日にはきっとよりあたたかく、より春らしくなっているに違いないと思えるような、そんなほのかな優しさである。しみじみと、一体感が身体中に染み込んでいくような、珠玉の七分間だった。

最後、クラリネットをなかなか下ろせなかった吉野。だが、ようやく力が緩んだとき、ニッコリと喜びの微笑みをみなに送っていた。

ソーシャルディスタンスはあっても、心はつながる。

「めっちゃドキドキでした。楽しくもできたし、ドキドキもありました。でも、本当に皆さん素晴らしかったので、気持ちよく、気分良く、皆さんで音楽できたんじゃないかなって思います」

そう語る吉野は、また、ありがとうございます、と言って、深々と頭を下げるのだった。

ギリギリまで追い込む矢部と「キエフの大きな門」

夜八時になった。ホールの閉館時間が決まっている関係上、収録に使える時間は夜九時まで。つまりあと一時間しかない。一三人全員が揃ったアンサンブルも、残りは一時間だけとなった。

この日最後に収録するのは、ムソルグスキーの組曲「展覧会の絵」から、終曲「キエフの大きな門」である。番組でも、いちばん最後に置く予定の曲だ。

第一バイオリンは、都響のコンマス・矢部だ。番組の最後、そして一三人で演奏する最後の曲ということで、矢部の気合いの入り方はすごかった。

まず矢部は、「花のワルツ」のときと同じように、石田と、篠崎のところへ正三角形を描くように動いていって、ボウイングの確認をする。石田は矢部の言葉を聞いて、急いで鉛筆で楽譜に書き込んでいく。矢部による正三角形は、今回も何度か描かれた。

そして次に、客席のほうでずっと見守っていた、編曲の山下に声をかける。

「ここはフォルテッシモになってますけれど、そのほうがいいですか？　ピアノくらいで弾いても良いものでしょうか？」

先述の通り、この「キエフの大きな門」は、有名なラヴェル編曲の華やかなオーケストラ版をもとにしたアレンジではなく、ムソルグスキーが作曲した原典版、つまりピアノ独奏版をもとにしている。そのため、実はとても細かいところで、ラヴェル版とは異なる部分があるのだ。矢部が指摘していたのは、今回のアレンジで六四小節から弦楽器が奏でる、哀しみと決然さを併せ持つような屹立した和音進行のところだった。ラヴェルのオーケストラ版だとここはピアノ、つまり小さめに演奏されるのだが、ピアノ版ではフォルテッシモ、とダイナミクスは大きく異なる。

質問に対して山下は、アンサンブルがやりたいようにするのが一番、という返事をしたので、矢部はすぐ全員に、

「では、ここはできればピアノで丁寧にやってみませんか」

と提案する。とにかく矢部は、一三人全員と一緒に考えていこうとする。

この曲の冒頭は、これも山下のこだわりだと思うのだが、いちばん最初に演奏したやはり「展覧会の絵」の「プロムナード」とまったく同じ編成、つまりトランペット二台と、ホルン、クラリネット、ファゴットの五人でスタートを切る。この曲の第一トランペットは、N響の長谷川だ。そして、フォ

ーメーションとして、矢部の右隣に、長谷川がいるように配置していた。

長谷川は隣の矢部に、

「冒頭のテンポ、どれくらいで行きましょうか」

と聞く。

最初のテンポを作るのは長谷川の役目になるわけだが、しかし曲全体のことは矢部が手綱を握っているのだから、と矢部に聞いたのだ。

矢部はたぶん、このテンポでやりたい、というのをあらかじめ持っていたと思う。だがあえて、長谷川のやりたいテンポを聞くのだ。そして長谷川が示した、ゆっくりすぎないそのテンポはおそらく矢部の思っていたのと合致した。二人でこんなテンポだよね、と確認し合っていく。

リハーサルのときのことだった。いちばん最初に弦楽器が入ってくるところ、それにいちばん最後、全員でテーマをダイナミックに演奏するところで、楽譜には弦楽器の音にだけ装飾音符がついていた。

組曲「展覧会の絵」より「キエフの大きな門」

篠崎が、
「装飾音は拍が来る前に弾くの？　それとも、拍の頭に合わせるの？」
と質問を投げかけた。

即座に矢部は、

「ぼくは拍の頭に合わせたいと思うんですけど、どうです？」

と逆質問を投げる。

篠崎は、矢部の意見でよいのではないか、と返事するのだった。

矢部は自分の考えをすぐに提示しつつ、でも一方で、みんなの意見にも柔軟であろうとする。そのキャッチボールがとにかく速い。

他にも矢部は、木管楽器に対して穏やかに、

「ここはもっと弱く優しくしたほうがいいかなと思うんですけど、どうですか？」

と聞くなど、自分だけで決めるのではなく、みなと一緒に考えていきながら、一つ一つ細やかに曲想や演奏の仕方を詰めていた。

矢部は自らやりたい音楽のイメージをみなに押し付けるのではなく、全員で考えて、全員で方向性を見いだしたい、そのための考える材料は自分が提供するから、それをたたき台にしてほしい、と考えているのだ。

矢部がバイオリンを弾く動きはとても大きくアクティブだ。ともすると矢部の動き自体が指示になっている、とも見えがちだが、そうではなく、矢部は自分が自らの思いを込めた演奏をする姿を示すことで、全員に、皆さんも自分の思ったように演奏してください、それをみんなで合わせていきましょう、と呼びかけているのだろう。

その間にも矢部は、客席の山下に再び声をかけ、意図したアレンジと乖離《かいり》していないか、しっかり

確認していた。

そして、円形フォーメーションの外側で見守っていた筆者を見つけると、すーっと近寄ってきて、わざわざ聞くのだ。

「どうですか？　演奏、大丈夫でしょうか？」

ラヴェル版の華やかさではなく、ピアノ版の持つとても厳粛な感じが伝わってきて、素晴らしいと思います、と言うと、

「それは良かったです！」

と、ほっとした表情を浮かべるのだった。

矢部にとって大切なのは、一三人全員でアンサンブルすることだけではない。山下や、収録のスタッフたちもみなが矢部にとっての「全員」なのであり、その「全員」とともに「明日へのアンサンブル」を作り出していくことが大事だ、と思っているのだ。


ムソルグスキーが、急死した無二の友人の遺作展を訪ね、中をめぐり歩き、そして最後、一枚の絵に目が釘付けになる。

結局作られることのなかった、キエフの大きな凱旋門を想像して描いた絵だ。

N響の長谷川のトランペットが、その絵と対峙するかのごとく、メロディーを奏でる。

日橋のホルンも低音でメロディーを吹き、高橋のトランペット、吉野のクラリネット、石井のファゴットがともに支える。

力強い、意思のある音だ。派手さとは異なる、芯のある、そして厳かな音。

「明日へのアンサンブル」メンバー集合写真

他の木管楽器も加わって、厳かさが高まる。

そこへ弦楽器四本が加わっての、一三人による再びのメロディーはフォルテッシモだ。

だが、決して華やかにならない。

どこまでも真摯で、厳粛な音である。

木管楽器が、過去を追憶するように、優しい調べを奏でる。

主題に戻った後、さらに弦楽器が、追憶の調べをより優しく、ピアノで奏でていく。

やがて、イングリッシュホルンとチェロの哀しい鐘のような響きが静かに聴こえてくる。そこに空の上のほうから下りてきたバイオリン三本が、不安をあおるようなゆらゆらとした三連符で心をざらつかせていく。その揺らめきはさらに大きくなっていく。

コロナ禍の私たち自身の心のざらつきのようだ。

だが、そのざらつきの音楽が、ゆるやかに変性していき、霧をかき分けるようにトランペット二本が奏でるのは、あの「プロムナード」のメロディーだ。

それはまるで、重く閉ざしていた曇天の空に、わずかに覗いた隙間から、急に射し込んできた一筋の光のようだ。その光は、にわかに数を増し、太く広く地上を照らしていく。

そして、全員で、再びのメロディーを力強く、厳粛に奏でる。

いちばん最後、みなでユニゾンしたE♭《イーフラット》の音の響きが、ホールに広がっていった。

一三人だけの演奏とは思えないような、強く、骨太の、しかしあたたかい響きだった。


明日を求める、切実な「希求」の音楽。

社会的な距離があっても、心がつながれば、明日は生まれる。

そのことを雄弁に体現する演奏を、クラシック界のアベンジャーズたちが、強烈な一体をもって、届けてくれたのだった。


時刻は夜九時に差し掛かっていた。

フロアディレクターの松本健太郎が、一眼レフのカメラを持って、脚立に上る。

一三人が、距離を保ち、並んだ。

「明日へのアンサンブル」、たった一枚の集合写真である。

全員が、前をしっかりと見据えているような、そのことに静かな自信を漂わせているような、そんな表情をしていた。


外に出ると、小雨が降っていた。じめっとした空気が蒸し暑い。でも梅雨明けも間もなくのはずだ。

第8章　七月三十一日

収録二日目

七月三十一日も、曇天だった。都立大学駅を降りると、外は相変わらず蒸し暑い。めぐろパーシモンホール手前の公園では、クローバーが白い花を咲かせていた。

今日は収録二日目、そして最後の日になる。

残りは、二曲だ。

二十八日にはコロナ感染の国内での死亡者数が一〇〇〇人を超えた。また二十九日には一日の感染者数が全国で一〇〇〇人を超え、都道府県の中で唯一感染者が出ていなかった岩手県でも感染者が報告された。WHOは世界のパンデミックは加速し続けている、と発表している。

午後一時。NHK交響楽団の第一コンサートマスター、篠崎史紀がにこやかな顔をして現れた。

「まろさんはコンサートのときはいつもどれくらい前に来られるんですか？」

挨拶方々聞いてみると、

「ぼくは二時間前って決めてる。どんなときでも二時間前」

ところが、篠崎は荷物を楽屋に置くと、なぜかホールの外へと出ていく。しばらくして、手に紙袋を抱えた篠崎が再び戻ってきた。

「あんみつ買ってきたから、みんなで食べよう」

うれしい差し入れだった。

篠崎は自分の分のあんみつを一つとると、楽屋へ入っていった。

篠崎と広田、日橋が語り合う

まず最初は、篠崎と、都響のオーボエ・広田、そして読響のホルン・日橋の鼎談である。

篠崎と広田はほぼ同世代。一緒に仕事をするのは相当に久しぶりなのだそうだが、でも、ともに日本のオーケストラ界を走ってきた仲間だ。

一方、日橋は二人より二回りほど若い。二人と一緒に演奏したのは四日前の収録のときが初めてで、特に篠崎とはそのときが初対面だったのだそうだ。

日橋「初めましてですね」
篠崎「初めましてて。それぞれのオーケストラが違うのに、こうやって一緒にやるっていうのも今の時期だからこそかもしれないね」
広田「うん。こういうことがなかったら、もしかしたらできなかったかもしれないし、集まろうっていって集まるメンバーじゃないですよね。なんと言うか、たぶん、このあと一緒にできるかといったらできないかもしれない」
篠崎「またやりたいけどね」
三人の会話が楽しそうにスタートする。篠崎が日橋に、若い人はたくさんしゃべらないと、などと言って和ませる。
レジェンド二人を前にする日橋も、あまり臆することなく、朗らかである。やはり、すでに一度演奏をともにしたからなのだろう。
篠崎「本来だったらこういう編成でやることって皆無でしょう」
広田「不思議な編成ですよね」
篠崎「僕たちはやっぱりふだんオーケストラで弾いてるわけだから、もともとのイメージがすごく強かったりとかするじゃない。そういう中でこの独特の編成とアレンジで一緒にやったことはどういう感じがした？」
広田「うーん。パートが全然ふだんと違ってて、ほら、原曲だと管楽器のところを、あら、弦楽器が弾いちゃってるな、とか。いつもは別の人たちがやってるところを演奏すると、その人たちの苦労とか、音楽的な何らかの思いを別の角度から見られる。勉強になりましたね」
日橋「そうですね。そこの引き出しが自分の中にあるのかどうかと困惑したところもありました。でも、こういうメンバーと共演できることがなかなかないので、すごい幸せな時間でした」
広田「ちょっと不謹慎かもしれないけど、これはこれで貴重な思い出っていうか」
篠崎は、さらに別の角度から捉えていた。
篠崎「こういう形で演奏することによって作曲家が曲に込めたメッセージ性の強さってものがすごくよくわかったよね。そうじゃないと、編成を変えた時点で曲っていうのは総崩れになっちゃう。
でも、それがそうならないってことは、やっぱり作曲家たちがその曲にどれだけのメッセージを込めて作ったかっていうのが身に染みてわかったっていうか。もっとふだんからこういう曲を大事にしていかなきゃいけないなというのも感じたよね」
　そして、それぞれが別々のオーケストラからこうして集まったことについても、話が及ぶ。
日橋「めったにないですよね、これだけのメンバーが集まるっていうのは」
篠崎「そうね。オーケストラっていうのはそれぞれオーケストラの特徴があって、それを自分たちの伝統として受け継いでいっている。だけど今回は、受け継いでいるものが違う人たちが集まってる。なんだけど、音楽ってものに対してはみんなが平等で、その場で感じる空気で演奏ができるっていう、そういう面白さを特に感じたかな」
広田「特に、コンマスが三人いるわけだから、それぞれの流儀っていうのは当然あるわけでね。同じ曲をやるにしても。それを超えたところになにか面白さがあるよね。僕らが聴いていても面白かった」
日橋「同じ曲でも楽団によって間の取り方だったり、音程感とか音の長さとか、全部が全部いろいろなやり方があって、いろんな発見がありました」
広田「劇的な違いがあるよね」
　九州出身の篠崎は、ラーメンの味にたとえて笑わせる。
篠崎「ラーメンでも、豚骨、醤油、みそとかあって全然違う。そういう違いが出せるのがオーケストラの面白さでね。それが一堂に会してやるっていうのは、さあ、どうするかってなるわけですよ」
広田「豚骨は強いもんね、結構。醤油は勝てないね」
日橋「はい。消されちゃいますね」
篠崎「でも、そうやって一つのものを作り上げる面白さっていうのは、やっぱりこういうときだからこそできたっていう、面白さがあったよね。

それは偉大な作曲家が一人存在していることによって、ふだんはみんな全然違うところでオーケストラの活動をしているにもかかわらず、一つの結びつきが常にあるんだなっていう、そのうれしさを感じたかな」


話はソーシャルディスタンスのことに及ぶ。

N響と読響はこの時点では、管楽器は二メートルの間隔をとっての演奏をレギュレーションにしていた。今回のアンサンブルでも二メートルの間隔は常にとるようにしてきた。

篠崎「でも、これが一〇〇年続くとは思ってない。これがスタンダードになるとは思ってない。今やらなきゃいけないからやってるだけ。これが数年たったら、それはもう過去のものとしてなくなるし、たぶん歴史に残らないと思う。そんな時期もあったねってぐらいで終わってくれることを祈ってる。だけど、僕たちは今、活動をやめるわけにはいかない。

未来の若い世代の人たち、もしくは数十年後の人たちのために、この演奏法でもやっていけるっていうところを示しながらつなげていかなきゃいけないわけでしょう。

だからそれをやるためには二メートルのディスタンスも苦じゃない」

日橋「やり続けていくこと。これがやっぱりいちばん大事だなって思いますね。今みたいに二メートルとるとか、その都度その都度求められていること、限られた制限の中でできることを探っていく。それが最低限必要なのかなと思いますね」

篠崎「音楽っていうのはすごく不思議で、例えばこの曲を聴いたら何十年か前のあのときを思い出すっていうのがあったりする。その音楽を聴いたことによって希望も湧いてくるから、未来を感じることもできる。この現在、過去、未来という三つをつなげることができるのがやっぱり音楽だと思う。だからこそ、どういう状態であれ、僕たち音楽家というのは、人間が人間らしくあるために、やめちゃいけないいんだよね」

広田は日橋に、一三人での「明日へのアンサンブル」で届けたいものは何か、尋ねた。

日橋「やっぱりこの中での、コロナ禍の中での音楽の力ですよね。これしかないかなと。僕がやっぱり演奏家をやっている以上は、それを伝える、その思いを伝える」

この、「音楽の力」という言葉を受けて、広田が話し始める。

広田「音楽の力っていうものについて、演奏家もそれぞれがやっぱり考えたと思うんだよね、この期間中に。

音楽の力が一般の人たちにとって、どこまで切実なものとして必要だったかって、考えなかった音楽家はいなかったんじゃないのかなと思う。

僕は、ちょっとネガティブかもしれないけど、生きていくためには、もしかしたらおにぎり一個のほうが一曲よりも大事かもな、って。

まろさんが言ったような、生きていくために音楽、芸術は必要なんだっていうことはもちろん大前提なんだけど、取りあえず今日を乗り切るとか、明日どうなるんだろうとか、だって四、五月の時点でわかんなかったわけでしょ、未来が。このままもしかしたらもっと大変なことになるかもしれないっていう。その中で音楽って、どうやったらもう一回聴いてもらえるのか。

だって、お皿の上に音楽と食べ物が載っていたら、僕だったら迷わず食べ物をとる」
日橋「生きるためにはね、そうですよね」
広田「まずは生き延びろ。芸術はその次っていうか、もちろん、どん底のときに何かにすがるための絵とか、文章とか、音楽っていうのもあると思うんだよね。だけど、豊かにならないと、音楽のほうを振り向いてもらえないんじゃないか。音楽は最後の最後、っていうような、ちょっと自虐的な思いにさいなまれたわけ」
日橋「いや、でもわかります。言ってることはわかります」
広田「それでもなおかつ、日橋さんは何かを届けようっていう音楽の力を信じた」
日橋「うーん、やっぱり今回のコロナが未知のウイルスで、それによって経済も回らなくなって、人の心がどうしても不安定になって。
　僕自身も、そうですね、家にずっといたときも不安がすごく大きくて、これから食べていけなくなるんじゃないか、音楽がなくなったら僕は何したらいいんだって。
　でも、やっぱり、人は気持ちが落ち込んでるときに音楽によって何か変わることがあるんだとしたら、それはうれしいと思うし、やっていく価値はあるんじゃないかなとは思いましたね」
篠崎「僕は、音楽が与えるものは、未来に対する希望だと信じてる。
　フェドセーエフっていう指揮者、知ってる？　彼は、第二次世界大戦のときにレニングラードにいたの。レニングラードは当時ドイツ軍に攻められて、人がばたばた死んでたのね、食べ物がなくて。
　彼は子どもで、そういう中で過ごしてたんだけど、そのときにラジオから流れた「くるみ割り人形」を聴いて、自分は生きようと思った、っていう話を直接本人から聞いたわけ。

このときに、音楽の持っている力は、希望を与えるものだということを思ったね。だから、音楽は絶対に人に対して、何か新しいもの、希望、もしくは未来を与えてくれるものだと信じてる」

日橋「戦争があった当時もオーケストラはあったわけで、本当、似てますよね。あとになって、ああ、コロナのときって戦時下に近いんじゃないかなって思うかもしれないですね」

篠崎「音楽によって助けられたって、あとで言ってくれる人もいるかもしれない」

そして篠崎は、「孤独のアンサンブル」の収録のことを思い出しながら、こう語った。

篠崎「最初、「孤独のアンサンブル」を撮らせてくださいって言われて、カメラをセットされて、一人でしゃべって、一人で弾いたでしょう。なんて番組だと思ったよね。そんなこと、あり得ないじゃない。

だけど、今回、この企画で、それに出た人たちがみんな集まったじゃない。それによっていちばん感じたことは何かっていうと、「自分は一人じゃない」ということだった。

「孤独のアンサンブル」をやってるときは、本当に孤立させられていたときだったのね。あの番組の中でまさに孤独になってしまったわけよ。

だけど、今回みんなが集まったことによって、「自分は一人じゃない。世の中では絶対誰かが助け合いながら生きてるんだ」っていうのを、ものすごく実感したの。で、それによってすごい幸せと希望が湧いたよね。

だからそういう意味で、今回のこの番組をやったことによって、ああ、世の中の人たちはみんなつながっているんだ、みんなが助け合ってるんだ、っていう、そういう幸せな気分になれた」

広田「確かにそうだね。第一弾、第二弾と、それぞれが一人になって、防音室で演奏して、本当に孤独だったよね。

僕は「オーボエ・ソナタ」をやったんだけど、本来はピアノと一緒にやるアンサンブルなんだけど、その相方はどこか遠くにいて、でも今は一人なんだ。でも本当は相方はいるんだっていう、その思いをすごく感じた。

それが今回、三回目で完結するというか、ああ、相手方はこうだったんだ、ああ、やっと会えたなっていうふうに思えた。

「ああ、これが本来の姿だよね」と思う一方で、でもオーケストラがバラバラな人たちで、不思議な編成で、新しいアレンジで、「実は本来の姿ではない」っていう、とっても複雑な、これは仮の姿のようで、でも実は本質だったりするっていう。非常に矛盾した言い方かもしれないけど、そういう気持ちを味わった気がする」

篠崎「みんなが自分の道を歩みながらも、絶対に助け合ってるっていうね。本当の人間が持たなきゃいけないハートっていうものを、すごく感じたような気がするんだよ」

日橋「いや、もう、今のお話に対して、本当にこういう場所に僕がいていいのかなっていうぐらいドキドキしてるんですけど。こういう中で、こういう企画に参加できたこと、本当に幸せですし、やっぱり次の世代にもどんどん伝えていかなきゃいけないって思いました」

コンマス三人の知られざるつながり

篠崎より少し遅れて楽屋に入ってきたのは、都響のコンマス、矢部だった。

それを見つけた篠崎は、「あんみつ、あるよ」と矢部に勧める。

楽屋入り口の脇にある、ちょっとしたスペースで、篠崎と矢部が楽しそうにあんみつ談議をするのだった。

N響の篠崎、都響の矢部。

歴史と格式ある二つのオーケストラを、それぞれが牽引し、それぞれの立場で日本のクラシック界を盛り立ててきた。だから、あまり接点がない二人のように見えていたのだが、よくよく話を聞いてみると、実はそうではなかった。

矢部「二五年ぐらい前は僕、わりとまろさんと一緒に弾いてましたよね」

篠崎「そう、あの頃よくやってたよね」

矢部「だってカルテット（四重奏）もやったし」

篠崎「オクテット（八重奏）もやったし、クインテット（五重奏）もやったし」

矢部「ゼクステット（六重奏）もやった。だからしょっちゅう一緒に弾いてた気がするんだけど、最近はなかなか機会がなくて」

篠崎「そう。お互いにいろんなことをやるようになって忙しくなってから、本当に一緒にやる機会が減っちゃったよね」

矢部「そうそう。全然けんかをしたわけでもないのに」

篠崎「そうなのよ」

矢部「不思議なことで、おそらく同じコンサートマスターでもそのオーケストラによって求められる振る舞いというか、役割とかいろいろ違うと思うし、そういうのでちょっと交わらなくなったのかなと。だから久々に一緒に弾けてすごく楽しかったです」

かつては、お互い忙しい合間を縫って、他の仲間たちと一緒に夜中の一時に集まって朝まで練習して、そのままそれぞれのオーケストラに行く、なんてこともよくやっていたのだそうだ。

ただ、時間と立場が、いつの間にか接点をどこかへ置いてきてしまったようだった。

矢部はポツリと言った。

「この企画がなかったら、一生まろさんとは一緒にやることはなかったんだろうなって、思います。だからすごくうれしいんです」

神奈川フィルのコンマス・石田泰尚も、やってきた。

楽屋入り口脇のスペースは、三人のコンマスたちの談笑スポットとなった。

篠崎や矢部とは少し違う方向から、今のポジションまで上ってきた石田。「組長」ともいわれるその雰囲気も含め、篠崎や矢部とは接点がないと思い込んでいたのだが、それも違っていた。

篠崎「彼が学生の頃を、俺知ってるんだよね。たぶん」

矢部「本当?」

石田「僕、あれなんです。まろさんとは知り合いを通じてちょっとお話しした機会が」

篠崎「あるよね。何十年も前にね」

石田「そうですね。二〇代のときに」

篠崎「変わらない」
矢部「変わらないんだ」
篠崎「変わらないっていうのはすごくいいことだよね」
　そのとき、篠崎と石田はどんな話をしたのか。
石田「僕が、当時、新星日響でアシスタントコンマスをやってるときにまろさんと会いましてですね。時々N響のトラ（エキストラ）にお邪魔してて。
　そのとき、まろさんが僕に、「石田くんはN響に入りたいのか、コンサートマスターになりたいのか」みたいな、という話をされまして。「自分、コンサートマスターになりたいです」って言ったら、「コンマスになりたいんだったらもうN響には来るな」って。「安売りするんじゃない」って」
矢部「そのときまろさんはもうN響のコンマスだったの？」
篠崎「なり立てか、なる頃かだよね」
石田「だと思います。で、「もう来ちゃ駄目」って言われて、でも本当おっしゃる通りだなと。で、「はい、わかりました」って」
　その後、石田は決してN響のエキストラに出ることもなく、やがて神奈川フィルのコンマスに就任し、今に至っているのだ。篠崎の一言が石田の人生を決めたとも言っていい。
　一方、石田と矢部の間にも接点があったのだという。
石田「矢部さんには先ほどお話ししたんですけど、都響のコンマス就任披露のコンサートのとき、ぼく聴きに行ってたんですよね。高校生のときだったんですけど」
矢部「いやあ、その話聞いてびっくりしたんですよ。ぼくがまだ二二歳のとき、サン＝サーンスのコンチェルトを弾いたのを客席で聴いていていてくれて」

矢部は桐朋学園のディプロマコースを修了後、二二歳で都響のソロ・コンサートマスターに就任している。若くしてエリート中のエリートの道を進むことになる、抜擢だった。その就任披露コンサートでソリストとして矢部がサン＝サーンスのバイオリン協奏曲第三番を演奏したのを、石田は客席で聴いていた。

実は石田は、通っていた高校で私立大学の推薦をもらい、すでに入学が決まっていたという。だが、大学でやりたいことが見当たらず、「自分にはバイオリンしかない」と思い直して、高三の秋に進路を変え、音大を目指したのだった。矢部のコンサートを聴いたのはまさにそんな折である。矢部もまた、石田のコンマス人生に大きな影響を与えたのだ。

ちなみにこのときの会話で、矢部と石田が最初に教わったバイオリンの先生が同じだった、ということも判明した。同門だったと知って、二人は大いに喜んでいた。

こうしてみると、三人は一見接点がないように見えて、深いかかわりがあったことがよくわかる。今回の「明日へのアンサンブル」の初共演は、奇跡のようでいて、二十数年のときを経た必然でもあったのかもしれない。

矢部「コンサートマスターってそれぞれ自分のオーケストラでいろんな責任を持ってやらなきゃいけないポジションだし、だからその三人が集まれるって機会自体が、僕はもう本当に感謝するしかないなと。僕はもう、一生で最初で最後だろうなという気持ちでやってますけどね」

篠崎「いや、こういう機会がたくさんあると楽しいよ」

シャイな石田はただうなずくのだった。

篠崎と矢部、矢部と石田。それぞれが、ちょうど五歳違いである。

この日、矢部は自分のツイッターに、三人が写っている写真をアップしている。黒い服を着て、足を組んでニッコリ笑う篠崎。足を大きく開き、すごむかのように笑わない石田。その真ん中で、黒いポロシャツにジーンズの矢部が菩薩のように微笑む。楽屋脇の、あんみつを食べていたスペースで撮られたものだ。

この写真、なんと一〇〇〇件近くの「いいね」がつき、百数十件のリツイートがされている。クラシック界で相当なるインパクトをもって受け止められたことがよくわかる。

日本が世界に誇るコンサートマスター三人が揃い踏みしているのだ。期待に胸が高まる。

ツイートについたコメントに「左から親分、一般の人、若頭」というのがあった。矢部が、まったくその通りだと思った、と笑いながら話してくれた。

コンサートマスター３人の揃い踏み　左から篠崎、矢部、石田（「親分、一般の人、若頭」）

コロナで苦しんできたすべての人々へ

三人はいつの間にかそれぞれの楽屋へと戻

っていた。

そして、各々の世界に没入している。

三人の楽屋の中はどこも、声をかけることもできないような、強烈な緊迫感に包まれていた。

のちにテレビでこのシーンを目の当たりにした矢部の妻と息子は、こんなに真剣にバイオリンをさらっているパパの表情を初めて見た、と語ったそうだ。

三人はしかし、孤独なようでいて、孤独ではない。それが、「孤独のアンサンブル」と「明日へのアンサンブル」の違いだ。

たった一人の時間と向き合い終わると、三人は、それぞれに楽屋を出て、ステージへと進む。

いよいよ、コンマス三人による「ニムロッド」である。


広いステージの中央に、譜面台とマイクとが、正三角形の位置に置かれている。円形は、最少人数の三人になり、正三角形となった。それぞれの距離は二メートル離れている。

三人がステージに姿を現した。

下手側に、石田。上手側に、篠崎。中央、舞台真ん中、いちばん客席に近い側に、背中を客席側に向けて、矢部。

お互いの顔が見えるよう、三人とも内側を向く。

バイオリンを構え、まっすぐ前を見据える、篠崎。

構えたバイオリンを見つめる、矢部。

ただひたすらに首《こうべ》を垂れ、祈りを捧げるかのごとき、石田。

ステージと客席の明かりが落とされ、三人の正三角形だけが、浮かび上がる。

究極の静寂が訪れる。

「エニグマ変奏曲」より第９変奏「ニムロッド」　コロナで苦しんできたすべての人々に捧げる

そして、篠崎が、静かに弓を動かす。

美しく切ない四分の三拍子のメロディーが、ピアニッシシモで奏でられる。

たちまち、ホールに「ニムロッド」の響きが広がっていく。

アダージョというより、少し速い。

哀しみに足を止めるのではなく、哀しみを受け止めながら前に進もうとするような、速度だ。

二小節目の二拍目から、矢部のバイオリンが加わり、篠崎を支える。

四小節目の三拍目からは、篠崎の奏でたメロディーを矢部が受け継ぎ、メロディーを弾いていく。

そこから、頭を上げた石田のバイオリンがさらに加わって、矢部を下から支えていく。

九小節目からは、石田がメロディーを奏でる。篠崎はサポートに回る。

今度は一二小節目から、メロディーを矢部が引き受ける。

そして一六小節目の三拍目からは、篠崎がメロディーを継いでいく。


山下康介の渾身の編曲は、三人が表に出ては裏に回り、顔を出しては他を支え、混然となりながら「一つ」となっていく。そして一体となった三人が悲しさに押しつぶされまいとして必死で顔を上げて歩んでいく。そんな厳粛さと真摯さに包まれる。

コロナで苦しむすべての人々へ捧げる、優しくも毅然とした演奏だ。

三人はお互いに目線を送り合いながら、会話していく。

ピアニッシモの祈りにも似た中間部を経て、再び主題が今度はフォルテで提示される。

三人がアンサンブルし、メロディーを回し合っていく。

弦の力強さが増していき、コロナで苦しんできた人々への、鎮魂の思いがあふれ出してくる。

そして最後、フォルテッシモで咆哮《ほうこう》したかのようなメロディーは、すぐに減衰し、静かに静かに消え入っていく。

ホールに残った音が絶え、静寂が訪れると、石田の弓を持つ左手がゆるんだ。そして再び、首を垂れる。

しばらくして、篠崎がゆっくりと力を緩める。

そして最後に、矢部が緊張を丁寧にほぐしていくように、弓を持つ手を下ろしていった。

コンマス三人が語る「コンマスとは？」

コンマス三人は、終わった後、ほっとして、気持ちを分かち合った。

矢部「なんか楽しかったですね。なかなか三人で弾く機会なんてないし」

篠崎「そうね。もともとバイオリン三本っていうのがね、曲が本当にないから。この三人だけというのはとても珍しいし、響き的にもちょっと面白かったと思わない？」

石田「面白かったです」

矢部「僕、最初チェロがいないとちょっと問題あるんじゃないかなと思ったんだけど、三人で弾いてみるとすごい調和してて、面白いなと思って」

篠崎「この曲って僕たちはオケですごくよく知ってるじゃない。そうすると音の幅のレンジが広いのを想像してるから、バイオリン三本だけだとちょっと寂しいのかなって、楽譜見た瞬間はやっぱりすごく思っちゃうけど、でも逆にこういうシンプルなのもいいかな。作曲家がいろんなものを考えながら、そこに秘めた気持ちをもう一回、僕たちが解凍していくっていう面白さがこの曲にはあったかな」

そもそもこうして三人で集まったこと自体、本当に貴重な機会だった。

矢部が言う。

矢部「意外にもなんか親密な感じで。僕はこの二人と弾くっていうことも自分の中で想像できなかったし、こういう時期に集まることができて、すごくうれしかった。

どうですか石田くんは、おじさん二人とやって」

石田「いやもう、本当光栄ですよ。本当に。僕個人的には、まろさんと矢部さんと演奏する機会なんて、今までほぼなかったに等しいので。ありがとうございます」
矢部「コンサートマスターだけ集まってやるっていう機会っていうのは、本当に難しいから、だから僕、この三人っていう人選もそうですけど、本当にまれな機会をもらったと思ってます」
三人の演奏のとき、お互いに気配を感じ合いながらバイオリンを弾くのが、脇で見ていてもとても印象的だった。そんな話になる。
矢部「さっき僕、三人で弾かせていただいて、やっぱり気配とか息遣いというのを感じられるのはありがたいと思いましたね。弾いてて」
篠崎「呼吸っていうのは、やっぱりすべてにおいて大事だと思うのね。生命の源のような気がする。木でも花でも呼吸はしてるわけじゃない。だからそういうものを感じることができる瞬間っていうのが、やっぱり自分が生きてるっていう感覚を味わえる瞬間なのかな。
今は若い演奏家に仕方なくリモートでアドバイスしたりすることもあるんだけど、やっぱりお互いの呼吸が感じられる場所にいるっていう、その素敵さはものすごく必要だよね」
矢部「しかもふだん、いつも一緒に弾いてる三人ではないから、それが一つの空間で気配を感じて呼吸を合わせるっていうことにいちいち感動したりするんですよね。こういう機会にふだん交わることのない三人というのが呼吸を合わせるっていうことの尊さっていうか、そういうことになんか感動したりして。それは得がたい経験だなと思いましたけどね」
篠崎「やっぱり人は一人じゃ絶対生きていけないっていうのがわかる瞬間だよね」

話は、この数ヵ月の自粛モードの生活に及んだ。いつ、完全な形でのコンサートに戻れるのか定かではないし、お互いのソーシャルディスタンスをとり続けなくてはならない現状を、どう考えているのか。矢部が石田に聞いた。

石田「僕はとにかく、本番が延期になったり中止になったりして、練習もなんかやっぱり身に入らない。いつお客さんの前で弾けるのかなっていうことだけしか考えてなかったというか。早く元に戻って、いっぱいのお客さんの前で弾きたいなっていう。それだけですね」

篠崎「クラシックっていうのはいちばん大事なのは再生することと、そして伝承することじゃない？　この再生・伝承文化っていうのが自分たちの中でどういう形で伝えられるか。

もともと作曲家は奏者が密集することを前提に書いてるから、距離をとって演奏してる現状は非常に難しいことを強いられてるっていえばその通りなんだけど、だけど自分たちの中に、こういう言い方するとちょっと変かもしれないけど、「ミュージック・ディスタンス」みたいなのがあるじゃない。人と人をつなげたりとか、魂と魂をつなげたりするっていう。そういうものは距離を離れて演奏したとしても変わらないような気がするのね。ここが変わっちゃうと、すべてが崩れるような気がする。だからそれが起きないように自分たちが少しでも前向きに可能性のあることを一つでもやっていくっていう、これが次の世代に残していける最大のプレゼントじゃないかなって」

矢部もうなずく。

矢部「僕は自分自身が誰かに、例えば日用品とか食べ物とか、そういうものより音楽のほうが大事だっていうことが説明できる？　って言われたときに、なかなかこれは難しいなと思った。だけど僕は体を維持するために、例えば睡眠とか食事、日用品とか薬っていうのはすごい大事だけど、そのときに心が動いてなかったら、やっぱり豊かな人生とはいえない。

自粛の期間中、自分自身がちょっと心が止まってた時期っていうのが実はあるんですよね。だけど再び心が動くようになったきっかけもやっぱり音楽だった。人間って体と心がちゃんとバランス取れてないと駄目なんだなっていうことを痛感しました。

だからその意味で、早く、さっき石田くんが言ったように、聴衆の皆さんとそういうことを共有できる時間というのがまた早く戻ってきたらいいなっていうことは考えますね」

石田「ちょっと関係ないかもしれませんけど、世の中に優秀なバイオリニストなんて、いっぱいいると思うんですよ。だけど、やっぱり今こういう状況で、仕事があんまり多くなくて、オーケストラも大きな曲って今できなくて」

矢部「難しいですよね。なかなか、ブルックナーとかマーラーとかができない」

石田「で、そうすると、エキストラで呼ばれてる人たちっていうのが、今なんか必要なくなっちゃってる。それが今、問題だなって」

矢部「それは本当に大きな問題ですよね。それに、今の音大の学生の皆さんは、オーケストラの授業をするのが難しいでしょう。で、その経験ができないまま卒業して、プロのオーケストラにエキストラでやっていけるかっていうとそれができなくて、だから、その断絶は実は怖いんですよね。

僕たちは二〇代の頃からいろんなことをやらせてもらってきたわけじゃないですか。だから、そういう経験を今の二〇代前半の子とか一〇代後半の子たちがどうしたらできるかっていうことをすごく考えますよね。

その時代その時代を生きる音楽家たちが音楽を奏で、それを聴く人がいることによって、音楽っていうのは生きていくわけじゃない？　そういう人たちが僕らの次の世代で断絶してしまったら、もちろん、音楽が消えることはないんだけども、何かその在り方みたいなものが変わってしまったら……、そういう不安はあるんですよね」

篠崎「でも、人間は歴史上そういうものを全部乗り越えてきてるから、今、この状態の中にいる人間がその時期を辛抱して、つなげていけるかっていうところに懸かってると思うのよ。だから、僕たちがある程度辛抱しながら、次の世代につなげるのを絶対にやめないっていうことさえ決めていれば、たぶん大丈夫だと思う」

それを聞いた矢部が石田に、

「頑張ろうね」

というと、石田も、

「はい」

と短く答えるのだった。

最後にもう一度、こうして三人で集まることができてよかった、という話になった。
矢部「一言で言って嬉しかったです。コンサートマスターってなんとなく偉そうじゃないですか、オーケストラの代表みたいな感じで。だけど実際、音楽的なことで考えたら、別にいちばん偉いわけでもない。でも、そのポジションで抱えるその重圧とか、あるいは役割とか、いろんな責任感みたいなものには独特なものがあると思う。だから、それを一緒に弾いて、少しシェアできたみたいな感じがして、それもすごく嬉しかったんですよね」
篠崎「オーケストラなんて、ほら、一人じゃ何もできないから。だから、人に頼るっていうことがいちばんいいことだと思ってる。なかでも、コンサートマスターの仕事っていうのは、最初のチューニングと、立ったり座ったりの合図ぐらいよ」

矢部「究極を言えばそうなんですよね。そこに座ってるだけで、なんか成り立っちゃうみたいなところまでいけたらすごいコンマスなんでしょうね。だから僕たちも、キャリア重ねたかもしれないけど、一段一段、そういうところを目標に頑張っていけたらと思っています」

コンサートマスター同士だからこそ話せること、わかること。先輩二人の話を真剣に聞きながら、石田は大きくうなずく。

いよいよ最後の曲

夕方。すでにフルートの東フィル・神田や、イングリッシュホルンのN響・池田もホールに到着していた。オーボエの都響・広田は、今日の楽屋を大部屋にしたので、みんなと話が気軽にできるのが嬉しそうである。

この日杉並でオーケストラの練習をしていた日本フィルのソロ・チェロ奏者の菊地も、無事に楽屋に入った。今回のアンサンブルは、編成がいびつで、低音の領域を演奏する楽器がどうしても手薄である。チェロ一本であらゆる曲の低音をカバーしてきた菊地は、かなりの重労働だと思うのだが、生粋の職人気質なのか、いたってナチュラルである。

「明日へのアンサンブル」最後の一曲は、エンニオ・モリコーネが作曲した、映画「ニュー・シネマ・パラダイス」から「メインテーマ」と「愛のテーマ」である。

映画のための映画である「ニュー・シネマ・パラダイス」。先日亡くなったばかりのモリコーネへの追悼の意味も込める。

この曲を、八人で演奏する。

バイオリン3、チェロ1、オーボエ1、イングリッシュホルン1、フルート1、ホルン1、という布陣だ。

もともと、この曲を演奏するのは客席にしよう、という話をディレクターの松村たちとはしていた。ただ、前回の収録の際に、客席での演奏は本当に難しい、という声を奏者たちから聞いていた。音を聴き合えるような音響設計になっているステージと比べ、客席ではどうしても互いの奏でている音が聴こえにくいのだという。たしかに客席は、ステージで鳴らされた音がいかにきれいに響くか、という観点で設計されているのであって、その場で演奏することは当たり前だが考えられていない。

それで前日に、松村と電話で話した。最後の曲は、奏者にとってできるだけ負担の少ない形でトライし、クオリティを優先させたほうがいいのではないか、という結論に達した。それで、「ニュー・シネマ・パラダイス」はステージの上での収録に変えよう、ということにした。

ただ、円形のフォーメーションは前回、すでにいくつもやっていた。違う形でさらにチャレンジしてみるほうがいいのではないか、とも話した。

電話をしながら思いついたのが、縦二列のフォーメーションだった。

ステージ上に四人ずつの縦の列を二つ作り、六メートルほどの間を空けて、対峙する形をとる。

上手側に弦楽器四人。ステージ奥からバイオリン三本、そしていちばん客席寄りにチェロ。下手側に管楽器四人。奥からホルン、フルート、オーボエ、イングリッシュホルンの順に並ぶ。

そうして、弦楽器と管楽器が対話するように、演奏する、というフォーメーションである。

通常のオーケストラだと、管楽器の集団の前に弦楽器がいる。全員が指揮者のほうを向いているので決して目を合わすようなことはない。それをあえて、弦と管で左右に分かれて、音楽を通じて会話してもらおう、という形である。

もちろん一列に並ぶ四人はソーシャルディスタンスの二メートルの距離を保つ。弦と管の間も大きく距離をとる。

一ヵ所に集いたいのをじっと我慢し、社会的な距離を空けながら、音楽の対話をして一つになっていく、というコロナ禍ゆえに意味のあるフォーメーションだ。全員が正対している分、ある意味では円形よりも集うことへの希求は強いかもしれない。

松村もこの案に同意してくれた。収録する技術側も、そのような形で問題ないという。

「ニュー・シネマ・パラダイス」の響きがホールに満ちる

ステージ上に、縦に開いた二列の譜面台が並ぶ。そして、マイクと、デジカメも。

マイクケーブルは、中央に這わされて、きれいに一つの太い線にまとめあげられている。こういうところに技術の人間の心意気が見えるものである。

上手側、奥から二番目の譜面台には、すでに楽譜が置かれていた。矢部のポジションだ。いつの間にか舞台に一度現れて、現場を確認していたようだ。こういうところがいつも丁寧な矢部らしい。

夜七時過ぎ。

八人のメンバーが、次々とステージにやってきた。矢部もストラディヴァリウスを手に戻ってきた。前回は初めての円形のフォーメーションに戸惑いながらも、極上の一体感を生み出してくれたトッププレイヤーたち。今回の二列対面型のフォーメーションにも、もはや驚くことなく、ごくごく当たり前のように自分の位置につく。

「ニュー・シネマ・パラダイス」 縦2列のフォーメーションで、弦と管が向かい合って演奏する

本当は七時三〇分スタートで、まだ一五分前だというのに、もう勢揃いしている。早く一緒に奏でたくて仕方がない、そんな空気を醸し出している。ソーシャルディスタンスの中に、和やかで心の通った空気が流れている。

音合わせがおおむね終わった頃、筆者は、カメラに映らないように、ホールの中ほど、上手側の扉の手前に移動した。ステージは見えないが、アンサンブルの響きだけは、ぎりぎりホールの端っこで耳に入ってくる場所だ。音的にはあまり良くない場所ではあるが、扉の外側よりは明らかにましである。とにかく音楽の響きを共有したかった。

フロアディレクターたちが袖へ引っ込む音が聴こえてくる。

しばらくして、ホールに静寂が訪れた。

いよいよ、最後の曲「ニュー・シネマ・パラダイス」の本番である。

筆者は壁に背中をくっつけながら、誰もいない客席のほうに目を向けていた。

その客席の空間に、やわらかな音が、ほのかな香りのように広がってきた。菊地の、チェロだ。そこに神田のフルートが、溶け込み、ホールが甘い響きで覆われていく。

そこに、「ニュー・シネマ・パラダイス」のメインテーマのメロディーが、あたたかな波のように押し寄せてきた。

弱音器を付けた篠崎のバイオリンだろう。石田が合わせている。菊地もともに奏でている。

そしてそこに、たゆたう風の揺らめきが追いかけてくる。矢部のバイオリンだ。

さらに別のバイオリンも揺らめいた風をホールに送ってくる。石田だ。

弦楽器の四人が、うねるように、切ないメインテーマを奏で、ホールの空気を満たしていくのがわかる。

追憶を呼び起こすような、音の波だ。コロナ禍のいろんなことが頭をよぎる。

弦楽器が奏で終わると、それを向かい側で聴いていた管楽器の四人が、メインテーマを受け継ぐ。

管楽器四人のアンサンブルで、郷愁ただようメロディーを奏でていく。

そして、そこに弦楽器が絡まるように合わさっていく。

やがて、広田のオーボエが、「愛のテーマ」の旋律を奏で始める。

メロディーはチェロへ、バイオリンへと受け継がれ、そしてホルンへ、イングリッシュホルンへ、オーボエへ、フルートへと連なって、むせび泣き、万感の思いへと昇華していく。

ホールの空間に、アンサンブルの音の響きが、静かに消え去っていった。

奏者が見える位置に顔を出すと、八人は向き合ったまま、まだモリコーネの世界に浸っていた。

「明日へのアンサンブル」メンバーによる、七曲の収録が終わった。
この翌日、関東地方ではようやく梅雨が明けた。
本格的な真夏の到来だ。
八月二十二日のオンエアまで、あとわずか三週間余りしかない。

第9章　八月、第二波の中で

オーケストラ、コロナ禍の夏

八月。梅雨空は夏空にようやく変わった。電車のエアコンはついてはいるものの、窓は開けてある。今は換気が最優先である。

新型コロナウイルスの感染は、第二波の真っただ中にあった。

八月一日の東京都の感染者数は四七二人。同日の国内の感染者数は一五三四人。二日続けて一五〇〇人を超えた。予断を許さない状況が続いていた。

N響は八月二日に、久方ぶりにNHKホールで観客を入れてのコンサートを開いた。ただし三階には人を入れず、間隔を空け、全部で五〇〇席程度の販売だった。またオンデマンドでは、コープマンやブロムシュテットなど巨匠たちとの過去の名演コンサートの模様を期限付きで無料配信するトライアルも始めていた。

都響も、YouTubeチャンネルを使って、圧倒的な名演と言われたフルシャ指揮のスメタナ「わが祖国」を配信するなどした。

神奈川県立音楽堂が「夏休みオーケストラ」と題し、神奈川フィルとともに毎年子どもたちや家族向けに開いてきた公演は残念ながら中止になっている。のちに動画を配信することでファンをつなぎとめる方策を立てた。

外国人指揮者が軒並み来日できなくなったことで、日本人指揮者たちが代役で活躍するようになったのも二〇二〇年の特徴だろう。

例えば八月四日の東京フィルのコンサートは、首席指揮者のアンドレア・バッティストーニの代わりに、大ベテランの巨匠・小林研一郎がタクトを振っている。

コンサートの演目の変更も相変わらず多い。例えば、東京シティ・フィルがコロナの影響で三月から八月へと延期を決めていた歌劇「トスカ」の公演は、結局中身をブルックナーの交響曲第八番へと変更して開催した。

また日本フィルは、年末の第九公演について、八月に行う予定だったチケット発売を延期している。第九公演はどのオーケストラにとっても多くの集客が見込めるキラーコンテンツの一つだ。そのチケットを売り出せないのは断腸の思いだろう。ちなみに日フィルでは十月三十日になってようやく開催決定の告知を出している。

夏には大半のオーケストラが定期公演をお休みにするが、その代わり各地で音楽祭が開かれることが多い。ただ二〇二〇年の夏に限っては、各地の音楽祭も中止が相次いだ。

八月下旬に毎年松本で開かれてきたクラシックの祭典「セイジ・オザワ松本フェスティバル」は五月の段階で早々と中止が決まっていた。

また、八月に延期されていた宮崎国際音楽祭（当初は四月末から五月にかけての開催を予定）も結局中止となっている（十一月に特別公演を実施）。

七月後半から開催予定だった霧島国際音楽祭も延期となった。

川崎駅近くのミューザ川崎シンフォニーホールで毎年夏に開かれてきたフェスタサマーミューザは、

観客数を絞り感染対策を施した上で開催された。オンラインでの配信も併せて行う。ここを本拠地にしている東響をはじめ、同じ神奈川県から神奈川フィル、さらには読響、東フィル、新日フィル、日フィル、東京シティ・フィル、群響などが参加。ミューザではコロナ禍の早い段階から東響とともにライブ配信や有観客コンサートを開いてきた経験が生きた形となった。

どのオーケストラも、本当にギリギリのところで何とか踏みとどまっているように見えた。

「明日へのアンサンブル」を象徴する実景とは

その頃、ディレクターの松村と広瀬は、膨大な映像素材と格闘していた。

なにしろ、演奏してもらった七曲それぞれについて、演奏者ごとのデジカメと、他にメインカメラ、サブのカメラなども収録を回していたのである。編集機に取り込んでいくだけでも大変な量だった。さらにそれらを編集する間に、カメラの高橋と松村らで、演奏の途中に挟み込む実景の映像を何にしていくのか、議論が進んでいた。

ポイントは、「音楽番組ではなく、あくまでもジャーナルな番組」という視座に立つことである。

それはいったい何だろう。

「今、人と人は、会うことはできる。しかし、きわめて不自由である」という視座だろう。

会うことが出来ても、不自由なままであること。

自由なようでいて自由ではないこと。

そして、もう一つ大事な視座は、

不自由であっても、「人と人の心がつながれば、明日が生まれる」ことだろう。

一三人の演奏のように、距離は離れていても、心がつながれば、必ず新しい明日が生まれるはずだ。

これらを想起させるような「今」を映像として撮りたい。

みなでさまざまなアイデアを出し合って、撮影していく映像のイメージを共有していった。

高橋は感染対策を施しながら、そうしたカットを撮りに出向いた。

「円形のど真ん中にいる」珠玉のミックス

八月七日。全国の一日の感染者数は一六〇五人。第二波は高止まりしている気配である。あとで振り返ると、感染者数の第二波のピークはこの日だった。

そしてこの日、音声の深田から、七曲をミックスした音源が送られてきた。

素晴らしいミックスだった。

のちに深田に聞いたところ、最大のポイントは音の定位をどこに置くか、ということなのだという。

通常のクラシックの録音で言えば、コンサートホールのS席の真ん中あたりで気持ちよく聴いているかのように、天井から下げた三点吊りのマイクを中心にしてミキシングしていく。

だが今回は、円形のフォーメーションでの演奏が多い。そこで深田としては、円のど真ん中を定位として、その位置に立って演奏を聴いているようにミキシングしたのだという。ど真ん中にいれば、最大一三人のメンバーの音が理論上はすべて等距離で聴こえてくることになる。

バーチャル的に、各オーケストラのトッププレイヤーたちのど真ん中の位置に立つと、彼らの生み出す音が三六〇度あらゆるところから聴こえてきて、その音がアンサンブルする豊かな響きの渦に包まれることができる。なんと贅沢なことなのだろう。

深田は本当に細やかにミキシングをした痕跡をデータでも見せてくれた。そこまでやってくれているのか、と素人でもわかるような、まさに職人技だった。彼もまた、この奇跡のアンサンブルのメンバーの一人でもあるのだ。

この頃、自分のスマホに一つの通知がポップアップされた。何だろう、と思って開いてみると、エンタメ系の情報メディア・SPICEに、「明日へのアンサンブル」の紹介記事が掲載されていた。見出しにはこうある。

「日本が世界に誇るコンサートマスター三人が初のアンサンブルを披露
BS1スペシャル『オーケストラ・明日へのアンサンブル』の放送が決定」

嬉しい見出しである。

このネットメディアは、過去にも「孤独のアンサンブル」と「希望編」を取り上げてくれていた。今回の記事中でも、その二つの番組について言及しつつ、そこで「孤独の音楽」を披露した日本を代表するオーケストラのトッププレイヤーたち一三人が、ついに集結したことを詳細に記してくれていた。

そして見出しのすぐ下には、写真が載っていた。

そう、収録直後に撮影した、あの写真だ。一三人のアベンジャーズたちがカメラのほうを向いた、たった一枚の集合写真である。無人の客席をバックに、一三人が並ぶ写真を見ると、彼らの集中力や、演奏に込めた思い、そして広いホールの空気を充満させていった、明日への希望を届ける音の豊かな響きが蘇ってくる。

このウェブ記事は大きな反響を呼び、SPICEの「人気記事ランキング」でしばらく一位になっていた。「いいね」の数もものすごく多く、オンエア前の当時でも一万三〇〇〇件を超えていた。これだけのトッププレイヤーたちが一堂に会すること、しかも「孤独の音楽」を演奏してきた音楽家によるアンサンブルであることが、いかにインパクトがあったかがわかる。

記事に書かれた、「不安で不透明な状況の中、トップオブトップの演奏者たちによる一期一会の音楽によって、全国の視聴者に『明日』への希望を捧げる番組になりそうだ」という言葉に、あらためて自分たちの番組の意味を問い直した。

再び、窓を開け放した編集室で

八月十二日。この日は真夏らしい、三六度近い猛暑となった。

赤坂の編集室を訪ねた。

「希望編」のとき以来なので、三ヵ月近く経っている。

編集室は前と変わらず窓を大きく開け、換気を最大限にしている。

思えば最初の「孤独のアンサンブル」の編集のときは、まだ外が寒くて、上着を着込んで編集していた。今はTシャツ一枚だ。

膨大な映像と向き合ってきた松村と広瀬が、編集を猛烈な勢いで進めてくれていた。

最初に三人で悩んだのは、冒頭をどうするか、だった。

初回の「孤独のアンサンブル」のときの冒頭は、「誰もいない夜の東京」だった。

四月の緊急事態宣言中、外に出ることのできない私たちの気持ちを表出させるかのような、孤独感を端的に表す映像だった。

二作目の「希望編」のときの冒頭は、「かすかに白んできた明け方の東京」だった。緊急事態宣言が解除されれば、もしかしたら光が射し込んでくるかもしれない。そうした、孤独の中のかすかな希望を見いだす映像だった。

そのときの空気感、そのときの心を浮かび上がらせる映像にこだわった。

では今回はどうするのか。

今このときの空気感、今このときの気持ちを象徴するような映像でいきなり番組を始めてよいのか、ということが議論になったのだった。

というのも、外出自粛が解けてからはしばらく経っていて、街にはそれなりに人が増えてもきている。だが、人と自由に会えない、暮らしも元の通りにはいかない、厳しい不自由さも抱えていた。非常に曖昧で複雑な気持ちが混じり合ったような状態である。それを明確に提示できるような象徴的な映像というのは何だろうか、むしろ、今このときの気持ちそのものが曖昧すぎるのではないだろうか。

そして、議論していくうちに出てきたのが、「我々はすでにもう、緊急事態宣言の頃の気持ちが、記憶から失われてきていないだろうか」という問題意識だった。

あの頃の、未知のウイルスへの底知れぬ恐怖感。人と出会うことのない、強烈な孤独感。先の見えない暮らしへの、茫漠とした不安感。ひどく鬱屈した、暗澹たる精神状態。

だが、さまざまなことが緩み、街に出られるようになってみると、私たちはだんだんと今の新しい日常に慣れてきてしまい、当時の記憶そのものをどこか忘却してしまっているのではないか。あのときのつらい記憶を消し去ってしまっていないだろうか。そう感じたのだった。

もちろん前を向いていく上で、過去のつらさを忘れていくことには意味はあるだろう。ただ、この半年間の私たちの心の揺れ、心の流れを、今一度思い出し、その上で新たな未来を考えていく、そうしたジャーナルな視座が大事なのではないか、ということをあらためてみなで共有したのだ。であれば、今回の番組は、忘れてかけている四月、五月を思い起こすのが先決なのではないか。

心がつながれば、明日が生まれる

「明日へのアンサンブル」の冒頭の映像は、四月の、孤独な、誰もいない東京の夜景にしよう、と決めた。あのときの、スローモーションの映像である。

そして、その映像とともに、「孤独の音楽」を聴かせる。

「孤独のアンサンブル」でトップバッターを務めた矢部達哉がそのとき弾いた、「タイスの瞑想曲」だ。

矢部の奏でる切なくも美しいバイオリンのメロディーが、東京の無人の夜景にこだましていく。

さらにはそこに、矢部や、吉野、篠崎、長谷川智之、広田が「孤独」の中で演奏している映像をフラッシュバックする。

手際よく編集する松村がつないでくれた映像と音楽を、みなで見てみる。

一気に四月の気持ちにタイムスリップするのがわかった。

その次の映像は、五月だ。

朝焼けにうっすらと染まっていくレインボーブリッジの映像である。

この後ろで聴こえてくる「孤独の音楽」は、「希望編」でトランペットを吹いた高橋敦の、「春の日の花と輝く」だ。

そして、石田が、池田が、菊地が、石井が、そして高橋が「孤独」とともに演奏する映像がつながる。

緊急事態宣言が解除され、もしかしたら、前のような日常が戻ってくるのかもしれない。そんな儚《はかな》い希望の気持ちを抱いたことが思い出される。

あのときはたしかに、心にかすかに光が射し込んできたような感覚があった。

だが、今はどうだろう。

新宿の、渋谷の、撮影してきたばかりの交差点の映像が映し出される。

人の姿はあるが、以前ほどには多くない。また、集団ではなく、一人か、せいぜい二人でしか歩いていない。

私たちはようやく街に出ることもできるようにはなったけれど、それでも結局は、人と自由に会うことはできない。「新しい日常」の中で不自由さと常に向き合わなくてはならない。それが今だ。

ソーシャルディスタンスを保つ中で、人々の心の距離感もずっと空いたままである。

その後ろで流れている音楽は、コンマス三人による「ニムロッド」だ。

哀しくも厳粛な、必死に前を向くニムロッドの音色が響く。

そして三人のニムロッドの演奏が続く中で、映像は、マスクを着けパーシモンホールへと集まってきた矢部や吉野や池田や石田の姿を映し出す。

誰もいないホールの客席から、カメラがステージ側へとパンすると、アンサンブルのメンバーと、準備するスタッフたちの姿が映る。

フロアディレクターたちは巻き尺で、二メートルのソーシャルディスタンスを測っている。

不自由さの中で、いったいこのアンサンブルにできることは何なのか。

それは、「人と人の心がつながれば、明日が生まれる」、それを示すことだ。

円形のフォーメーションで音楽を奏でる一三人の映像を見て、それを強く思った。

松村の編集で、冒頭部分の映像がつながっていく。

そこに、次のようなテロップを、一枚一枚丁寧に、入れていった。

「四月

コロナ禍による緊急事態宣言で

私たちは
外出自粛を余儀なくされました

オーケストラも
演奏会がすべて中止となり
苦難を強いられる毎日となりました

五月五日放送「オーケストラ・孤独のアンサンブル」

自宅にこもるしかなかった
それぞれのオーケストラのトッププレーヤーたちが

たった一人で〈孤独の音楽〉を奏でました

五月末

緊急事態宣言は解除され

わずかな光が
射し込んできたように感じました

五月三十一日放送「オーケストラ・孤独のアンサンブル　希望編」

演奏家たちは希望を信じ
それぞれの〈孤独の音楽〉を奏でました

そして今

私たちは　街に出ることはあっても
大勢が集うことは　不自由なままです

社会的距離だけでなく
人々の「心の距離」も離れてしまっています

そんな中
〈孤独の音楽〉を奏でた一三人が　集いました

無観客のホールで

二メートルの距離を保った　不自由な演奏

心がつながれば　明日は生まれる

それを信じて

夢のメンバーによる　一夜限りのコンサート

オーケストラ・明日へのアンサンブル」

本番二日前、矢部の自宅で

タイトルが開けたその次は、収録の二日前、松村が行った、矢部の自宅でのロケ映像となった。

地下の練習室。ここは三ヵ月前に、矢部が「孤独の音楽」を奏でた場所だ。たった一人で演奏する「タイスの瞑想曲」が蘇る。

しかし、一人で練習する矢部は、もう孤独ではなかった。

楽譜を開きながら、嬉しそうに語る。

「有名な曲がいくつもあって、よく知っている曲なんですけれど、楽器の編成としてはまったく初めての曲になるので、全部がたぶん、世界初演ということになると思うので、楽しみですね」

そしてチャイコフスキーの「花のワルツ」の一節を練習し始める。

矢部は、「孤独の音楽」を演奏した一三人が今このときに集い、ともに音楽を奏でることには必ず意味がある、そう思っていた。

「一人ではやっぱり、どうしてもできないことがあって、みんなで音を出すことによって生まれるパワーを、あらためて実感してみたいと思うんですよね」

そして、映像は、本番当日のめぐろパーシモンホールへと切り替わった。

「明日へのアンサンブル」が始まる

舞台袖から、ステージへ向かうカメラ。

しかしステージ上には誰もいない。

だが、カメラを客席へと振り込むと、五人の管楽器奏者が一列に並んでこちらに向いている。

突然、高橋のトランペットが鳴り響く。

ムソルグスキーの組曲「展覧会の絵」の「プロムナード」だ。

今宵の「明日へのアンサンブル」コンサートの始まりである。

高橋、長谷川、日橋、吉野、石井によるアンサンブルの響きが、客席からホール全体へと広がっていく。


演奏が終わると、カメラはチェロのアップの映像に切り替わる。

「ニュー・シネマ・パラダイス」への誘いだ。

映像がズームバックしていくと、菊地が奏でる姿が映し出されてくる。

先ほどは誰もいなかったはずのステージに、八人が乗っている。

そして、篠崎のバイオリンがやさしくメインテーマのメロディーを弾き始めた。

篠崎・矢部・石田のコンマス三人と菊地の四人の弦楽器が、日橋・神田・広田・池田の四人の管楽器と向き合い、音の対話を続けていく。

社会的な距離を保ちながらも、心をつなげ、会話していく。

やがて、広田のオーボエが奏でる「愛のテーマ」に差し掛かると、映像が切り替わる。

四月、夜の銀座だ。

ゆっくりスローモーションのかかった画面の中に、人は誰もいない。そして、街は暗い。こんな銀座四丁目の交差点を見たことは、このときまでなかった。

そして、五月、同じ銀座四丁目の交差点には、マスクをつけた人々がわずかながら戻ってきていた。だが、かつてに比べるときわめて少ない。

さらに、八月、夕方の新宿。人通りはそれなりに増えてはいる。しかし、歩いている人たちはみんな一人だけだ。人はいても、誰もつながってはいない。ただパラレルに、歩くのみだ。


映画「ニュー・シネマ・パラダイス」で、「愛のテーマ」は映画のいちばん最後、主人公が少年時代に面倒を見てもらっていた映画技師からの形見のフィルムを映写機にかけ、たくさんの映画の断片が映し出されるのを観るシーンで使われている。思い出に満ちた一コマ一コマを観ることで、過去の出来事が走馬灯のように回り、湧き上がる追憶の気持ちに、主人公はあふれる涙が止まらなくなる。

四月、五月、そして八月の東京の映像を一コマずつつなげたのは、そのオマージュでもある。過去の追憶に浸り、その哀しみやつらさを受け止め、肯定して、前へ進む。そのための、「ニュー・シネマ・パラダイス」なのである。


映像は再び、客席側を映し出す。

七人の奏者が弧を描くように並んでいる。

「ケ・セラ・セラ」だ。

神田のフルートが、まったく陽気でない、切ないメロディーを奏でる。

それを広田のオーボエが受け継ぐ。

映画でのドリス・デイのように、なるようになんてならないのに、「なるようになる」と歌う切なさ。

やがて映像は、真夏の青空がのぞく、東京・銀座の交差点へと変わる。人々が、どこかへとさまよい歩いていく。明日を信じ、未来が開けることを信じるしかない。

コロナ禍は必ず乗り越えられるに違いない。それを信じる。七人の、祈りの音楽が、響く。

「明日へのアンサンブル」四曲目は、ステージに戻る。

ついに、一三人のメンバー全員が、揃う。

円形のフォーメーションだ。隣とは二メートルの距離をとり、広がる。

石田の動きに合わせ、弦楽器四人が優しく演奏を始めると、そこにふわりと乗っかるように、吉野のクラリネットが軽やかにあたたかな音を奏でていく。

吉野がたった一人、自宅の防音室で「孤独の音楽」を吹いた、チャイコフスキーの「花のワルツ」だ。

今宵は、一三人全員がアンサンブルを奏でていく。

お互いが音を受け、渡し、つないでいく。

社会的な距離は離れていても、心はつながっている。

そこから、前を向くエネルギーが湧いてくる。

それを信じる、「花のワルツ」だ。

やがて映像は、ステージ上でクラリネットを吹く吉野から、「孤独のアンサンブル」のときの吉野へと切り替わる。

ちょうどクラリネットから音を渡された弦楽器が、メインのメロディーを弾くところだ。そこに、吉野の防音室での映像が入る。

一三人の演奏では、この瞬間、吉野はクラリネットを吹いていない。

だが、「孤独の演奏」のときには、今、弦楽器が奏でているメロディーを、吉野が一人だけで必死に吹いていたのだ。

その孤独さ、そして仲間を求める希求が、ぐっと心を捉える。

そして吉野の「孤独」の映像のあとには、そのまま矢部や広田、長谷川、菊地、神田、石田、石井、高橋、池田の「孤独の音楽」を奏でた当時の映像が続いていく。

さらに池田の孤独の映像から、今の池田の演奏の映像に切り替わる。一三人でのアンサンブルの中で、イングリッシュホルンの哀しみをたたえた音を響かせるのだ。


少し円が小さくなり、一〇人の奏者が並んだ。

一〇人によるオリジナル吹奏楽版の、エルガー「威風堂々」第一番だ。

スポーツや、大人数のイベントなどでしばしば演奏されるこの曲。それらに行きたくても行けなかった人々のために捧げる。きわめて抑えの利いた「威風堂々」だ。

野球をこの上なく愛するホルンの日橋をはじめ、一〇人全員が、決して大きく吹かず、爆発しないようにと演奏していく。人々が、静かにひっそりと営みながら不自由さとともに暮らしている、その思いに呼応するような、音楽である。

やがて中間部のファゴットの切なく哀しい調べの途中から、映像が切り替わる。進んでいく車の右手の窓から、反対側の歩道を映した映像。

一人か、二人か、三人程度までの小さなグループが、間隔をしっかり空けて、みんな奥へと歩いていく。若い人たちも多いが、行き先は同じだ。よく見ると、帽子を被っている人も多い。女性でもそうだ。さらに、背中に数字が書かれた服を着ている人も見える。ユニフォームだ。

人々が向かっていく先は、神宮球場だった。

プロ野球は、観客数を大きく制限することを余儀なくされ、さまざまな感染対策をとることで、何とか試合を行っていた。

銀座線の外苑前駅から神宮球場までの通りは、例年であれば、たくさんの野球ファンが歩道から溢れんばかりなのが見えるはずなのだ。

それがコロナ禍で、スタジアムへ向かう人々の数はきわめて少ない。それでも、野球を楽しみたい、声は出せなくても贔屓の球団をとにかく応援したい。その気持ちにあふれた人々が、ポッポッと、神宮へと歩いていくのである。

道から敷地へ入ると、一塁側と三塁側へ、人々が分かれていく。うれしそうな笑顔が女の子からこぼれるのが垣間見える。

その手前には、交通整理をする男性が、炎天下の中、手を振っている後ろ姿が目に入る。コロナ禍の日常を支える、無名の人の力を感じる。

これが、今この時の「威風堂々」なのだ。


六曲目は、コロナ禍で苦しんできたすべての人々のために捧げる。

エルガーの「ニムロッド」だ。

篠崎史紀、矢部達哉、石田泰尚。

三人がステージ上に正三角形を作ると、やがてスポットライトがあたった。

哀しくも、厳粛な、「ニムロッド」のメロディー。

コンマス三人が、互いの呼吸を感じ、気配を感じ、メロディーを渡し合いながら、すべての人々への鎮魂の思いを込めていく。


中間部。

映像は、渋谷のスクランブル交差点のスローモーションへと、切り替わった。

八月の渋谷は、人がそれなりにいる。

でも、みんな一人でしか歩いていない。

しかも、人々は、交差しながら、みな距離を保っている。ぶつかったり、交わったりすることは、一切ない。

一人一人がお互いに距離を空けながら、ただ、すれ違っていくのみだ。

集うことの決してない人々の群れ。

集いたくても集うことの許されない、今。

そこに我々は、テロップを一枚入れた。

「新型コロナウイルス　日本国内の感染者数（八月十九日現在）
計五八八四八人」

七曲目。終曲である。

「展覧会の絵」から、「キエフの大きな門」。

一三人全員が、円を形作る。

コロナ禍でなければ本来はラヴェルが編曲した大規模編成のオケで演奏するであろうこの曲を、わずか一三人のメンバーだけで演奏する。

みな二メートルの距離をとり、決して一ヵ所に集うことをせず、でも内側を向いて、対話する。

「心がつながれば、明日が生まれる」、それを信じて。

そうして奏でられた一三人の「キエフの大きな門」は、決して煌《きら》びやかではなく、きわめて厳かで、荘重だった。

真摯で、奥底ではとても力強い、そんな音が響く。

やがて不安をあおるような、心のざらつきを呼び起こすような、弦楽器のざわざわした揺らめく音が続く。

そのとき、画面は、隅田川の河岸をゆっくり歩んでいく映像に切り替わる。

そして、橋の下をくぐると、その向こう側から、昇ったばかりの太陽の、まばゆいばかりの光が射し込んでくるのだ。

その瞬間、トランペットによる「プロムナード」のメロディーが挿し込まれる。決然と前を向いて歩みを進めていく足音だ。

さらに、緑の街路樹に包まれた歩道を進むと、やがて木々の間から、太陽の光が射すように届く。音楽は、エネルギーを充塡《じゅうてん》させていく。

そして。

エネルギーをほどくように、再びの主旋律を、一三人全員のアンサンブルで気高く荘厳に奏でる。まさにそのとき、映像は、ビルの隙間から顔を出した朝日が、燦々《さんさん》と陽の光を地上に降りそそぐさまを映し出す。

東京駅、丸の内北口。マスクをし、お互いの距離を空けながら静かに会社へと向かっていくサラリーマンたちを、その朝日が明るく照らしていく。その光を、私たちは信じるのである。

一三人全員によるアンサンブルは、E♭のユニゾンで終わっていった。

そして、オンエア

八月二十二日（土）夜一〇時。ＢＳ１にて、「オーケストラ・明日へのアンサンブル」はオンエアされた。

放送中から、ネットでは静かな共感が広がっていった。


「明日へのアンサンブルを拝聴、あかん、泣いてしまうやろー!」

「ニュー・シネマ・パラダイスが涙腺を刺激する……」

「オーケストラ・明日へのアンサンブル見てる(聴いてる)。ずっと孤独な演奏を見て(聴いて)きたのでちょっと感無量」

「美しい音。またオケを聴きにホールに行く日が待ち遠しい」

「キエフの大きな門なんて泣く(;▽;)」

「孤独だった一三人が円になって明日へのアンサンブルしてる姿に涙」

「明日へのアンサンブル、すごくいい。エニグマ、素晴らしかった。早くホールに音楽を聴きに行きたいと思う」

「いや〜滲みますね(;▽;)この編曲でも素敵だと思うし、やっぱり大編成でも聴きたいとも思うし。早く安心してコンサートやバレエ見に行きたいなあ…」

「終わった〜いい番組だったなあ。選曲も凄く良かった。最後のキエフの大きな門は、希望の光が見える演奏だったなあ。配列もなんか考えられているようで、プロの演奏家さんたちは素晴らしかった」

「孤独のアンサンブルから明日へのアンサンブルへ。独奏の音も良かったけれど、やっぱり重なり合う音の素晴らしさ。〝一人〟では出来ないことですね」

「一曲一曲が心に染みました。本当に音楽で心がつながるんだと思うのです。私も勝手にいちばん後につながっていきます。すてきな音楽をありがとうございます」

…………

放送終了直後。
都響の矢部達哉から、短いメールが届いた。
「とにかく、今一言だけお礼をお伝えさせて頂けますでしょうか…
本当に最高の番組でした
どうも有難うございます」
感激した。お礼を言うのはこちらのほうなのだ。
さらにその直後。
三部作の企画を通してくれた、BS1の前・編集長が、転勤先からメールをくれた。
「番組、お疲れ様でした。
今日の放送のために、これまでやってきたんですね。
アンサンブルの美しさや意味が、際立って伝わりました。
選曲も練られていて、とても近く感じられました。「花のワルツ」特によかったです。
ありがとうございました！」

それから三時間後の深夜二時。

再び矢部から、今度は長文のメールが届いた。

「明日へのアンサンブル、本当に最高でした！　こんなに素晴らしい番組を作って頂き、心から感謝致します。

クラリネットの彼女が花のワルツを吹く前の表情、ホールと防音室が交互に映ったあたりではちょっと涙が出ました。

最初に五月近辺を回想してから始まる演出もグッと来ましたし、音楽の流れる速度に合わせて映る風景がすべて美しかったし、（中略）ニムロッドが始まる前に何故かこうべを垂れている姿も良かったですし、曲ごとのコンセプトが明確に伝わったし、こんなに素晴らしい音楽作品は極めて稀なのでは？　と思わざるを得ません。

メールからはとにかく「感動した」とか「音楽に力がある」とか素晴らしい言葉を沢山頂いています。

素晴らしい経験を与えて頂きましたことは感謝の念に堪えません。

歴史的な偉業と言って過言ではないと感じます。

編集が、どれほど大変だった事でしょう

皆様の番組のコンセプトを充分な形で伝える事が出来たと思います。

素晴らしい番組、改めて心からのお礼を…本当に本当に有難うございました。

矢部達哉」

孤独は、希望を育んできたのだ。

そして、どれだけ距離が離れていようとも、心がつながれば、明日が生まれるのだ。

それは、音楽家だけではない。誰もがそうなのだ。

視聴者の反響を見て、前・編集長のメールを読んで、そして矢部の声を聴いて、心からそう思った。

コロナ禍のつらさのその先に、新しい明日があるのだ。

それを信じることのできた、真夏の夜だった。

その後……あとがきに代えて

緊急事態宣言、再び

二〇二一年一月七日。菅首相は、東京都と神奈川・埼玉・千葉の三県に緊急事態宣言を発した。一年前の四月以来、二回目の緊急事態宣言である。

さらに一月十三日には栃木・愛知・岐阜・大阪・京都・兵庫・福岡の七府県にも緊急事態宣言を出し、合わせて一一都府県が対象となった。同じ十三日には外国人の入国を全面停止にした。宮崎や熊本など県独自の緊急事態宣言を出すケースもでてきている。

感染者数も、激増している。

「明日へのアンサンブル」の放送のあった八月二十二日の、全国の一日の感染者数は、九八四人だった。それが、一月八日には一日で七八八二人を記録している。

特に衝撃だったのは、一月七日には東京都だけで二四四七人もの感染者数を記録したことだった。累計では、八月二十二日時点では六万二〇六九人だったのが、これを書いている一月二十七日時点では三七万六三〇〇人。感染者数が一〇万人を超えたのが十月三十日だったから、それ以降の感染拡大はきわめて大きなものになっていることがわかるだろう。

国内の死者数も一月二十七日時点で累計五三八八人となっている。入院・療養中の人は五万五五五人。感染者数の増大に医療体制が追いつかず、入院したくてもベッドが空いていない、待機している うちに亡くなってしまう、など深刻な事態が相次いで発生している。保健所による濃厚接触者の追跡も縮小するところが増えてきた。日本医師会の中川会長は「現実はすでに『医療崩壊』だ」などとも発言。第三波は、これまでとはスケールがまったく違う様相を見せている。

ただ、今回の緊急事態宣言では、前回ほどの強い自粛の空気が生じていないようにも感じる。実際、街中の人の数も、前回のときほど減ってはいないというデータも出ているし、感覚的にもそうだ。いったいどこまでの効果があるものなのか、またいつまで宣言が続くのか、しっかり見極める必要がありそうだ。

海外ではワクチンの接種が先行している。日本でもこれからワクチン接種が進むものと思われるが、本当に必要な分のワクチンを確保できるのか、どうやって接種を遂行していくのかなど、難しい問題がいろいろありそうだ。

ともかくも、新型コロナウイルスの感染の終息する日が来ることを願うばかりである。

その後のクラシック界

「明日へのアンサンブル」の放送ののちも、クラシック界ではいろいろな動きがあった。

九月十九日からは、大声での歓声や声援がないクラシックのコンサートでは満席が認められるようになった。ただ、感染対策は万全を期することが求められる。またすぐにすべての座席分のチケットを売ることを行わない判断をしているところもある。

コンサートの回数自体は以前に近い形に戻ってきた感がある。ただ、外国人指揮者が来日できないなどの理由で中止になったり、延期になったり、ということも頻発しているようだし、指揮者・出演者が変更になることはもはや日常茶飯事だ。プログラムの組み直しもごく当たり前のようになってしまっている。最近ではコロナ感染者が出演者に出てしまいコンサートが急遽中止になったケースもある。ここまで感染者が増えている状況ではそうしたケースがどうしても起きてしまうことは避けがたいが、中止になってしまうのはオーケストラ側も観客側もどちらもつらい。

ステージングでも、感染予防のガイドラインに従って、奏者同士の距離を十分にとる配慮などは引き続き行われている。

各オーケストラは、十月に始まった「Go To イベント」を活用してチケットを安く売るなどの手段を講じたりもしてきた。だが、第三波の影響で十二月二十八日からは「Go To イベント」はオンライン以外は停止され、割引対象から外されてしまった。

そうした中でクラシック界を勇気づけてくれたのは、十一月に行われたウィーン・フィルの来日公演だった。海外オケの公演がほぼすべてキャンセルとなる中、ウィーン・フィルは来日公演に強い熱意を示し、日本ではホールとホテル以外には外出しないなどの厳しい条件を全員が守ることで、ギリギリのタイミングで特別に許可が下りたのだった。

年末の恒例行事となっているベートーヴェンの第九公演は、合唱団の人数を減らす、間隔を広くとる、マスクをつける、といった措置をとるなどして大半のオケが開催にこぎつけた。例えば新日本フィルは、合唱を二期会から精鋭一六名を集める形をとった。一六人というのは、通常の第九の公演からするとかなりの少なさだ。そのために響きを確認する実験まで行っている。

一方、東京都交響楽団は合唱を伴う第九の公演実施を止め、代わりにチャイコフスキーの組曲「くるみ割り人形」にプログラムを変えている。あの「花のワルツ」の入っている組曲だ。

今年に入っての緊急事態宣言下でも、オーケストラのコンサートは基本的にはそのまま実施する形がとられているが、終演が二〇時を回らないよう、一八時スタートにするなどの措置がなされている。どのオーケストラも苦慮しているのが、チケットの販売だ。前売りがなかなか早めにできなかったり、次年度の定期会員の募集をすることができなかったり、現時点での定期会員の座席をすべて払い戻すようなところもある。運営にあたっては本当に大変な苦労が続いていることは想像に難くない。

音楽文化、クラシック文化にはすでに大きな焼け跡が発生してしまっている。どうにか早く延焼を食い止め、文化が絶えないよう、我々一人一人も、ささやかでも何か行動を起こしていく必要があるのだとあらためて強く思う。

*

再度の緊急事態宣言が出た直後の一月十日。NHK・Eテレの「クラシック音楽館」内で、「明日へのアンサンブル」がまるまる再放送された。「孤独」のときから深くかかわってくれている宮崎たちが配慮してくれたものである。ありがたいことだった。

同じ内容のはずなのに、私たちが置かれている状況が微妙に変化していることで、番組の感じ方もまた少し変わってくるところもあった。

本放送のときは、第二波のさなかとはいえ、緊急事態宣言が解除され自粛も解け、みなでアンサンブルをすることの喜びは、当時の私たちの気持ちとも合致していたように思う。だが今回は、二回目の緊急事態宣言が出た真っ只中でのオンエアとなった。前ほどではないにせよ、再び「孤独」の方向へと揺り戻されている。

だから、円形になってのフォーメーションで「花のワルツ」や「キエフの大きな門」を演奏していく一体感が、当時は希望へのベクトルを向いていたと思うのだが、今この時期に見てみると、どこか危機感や喪失感へのベクトルが重なってきているのを感じざるを得ない。感染者が増え、死者数も増加している今、コンマス三人による「ニムロッド」は本当に鎮魂の意味合いが強く深く感じられる。「ケ・セラ・セラ」の叫びは、前にもまして悲壮感を帯びて聴こえてくる。

しかしだからこそ、「心がつながれば、明日は生まれる」という番組のメッセージは、より強烈なものになったようにも感じられた。明日への希望を持ち、前を向くことが、いっそう必要なのではないか、という思いである。

そうしてあらためて「明日へのアンサンブル」を捉え直したとき、音楽の持っている特別な力を思わずにはいられない。私たちの気持ちを、大きく揺り動かし、そして前を向く勇気を与えてくれる力。矢部が言うように、食べ物や睡眠と等しい価値を持つものだろうし、篠崎が言うように、音楽は決して不要不急のものではないのだ。広田のように、おにぎり一個のほうが大事なのでないか、と思う気持ちを突き詰めたその先に、音楽への信頼が強まっていくのではないかとも感じる。

そしてもう一つ、「孤独のアンサンブル」「希望編」「明日へのアンサンブル」はそれぞれ、二〇二〇年の四月、五月、七月の記憶そのものとなっている、ということもきわめて重要だろう。音楽には、そのときのあらゆる記憶を呼び起こす力があることをあらためて実感する。

さらに言えば、その力によって、二〇二一年の今の状況が、相対化もされる意義も見逃せないと感じる。二〇二〇年四月の私たちのあのつらさ、五月のかすかな希望、七月の明日への希求、そういった記憶は、音楽とともに定着し、その音楽を今聴くことで、逆に今の自分たちの気持ちの位相を浮かび上がらせてくるということでもあるだろう。

この音楽の持っている特別な力は、神様が音楽家に宿らせてくれたものだとも思う。言うまでもなく、今回の三部作に参加をしてくれた各オーケストラの一五名のトッププレイヤーたちだからこそ、奏でた音楽がここまでの価値を持つものになったのである。一五名の音楽家の皆さまに、あらためて心からお礼を申し上げたい。

「孤独のアンサンブル」シリーズでは、たった一人、自宅での「孤独の音楽」を奏でていただいた。彼らにとって、まったく初めての経験だったはずで、しかしそれを厭わずにきわめて前向きに協力してくださったこと、感謝の思いしかない。

「明日へのアンサンブル」では、初めてのメンバー、いびつな編成、不自由な位置取りなど、苦労を多々おかけした。コロナ禍のときだからこそのあえてのいびつさ・不自由さの探求だったが、それをむしろポジティブに受け止め、前を向いて新しいチャレンジをしてくださったことにも、深い感謝の気持ちでいっぱいである。皆さんのその姿勢が、番組に感動を生み出してくださったのだと思う。

素晴らしい編曲をしてくださった山下康介・萩森英明両氏にも心からお礼申し上げたい。

各オーケストラの事務局の皆さまにも深く感謝したい。今回の三部作の企画には、どのオーケストラの方々も最初から賛同してくださり、常にサポートをし続けてくださった。おかげで、時間がない中での番組制作も何とか滞りなく進めることができた。またオンエア直前になると、各オケのホームページやツイッターのアカウントで番組を告知していただいて、それがまた多くの方々の視聴に直結していった。本当にありがたい限りである。

コロナ禍での取材ということで、どうしても制作側の直接の参加人数を極力減らす必要があった関係で、奏者の皆さんとの接触も本当に少なかったし、特にオケの事務局の皆さんにはお目にかかったりお話ししたりする機会がないままにならざるを得なかった。結果的に不義理なようになってしまい、誠に申し訳ないばかりである。この状況下だったということでどうかご海容いただきたい。


今回の三部作は、大変ありがたいことにブルーレイのパッケージとして販売していただけることとなった。この企画を実現してくださった、キングレコードの松下久昭さんに心からお礼申し上げたい。松下さんがおっしゃってくださった、「この三部作は、コロナ禍におけるクラシックのありようを記録した記念碑的作品だと思うので、歴史の断面として必ず後世に残せるようにしたい」というお言葉が、どれだけ支えになったかわからない。本当にありがたい限りである。

出版にあたっては、中央公論新社の吉田大作さんに多大なご尽力をいただいた。遅筆で多々ご迷惑をおかけしたにもかかわらず寛容で、常にポジティブにリードし続けてくださった。ご迷惑を深くお詫びするとともに、心よりの感謝を申し上げたい。大学オケでコンマスをされていた知見でいろいろ助けてもいただいた。また吉田さんにつないでくださった旧知の黒田剛史さんにも感謝申し上げたい。

この三つの番組を作ることを許してくれた、BS1の千葉聡史・前編集長はじめ、編成の皆さまにも心からお礼申し上げる。何度も何度も再放送を組んでいただき、本当にありがたく思っている。

めぐろパーシモンホールの皆さま、そしてロケ・収録・ポスプロ・広報にかかわってくださった、すべてのスタッフの方々に、心から感謝申し上げたい。

きわめて難しいシチュエーションの連続にもかかわらず、嫌な顔一つせずに百戦錬磨の対応をしてくださった現場の技術チームは、本当にプロフェッショナルだった。彼らなくして、今回の番組はまったく考えられない。感謝である。

NHKクラシック班の山田浩司（現・NHKエンタープライズ）、宮崎将一郎の二人は、クラシック素人である我々を常にあたたかく、かつ的確なアドバイスで導いてくれた。彼らの専門知にどれだけ助けられたことか。お礼申し上げる。

制作会社スローハンドのプロデューサーである佐藤理恵子、ディレクターの松村亮一、広瀬将平には、心からの賛辞と感謝を申し上げたい。

松村と広瀬の、取材力、ロケ力、コーディネート力、演出力、人間力は本当に素晴らしかった。今回の一連のシリーズが番組として成立していたのは、とりもなおさずこの二人の尽力の賜物である。そもそもこの書籍も、二人が丁寧に取材してくれた内容が元になっている。こちらで原稿を書いてしまい申し訳ないばかりである。一緒に仕事をさせてもらえて光栄に思う。深く御礼申し上げたい。

ことに松村は、企画のいちばん最初から常に一心同体で考えてくれ、具体的な形にまで構築していってくれた。本当に優れたディレクターであり、良き相談相手でもある。心よりの感謝の思いを伝えたい。

他にも本当に多くの方々に支えられたシリーズだった。名前も列記できず申し訳ないが、どうかご容赦願いたい。

拙著を、音楽好きに育ってくれた息子の有に捧げる。

そして。

「音楽」に、感謝である。

コロナ禍での異常な一年は、筆者にとっても大変きつい一年だった。そんな中で常に自分を支えてくれていたのが、音楽である。「孤独のアンサンブル」での九曲。「希望編」での一〇曲。「明日へのアンサンブル」での七曲。トッププレイヤーの皆さんによる究極の音楽が、自分にとってこの一年間の支えになり、勇気になってきた。まさに明日を切り拓いてくれたのである。音楽の力というものがあるのなら、それをいちばん感じてきた一人が、自分なのだと思う。

だから、「音楽」に、心から感謝したい。


筆者には、ある望みがある。このシリーズに協力してくれた、各オーケストラのトッププレイヤーたちによる、リアルな演奏会を開きたいのだ。超忙しい方々なのでスケジュール調整ができるのかどうかまったくわからないが、いつか実現させられたら望外の喜びである。

それが、音楽家の皆さまへ、視聴者の皆さまへ、そして音楽そのものへの、ささやかな恩返しになるのではないかと思っている。

ご関心のある方にはぜひご助力いただければ幸いである。

二〇二一年二月

村松　秀

○ＮＨＫ ＢＳ１スペシャル「孤独のアンサンブル」三部作

「外出自粛の夜に　～オーケストラ・孤独のアンサンブル」
2020年5月5日初回放送

「オーケストラ・孤独のアンサンブル　～希望編」
2020年5月31日初回放送

「オーケストラ・明日へのアンサンブル」
2020年8月22日初回放送

制作：ＮＨＫエンタープライズ

制作・著作：ＮＨＫ
スローハンド

ディレクター：松村亮一、広瀬将平（スローハンド）

撮影：片岡高志、高橋秀典

音声：深田 晃、勝見 亘、新橋宜彦

映像：西村友秀

映像技術：成田大晃

フロアディレクター：松本健太郎、江口麻衣子、眞田 祐

プロデューサー：佐藤理恵子（スローハンド）
山田浩司、宮崎将一郎（ＮＨＫ）
村松 秀、河邑厚太、穂積直子、兵藤 香（ＮＨＫエンタープライズ）

ブルーレイ：キングレコード

村松 秀（むらまつ・しゅう）

NHKエンタープライズ エグゼクティブ・プロデューサー
1990年東京大学工学部卒、NHK入局。科学・環境番組部等を経て、2019年に出向し、現職。「すイエんサー」「マサカメTV」「発掘！お宝ガレリア」「さし旅」「もふもふモフモフ」「ガンバレ！引っ越し人生」など多数の新番組を開発。また「NHKスペシャル」「ためしてガッテン」など様々な科学番組を制作、特に環境ホルモン汚染や「論文捏造」問題をいち早く社会に問うてきた。近作に「体感トラベル瀬戸内国際芸術祭」「大人のアクティブ・ラーニング 人生相談ラボ」「ゴスペラーズの響歌」等。NHKサイエンススタジアムなどイベント企画運営も行う。文化庁芸術祭大賞、放送文化基金賞大賞、バンフ・テレビ祭最高賞、科学ジャーナリスト大賞ほか受賞多数。著書に『論文捏造』（中公新書ラクレ）、『女子高生アイドルは、なぜ東大生に知力で勝てたのか？』（講談社現代新書）等。大学などでの講演も多い。2021年春まで東京大学総合文化研究科客員教授。

孤独《こどく》のアンサンブル
——コロナ禍《か》に「音楽《おんがく》の力《ちから》」を信《しん》じる

2021年4月10日　初版発行

著　者　村《むら》松《まつ》　秀《しゅう》
発行者　松田陽三
発行所　中央公論新社
〒100-8152　東京都千代田区大手町1-7-1
電話　販売 03-5299-1730　編集 03-5299-1740
URL http://www.chuko.co.jp/

DTP　今井明子
印　刷　図書印刷
製　本　大口製本印刷

Published by CHUOKORON-SHINSHA, INC.
Printed in Japan　ISBN978-4-12-005422-8　C0095